Theodor Piffl-Perčević (Hrsg.)

KIRCHE IN ÖSTERREICH

THEODOR PIFFL-PERČEVIĆ (HRSG.)
KIRCHE IN ÖSTERREICH

Berichte, Überlegungen,
Entwürfe

Verlag Styria

1979 Verlag Styria Graz Wien Köln
gemeinsam mit der Wochenzeitung für Politik,
Gesellschaft und Kultur „Die Furche", Wien
Alle Rechte vorbehalten
Printed in Austria
Umschlaggestaltung: Christoph Albrecht
Gesamtherstellung:
Druck- und Verlagshaus Styria, Graz
ISBN 3-222-11187-1

INHALTSVERZEICHNIS

Vorwort des Herausgebers 7
Vorwort der Herausgeber der „Furche" 9
Einführung in den Fünfjahresbericht 10
Fünfjahresbericht über den Stand der gesellschaftlichen
Wirksamkeit der Kirche 11
Stellungnahmen in der Wochenzeitung „Die Furche" 101
Forderungen für die Zukunft 145
Kirche in Österreich
Wilhelm Zauner 175
Verzeichnis der Mitarbeiter 211

VORWORT DES HERAUSGEBERS

Die Öffentlichkeit Österreichs, insbesondere die Christen dieses Landes haben Anspruch darauf, jenen „Fünfjahresbericht über den Stand der gesellschaftlichen Wirksamkeit der Kirche in Österreich" zu kennen, den die Bischöfe bei ihrem gemeinsamen Ad-limina-Besuch in Rom Papst Paul VI. im Herbst 1977 überreichten. Diesem Anspruch konnten die kurzen Hinweise und Auszüge, wie sie in Tagesberichten erschienen, nicht genügen. Der volle Text soll allen Interessierten und allen, die interessiert sein sollten, zur Verfügung stehen. Ihn vorzulegen ist die erste Aufgabe dieses Buches.

Die Aussagen des Textes blieben aber nur von zeitgeschichtlichem Wert, würden sie nicht zur Befassung mit den aufgezeigten Zuständen und Entwicklungen herausfordern.

Darum schließen an den Text zunächst jene erläuternden Besprechungen einzelner Kapitel des Fünfjahresberichtes, die in der Wochenzeitung *Die Furche* erschienen sind und aus der Feder von Persönlichkeiten stammen, die mit den von ihnen behandelten Teilbereichen in naher Verbindung stehen.

Darüber hinaus aber erging an mehrere Persönlichkeiten des geistigen Lebens in Österreich die Einladung zu kritischen und vor allem weiterführenden Stellungnahmen und zur Anmeldung von Forderungen an die zukünftigen gesellschaftlichen Aktivitäten der Kirche.

Nicht als beschaulicher Abschluß, vielmehr als ermutigende Herausforderung und Folgerung aus all den Gegenwartserkenntnissen — aus den Feststellungen, den Bangnissen, den Beschämungen, den Beglückungen, den Ansätzen und Hoffnungen — folgt eine der Seitenzählung nach zum Ende, dem Geiste nach die gesamten Veröffentlichungen dieses Buches begleitende, von Wilhelm Zauner gestaltete, weitgespannte Zusammenschau des Seins und des Sollens der gesellschaftlichen Bemühungen der Kirche in Österreich.

Ich danke allen, deren Gedanken hier in diesem Buch zusammengefaßt sind; den Erarbeitern des Fünfjahresberichtes, den Bischöfen, die ihn zu ihrer Aussage gemacht haben, den gewissenhaften Betrachtern und Besprechern, den klugen und aufmunternden Mahnern.

Graz, März 1979 *Theodor Piffl-Perčević*

VORWORT DER HERAUSGEBER DER „FURCHE"

Der Fünfjahresbericht über den Stand der gesellschaftlichen Wirksamkeit der Kirche in Österreich sollte nach dem Willen der Mitglieder des ÖSV, die den Beschluß über seine Erstellung faßten, eine Art Seismograph für das Verhältnis von Kirche und Gesellschaft darstellen. Eine andere Art Seismograph für die Stellung der Christen zu Gesellschaft, Politik und Kultur in Österreich ist die ständige publizistische Auseinandersetzung. Ihr will nach dem Auftrag ihres Gründers Dr. Friedrich Funder und entsprechend den herausgeberischen Grundsätzen in besonderer Weise *Die Furche* dienen, die zunächst nach Erscheinen des Fünfjahresberichtes der weiterführenden Kommentierung Raum gegeben hat — die im Herbst 1977 und Frühjahr 1978 erschienenen Beiträge liegen in diesem Buch vor.

Die Furche hat auch gerne das Angebot einer gemeinsamen Publikation mit dem Styria-Verlag zum Fünfjahresbericht aufgegriffen.

Ziel dieser Publikation ist ja nicht nur die Dokumentation über eine vergangene Periode, sondern sie soll zugleich zu Überlegungen über den Weg der Kirche der achtziger Jahre anregen. Wichtige langfristige Perspektiven, kritische Anmerkungen bietet Ihnen diese Publikation, den aktuellen Dienst am Gespräch zwischen Kirche und Gesellschaft wird auch *Die Furche* weiterhin erfüllen.

Felix Gamillscheg *Bertram Jäger*
Hanns Sassmann *Wolfgang Schmitz*

EINFÜHRUNG IN DEN FÜNFJAHRESBERICHT

Der Österreichische Synodale Vorgang hat unter anderem beschlossen, daß alle fünf Jahre ein übersichtlicher Bericht dieses Zeitraumes erstellt werde. Dieser mit großer Sorgfalt und Mühe erstellte Bericht liegt nun vor. Er hat das besondere Interesse der österreichischen Bischöfe gefunden und soll allen gesamtösterreichischen sowie diözesanen Führungsstellen zur Information zur Verfügung gestellt werden.

Die österreichischen Bischöfe werden bei ihrem nächsten Ad-limina-Besuch diesen Bericht auch den römischen Stellen als Dokumentation und Information über die Kirche in Österreich vorlegen. Ich freue mich, daß ich auf diese Weise namens der Österreichischen Bischofskonferenz auch dem Heiligen Vater ein Exemplar dieses Berichtes übergeben kann.

Als Vorsitzender der Österreichischen Bischofskonferenz danke ich allen, die an diesem umfassenden Bericht mitgearbeitet haben.

Ich hoffe, daß sich daraus wertvolle Anregungen für die Seelsorge in den österreichischen Diözesen ergeben.

Kardinal Dr. Franz König
Erzbischof von Wien

FÜNFJAHRESBERICHT
ÜBER DEN STAND DER GESELLSCHAFTLICHEN WIRKSAMKEIT DER KIRCHE

EINBEGLEITUNG

Der Österreichische Synodale Vorgang (1974) hat im Abschnitt über Kirche und Gesellschaft (Punkt II/1.2.10) beschlossen:
„Der Österreichischen Bischofskonferenz wird empfohlen — beginnend mit dem Jahr 1975 —, alle fünf Jahre einen Bericht über den Stand der gesellschaftlichen Wirksamkeit der Kirche in Österreich erstellen zu lassen."

Die österreichischen Bischöfe haben diesen Antrag bestätigt, und über Anregung der Kommission zur Durchführung der Beschlüsse des Österreichischen Synodalen Vorganges sollten diese Berichte so erstellt werden, daß sie für die Ad-limina-Besuche des österreichischen Episkopates in Rom Verwendung finden können.

Die Österreichische Bischofskonferenz hat daraufhin das Österreichische Pastoralinstitut unter Mitwirkung des Sekretariats der Bischofskonferenz und des Instituts für kirchliche Sozialforschung ersucht, einen Arbeitskreis unter Vorsitz von Sektionsrat Dr. Christoph Mayerhofer einzurichten, der einen solchen Bericht bis zum Beginn des Jahres 1977 fertigstellen sollte. In diesem Arbeitskreis war das Sekretariat der Bischofskonferenz durch Prälat Dr. Alfred Kostelecky, das Österreichische Pastoralinstitut durch Dr. Helmut Erharter und das Institut für kirchliche Sozialforschung durch Dkfm. Hugo Bogensberger vertreten. Ferner wurden die in gesellschaftspolitischen Fragen der Kirche besonders engagierten Herren Univ.-Prof. Dr. Heinrich Schneider, Univ.-Doz. DDDr. Alfred Klose, Dr. Walter Schaffelhofer und Erich Leitenberger zugezogen. Weitere Mitarbeiter in Teilbereichen waren: Prof. Dr. Walter Suk, Univ.-Prof. Dr. Klaus Zapotoczky, Univ.-Prof. Dr.

Paul M. Zulehner, Dipl.-Ing. Quendler, Dr. Peter Krön, Univ.-Prof. Dr. Erika Weinzierl, Dipl.-Ing. Dr. Helmut Schattovits, Prof. Dr. Ignaz Zangerle, Univ.-Prof. Dr. Edgar Korherr, Direktor Gerhard Lang, Ministerialrat Dr. Agnes Niegl sowie Dr. Ernst Waldstein und Dr. Valentin Inzko.

Der Hauptteil des Berichtes legt zu den einzelnen Themenkreisen die Problemstellung dar, zeigt auf, in welcher Weise sich die Kirche in Österreich bemüht hat, den christlichen Anliegen in gesellschaftlichen Fragen Anerkennung zu verschaffen, welche Ansichten Fachleute über den Erfolg haben und welche Schlüsse für die Zukunft daraus gezogen werden können. Als Anhang hierzu liegt ein Bericht über die Situation der Volksgruppen in der Kirche Kärntens von Dr. Waldstein und Dr. Inzko bei, denn gerade in dieser Frage hat die Kirche einen gesellschaftspolitisch bedeutsamen Akzent des Versuches einer Konflikthilfe gesetzt. Daran schließt sich eine Dokumentation mit einer zusammenfassenden und gewichtenden Übersicht über kirchliche Aktivitäten in den einzelnen Themenbereichen mit Belegen aus der *Kathpress*.

Aus dem Bericht ausgeklammert wurde die Tätigkeit der Kirche auf karitativem Gebiet, die nach den Beschlüssen des Österreichischen Synodalen Vorganges Gegenstand eines eigenen Berichtes bildet. Aber auch sonst wird das von diesem Bericht gezeichnete Bild nicht vollständig sein können. Im Hinblick auf die Kürze der zur Verfügung stehenden Arbeitszeit und den Mangel an geeigneten Vorbildern ist der vorliegende Bericht ein erster Versuch.

Dieser erste offizielle Fünfjahresbericht liegt vor. Er ist ein Beitrag zum Ad-limina-Besuch des österreichischen Episkopates und dient zugleich als Information für die interessierten Stellen in Österreich.

Christoph Mayerhofer
Alois Wagner

A. ALLGEMEINES

1.

Ein Fünfjahresbericht über den Stand der gesellschaftlichen Wirksamkeit der Kirche in Österreich, wie er zufolge der Empfehlung II/1.2.10 des Österreichischen Synodalen Vorganges (1974) erstellt werden soll, hat mehreren Aufgaben zu entsprechen:

— Er sollte eine Zusammenstellung der entsprechenden Aktivitäten enthalten, aber auch eine kritische Bewertung des Unternommenen (und des Unterlassenen).

— Er sollte Anregungen für die Planung künftiger Aktivitäten bieten.

Der erste Versuch eines solchen Berichtes kann diesen verschiedenen Aufgabenstellungen allenfalls unvollkommen gerecht werden. Es liegen keine brauchbaren Vorbilder vor; infolgedessen war es zunächst nötig, ein grundlegendes Konzept über den Aufbau, den Inhalt und die Erstellungsweise zu entwickeln.

Es standen keine Mittel für spezielle Erhebungs- und Forschungsaufträge zur Verfügung.

Die Mitarbeiter an dem Vorhaben mußten darum gebeten werden, in ihrer ohnehin spärlichen Freizeit — meist neben anderen kirchlichen und weltlichen ehrenamtlichen Betätigungen — an den Arbeiten mitzuwirken. Das Arbeitszeitbudget war daher äußerst beschränkt. Vielen Problemen, die im Verlaufe der Erörterungen zur Sprache kamen, konnte nicht oder nicht in zureichender Weise nachgegangen werden.

2.

Eine kritische Rechenschaft über das gesellschaftliche Wirken der Kirche in Österreich hätte es zunächst erfordert, alle entsprechenden Bemühungen und Maßnahmen zu erfassen, zu beschreiben und zu würdigen.

Allein hiezu wären umfangreiche und mühevolle Untersuchungen erforderlich. Sie müßten sich beispielsweise ebenso auf die öffentlichen Erklärungen der Bischöfe und deren Resonanz in verschiedenen Teilen der Bevölkerung erstrecken wie auf die Stellungnahmen der Bischofskonferenz und ihres Sekretariats zu zahlreichen Gesetzgebungsvorhaben; sie müßten die Aktivitäten kirchlicher und kirchennaher Organisationen und Stellen zur sozialen und politischen Bildung ihrer Mitglieder und Mitarbeiter nicht weniger erfassen als konkrete Aktionen und Einrichtungen, z.B. im Bereich von Bildung und Erziehung (Jugendleiterausbildung, Pädagogische Akademien), Wehrdienst und Zivildienst, Alten- und Gastarbeiterbetreuung, Familienberatung und Kunstpflege u.a.m.

Aus arbeitsökonomischen Gründen, insbesondere im Hinblick auf die geringen zur Verfügung stehenden Mittel und die begrenzte aufwendbare Zeit, wurde auf eine umfassende Sammlung und Sichtung entsprechender Arbeitsbereiche verzichtet. Statt dessen wird versucht, eine Zusammenstellung der entsprechenden Aktivitäten dadurch zu erstellen, daß ihr Niederschlag in den diesbezüglichen Jahrgängen (1971—1975) der *Kathpress* ausgewertet wird. Über die (möglichen) Mängel eines solchen Verfahrens muß man sich im klaren sein. Verläßlichere und umfassendere Vorgehensweisen würden aber einen weit größeren Aufwand erfordern.

3.
Eine kritische Würdigung der entsprechenden Aktivitäten setzt zwar ihre Erfassung und Sichtung voraus, erfordert aber darüber hinaus auch eine Analyse des Gegenstandsfeldes, auf das das gesellschaftliche Wirken der Kirche sich überhaupt bezieht.

Auf eine — wenn auch noch so abgekürzte, selektive und vereinfachte — Analyse der gesellschaftlichen Verhältnisse, in denen sich kirchliches Wirken vollzieht, kann also nicht verzichtet werden.

Eben dazu sollen in einer Reihe der folgenden Abschnitte skizzen- und thesenhafte Hinweise gegeben werden.

Soweit es angemessen erscheint, werden den Sachverhaltsaussagen freilich empfehlende Folgerungen für das kirchliche Handeln und seine Orientierung bzw. Prioritätensetzung angefügt.

Dabei ist selbstverständlich vorausgesetzt, daß Empfehlungen für das kirchliche Handeln nicht allein aus der Analyse der gesellschaftlichen Verhältnisse und aus dem Blick auf bisherige Aktivitäten abgeleitet werden können. Sie setzen vielmehr grundlegend eine Besinnung über die Stellung der Kirche zur Welt im allgemeinen und über ihre spezifischen Aufgaben in der heutigen Gesellschaft voraus. Eine solche Besinnung hat primär theologischen Charakter.

Sie wird jedoch hier nicht explizit dargelegt, zumal darüber wegweisende und maßgebliche Texte vorliegen (insbesondere „Gaudium et Spes" sowie die entsprechenden Aussagen des ÖSV und der Diözesansynoden).

4.
Soll die gesellschaftliche Wirksamkeit der Kirche gewürdigt und sollen daraus folgernd Anregungen für die Planung künftiger Aktivitäten erarbeitet werden, dann ist dazu nicht nur die Betrachtung des Wirkungsfeldes kirchlichen Handelns von Belang, sondern auch der Blick auf die internen Voraussetzungen und Bedingungen dieses Handelns.

Dies bezieht sich insonderheit auf die Erarbeitung von Konzeptionen, auf die Willensbildung und die Durchführung ins Auge gefaßter Maßnahmen.

5.
Im Zusammenhang damit ist anscheinend immer wieder ein eher „reaktiver" Stil des Handelns zu beobachten. Obgleich die Kirche sich z. B. in gesellschaftspolitischen Dingen nicht die Rolle eines bloßen Beobachters oder nachträglichen Kommentators zuschreibt, lag die Initiative zu entsprechenden Vorhaben oder Maßnahmen nur selten in ihren Händen. Das „Gesetz des Handelns" war meist zugunsten anderer Kräfte wirksam. Es steht zu vermuten, daß dies nicht zuletzt auf einem Mangel an geeigneten Vorkehrungen und Instrumenten beruht.

Die Kirche müßte imstande sein, die gesellschaftliche Entwicklung ständig zu beobachten, bislang übersehene und für die Zukunft vorhersehbare Aufgaben und Nöte wie auch mutmaßliche Absichten und Vorhaben anderer rechtzeitig zu erkennen, zu bewerten und daraus Folgerungen abzuleiten (in Form von eigenen Zielsetzungen, Strategiekonzepten und Handlungsprogrammen). Nur dann kann sie der unangenehmen und inadäquaten Situation entkommen, immer wieder von Vorgängen überrascht zu werden, improvisiert zu reagieren, dadurch unvorhergesehene Reaktionen anderer auszulösen und im ganzen als rückwärtsgewandt und schwerfällig zu gelten.

Es wäre zu überlegen, wie man mit den angedeuteten Problemen möglichst effizient und unter möglichst geringem Aufwand zu Rande kommen könnte. Beispielsweise käme die Bildung von „Beobachtergruppen" für bestimmte Bereiche des gesellschaftlichen Lebens in Frage; diese — bestehend aus jeweils einigen der Kirche nahestehenden Sachkennern — müßten im Gedankenaustausch über die Situation in ihrem Bereich stehen und regelmäßig oder aus gegebenem Anlaß über vermutlich bevorstehende Gegenstände der Meinungsbildung und des Handelns berichten.

6.
Was die innerkirchliche Urteilsbildung und Handlungsprogrammierung hierzu betrifft, so wäre freilich auf die weiter unten (Ziffer 21) zur Sprache gebrachte Problematik der Öffentlichkeit hinzuweisen.

Namentlich muß bedacht werden, daß „die Kirche" nicht nur aus einem organisatorischen Apparat mit Stabs- und Linienfunktion besteht, der eine „acies bene ordinata" einsetzt und leitet; die innerkirchliche Kommunikation bedarf besonderer Förderung, da die gesellschaftliche Wirksamkeit der Kirche gerade in entscheidenden Fragen davon abhängt, wie breit und wie tief ein Konsens (zwischen den Gliedern der Kirche in ihren vielerlei Funktionen, Verantwortungen und Ämtern) erreicht werden kann.

B. FOLGERUNGEN AUS DER GESELLSCHAFTLICHEN SITUATION

7.
Wie bereits ausgeführt, kann die gesellschaftliche Wirksamkeit der Kirche nur dann angemessen betrachtet, beurteilt, geplant und gesteigert werden, wenn man sich der grundlegenden (theologischen) Kriterien für diese Wirksamkeit bewußt ist, wenn man die tatsächlichen bisherigen Aktivitäten angemessen erfaßt und wenn man die gesellschaftliche Realität samt den an ihr beobachtbaren Veränderungen zur Kenntnis nimmt.

Zu diesem letztgenannten Aspekt werden im folgenden einige skizzenhafte Hinweise gegeben, die sich insbesondere unter die nachgenannten Stichworte stellen lassen:
— Säkularisierung, Pluralisierung, Segmentierung
— Veränderbarkeit, Kritikbejahung, Autoritäts- und Legitimitätskrisen
— Das Prinzip Öffentlichkeit

8.
In Österreich gab es für lange Zeit eine „christliche Gesellschaft", die durch eine fast bruchlose Zweieinigkeit von weltlichen und

religiösen Lebensdimensionen geprägt war (Thron und Altar, Schule und Kirche...); demgegenüber geraten kirchliche und „weltliche" Betrachtensweisen und Stilformen des Denkens und Handelns zunehmend in Differenz.

Wo diese Differenz noch kein kritisches Stadium erreicht hat, handelt es sich zumeist um Schichten, deren gesellschaftliches Gewicht zurückgeht (Bauern, alter Mittelstand usw.).

Wenn sich die Kirche den daraus resultierenden Problemen nicht stellt, gerät sie ins gesellschaftliche Abseits, *wird zur „Sekte"* mit einer Affinität zu ganz bestimmten *(nicht mehr maßgebenden) Schichten* und Gruppen; sie verliert zunehmend die Fähigkeit, „alle" anzusprechen. Je weniger man von einer „christlichen Gesellschaft" sprechen kann, desto eher *wird eine kirchliche Bindung u. U. das Sozialprestige,* die beruflichen Chancen usw. nicht steigern, sondern *mindern.* Möglicherweise werden kirchliche Aktivisten zunehmend aus gesellschaftlich wichtigen Positionen immer seltener werden. *Die gesellschaftliche Präsenz (als Voraussetzung für Wirksamkeit) ist daher für die Kirche in neuer Weise zum Problem geworden.*

Was kann und muß also geschehen, damit die Kirche auch künftig in der Gesellschaft als ganzer und für die ganze Gesellschaft „da ist" — indem sie in wichtigen gesellschaftlichen Bereichen Aufgaben übernimmt, sich Gehör verschaffen kann, um Zeugnis zu geben, Bedenklichem zu wehren, Gutes zu tun — *um eben nicht nur „Sekte" zu werden?*

9.

Dabei wird es tunlich sein, die verschiedenen Lebensbereiche gesondert ins Auge zu fassen. Wie kann die Kirche an die Menschen in diesen Bereichen „herankommen"? Welche von diesen Bereichen bedürfen vordringlicher Sorge? Welchen Charakter muß diese Sorge haben: Geht es vornehmlich darum, daß die Kirche sich und ihre Anliegen überhaupt erst verständlich macht; daß sie bestimmte Dienste anbietet; daß sie ein organisiertes Apostolat aufbaut usf.?

Eine Voraussetzung hierfür ist, daß sie in allen diesen Bereichen durch „Mitglieder" vertreten ist und daß sie auch weiterhin imstande sein wird, den zu ihr gehörenden oder ihr *nahestehenden Menschen entsprechende Orientierungen wirksam zu vermitteln.*

Wie wird also die Kirche in den *„Sozialisationsagenturen"* der Gesellschaft (z. B. Familien, Schulen, Jugendgruppen, Massenmedien, Einrichtungen der Berufswelt) vertreten sein? Inwieweit kann sie Mitwirkungschancen in allgemeinen (staatlichen) Einrichtungen nutzen, inwieweit benötigt sie eigene Einrichtungen entsprechender Art (Jugend- und Bildungszentren, Presseorgane usw.)? Die Entscheidung darüber, ob man im einzelnen Bereich oder Fall stärker auf Partizipation an allgemeinen (nichtkirchlichen) Einrichtungen oder auf die Errichtung, Erhaltung oder *Stärkung eigener Einrichtungen* hinarbeiten soll, erfordert sorgsame Abwägung.

10.

Während in früheren Zeiten die Sozialstruktur in dem Sinne „kompakt" war, daß die verschiedenen gesellschaftlichen Lebensbereiche *ähnlichen Ordnungsprinzipien* gemäß gestaltet waren, hat mittlerweile ein weitgehender *Differenzierungsprozeß* stattgefunden.

Es gibt nicht mehr ein „Grundmodell" aller Sozialgebilde (z. B. das „Haus" als Einheit von Familie, Wirtschaftsgebilde, „Freizeitraum", Gebetsgemeinschaft, Erziehungsstätte, Altenheim, „Urzelle des Staates"...), sondern in den verschiedenen Lebensbereichen gelten *unterschiedliche Strukturprinzipien,* Ordnungsregeln und Verhaltensmuster. Das Leben ist dadurch vielfältiger, komplizierter, „diskontinuierlicher" geworden. Die Aufrechterhaltung der Identität des Lebensvollzugs wird schwieriger. Die Sehnsucht nach Überschaubarkeit, innerer Stimmigkeit, unkomplizierter Identität findet oft keine Erfüllung. Unter anderem ist auch von da her die Neigung zu Ideologien (im Sinne von vereinfachenden Totaldeutungen) erklärlich.

Der christliche Glaube kann und müßte seinerseits dem Identitätsbedürfnis Orientierung und Antwort geben. Dem steht jedoch entgegen, daß häufig „Glaube" („Religion"), vor allem in Verbindung mit „Kirchlichkeit", selbst als eines unter vielen „Segmenten" der Lebenswirklichkeit empfunden wird — nicht als eine die Vielfalt und Disparität der einzelnen Daseinsfunktionen und Lebensbereiche durchsäuernde und damit auf eine grundlegende Daseinsaufgabe hin orientierte Entscheidung und Haltung. Von der totalen Lebensbedeutung des Glaubens (die es verbietet, daß jemand ein „Sonntagvormittagchrist" sein kann), muß allerdings der Sachverhalt unterschieden werden, daß das gesellschaftliche Leben von jedem Menschen heute die Übernahme verschiedener „Rollen" verlangt, wobei auch die „Rolle" des Kirchenmitglieds im faktischen Lebensvollzug eine von mehreren ist: Es besteht die *Gefahr der „Überforderung" des Menschen als Rollenträger durch die Kirche.*

Zu überlegen wäre, in welcher Weise verschiedene Arten, Grade und Bereiche der Teilnahme und Mitträgerschaft am kirchlichen Leben für engagementbereite Christen angeboten werden können.

11.

Die Kirche muß sich in einem pluralistischen Gemeinwesen zurechtfinden. Das heißt: auch ihre Stimme wird in der modernen Gesellschaft nur mehr als eine von mehreren (oder von vielen) wahrgenommen. Ihre Aussagen und Forderungen gelten vielen Zeitgenossen als „Meinungen einer Gruppe", als Ausdruck bestimmter (partikularer) Interessen (zuweilen des Interesses der kirchlichen Amtsträger an der Erhaltung ihrer eigenen Macht).

Kirchliche Aussagen werden also in einer solchen Gesellschaft in dem Maße gewürdigt werden, in dem sie *aufgrund ihres argumentativen Gewichts,* aufgrund der Glaubwürdigkeit der sprechenden und fordernden Institution *Überzeugungskraft entwickeln* — und in dem sie auf einem demokratisch beachtlichen *Konsens breiter Bevölkerungsteile aufruhen.* Die Zeit geht zu Ende, da kirchliche Aussagen für die Öffentlichkeit schlechterdings autoritativ waren, da die Kirche von vornherein als die Stimme „des" Gewissens der Gesellschaft galt.

12.

Dies heißt nicht, daß die Kirche gesellschaftlich bedeutungslos geworden wäre oder werden würde. Mehrheitlich glauben die Menschen in unserem Lande (noch) an Gott (wenngleich auch nur eine Minderheit der Kirchenglieder die Auferstehung erwartet, weil Jesus auferweckt wurde). Dennoch *erwartet man sich von der Kirche Lebensgeleit,* vor allem in kritischen Situationen (Geburt, Heirat, Tod) sowie die Mithilfe bei der Vermittlung moralischer *Normen.* Die Stellung des Österreichers zur Kirche ist aber *ambivalent;* die meisten Getauften sind „Auswahlchristen" (70 bis

80 Prozent), die einiges von den Glaubenslehren und Verhaltensweisen akzeptieren, manches ablehnen, anderem gegenüber eher gleichgültig sind, *deren Weltbild synkretistisch oder eklektizistisch ist;* es umfaßt Gehalte unterschiedlicher Herkunft und Ausrichtung, die zuweilen untereinander in Widerspruch stehen, was die Sinndeutung der Welt und des eigenen Lebens in Frage stellt und zu existenzieller Hilflosigkeit führen kann (oder aber wiederum zu einer Neigung, vereinfachende und schematisierende Totaldeutungen, Ideologien, attraktiv zu finden).

Hilfe zum Glauben kann in der heutigen Gesellschaft als Hilfe zur Sinnorientierung einen besonders wichtigen Beitrag zur Bewußtseinsbildung der Gesellschaft (zum Aufbau eines gesellschaftlichen Selbstverständnisses, das produktiv ist) bedeuten.

Aber auch die Annahme dieser Hilfe durch einzelne Menschen oder durch die Gesellschaft bedeutet *noch nicht die Bejahung kirchlicher Autorität in Fragen der Gesellschaftsgestaltung.*

13.
Der Pluralismus der Lebensmächte und der Weltdeutungen kann, wie schon angedeutet wurde, Identitätskrisen auslösen, mitverursachen oder verschärfen. Das ist für die Kirche von besonderer Bedeutung, wo Christen (Priester, Jugendleiter, Politiker usw.) in ein Spannungsfeld zwischen traditionell christlichen und andersgearteten profanen Verhaltenserwartungen und Sinngebungen geraten (Sexualität; Autorität und Macht gegen Herrschaftskritik und Gleichheit; Tradition und Fortschritt usw.).

In solchen Situationen *wäre weder eine Anbiederung der Kirche an herrschende oder modische profane Leitbilder sinnvoll noch auch eine Haltung, die sich weigert, sich dieser Spannung auszusetzen und sich deshalb in ein Getto zurückzieht.* Vielmehr gälte es, zu einer produktiven Bewältigung dieser Spannungen zu ermutigen, die das Unzulängliche sowohl an der Welt wie an der Kirche wahrnimmt und sich bemüht, dem Willen Gottes im Geist des Evangeliums und in kritischer Wachheit besser gerecht zu werden.

14.
Da der Pluralismus auch eine Chance der Freiheit bedeutet, wird er in unserer Gesellschaft weithin als grundlegend und legitimitätsfördernd angesehen. Das entsprechende Prinzip stellt sich auch

innerkirchlich als eine Aufgabe dar, als das Problem der „Einheit in der Vielfalt". Auch in der Kirche muß es Möglichkeiten geben, im Rahmen des gemeinsam Verbindlichen *Freiräume für einzelne und Gruppen* in Anspruch zu nehmen, um neue Bezeugungen und Verwirklichungen christlicher Haltung möglich zu machen — entsprechend dem Grundsatz „In necessariis unitas, in dubiis libertas, in omnibus caritas".

Andererseits *ist Wachsamkeit gegenüber allen Versuchen partikularer Gruppen* und Richtungen geboten, ihre besonderen Vorlieben als die einzig authentisch christlichen oder kirchlichen auszugeben. Je überzeugender Freiheit und Konsens in der Kirche selbst sichtbar werden, desto glaubwürdiger ist die Kirche, wenn sie die Gesellschaft anspricht.

15.
Die moderne Gesellschaft wird sich zunehmend der Wandelbarkeit und Gestaltbarkeit von Verhältnissen (Strukturen, Normen) bewußt, die früher als unverfügbar galten. Überwiegend galt das Überkommene als das Gute, Bewahrenswerte, der Gedanke der Veränderung war problematisch. Der in christlicher Tradition nicht minder legitime, von den letzten Päpsten und vom Konzil betonte Gedanke, daß die zunehmende Veränderbarkeit der Lebensverhältnisse (auch) eine Chance bedeutet, menschenwürdigere Zustände herbeizuführen, hat es oft schwer. Oft verstehen sich der Kirche verbundene Kräfte eher als Hüter des Status quo. Gleichwohl hat die Kirche auch in unserer Zeit auf manchen Gebieten beispielhaft Neues auf den Weg gebracht: Entwicklungshilfe, Sozialdienste (von der Sorge um die Älteren bis zur Bewährungshilfe) u. a. m. Die Einsicht, daß Veränderung zum Guten und zum Schlechten vor sich gehen kann, muß gefördert werden.

16.
In der modernen Gesellschaft spielt die Wissenschaft eine zunehmend wichtige Rolle. Wissenschaft selbst ist aber etwas anderes als früher. Der Stil des Denkens und Handelns hat sich seit der Herausbildung der maßgebenden Stilformen kirchlicher Theorie und Praxis verändert:
— „Wahrheiten" gelten der modernen Wissenschaft nur noch

als vorläufig (es gibt keine „Verifikation" mehr, sondern nur noch die „Falsifikation" oder ihr vorläufiges Ausbleiben).

— „Wissenschaft" bedeutet nicht mehr die vergegenwärtigende Überlieferung maßgeblicher (klassischer, kanonischer) Erkenntnisaussagen, sondern „Forschung" als das Bestreben, den bisherigen Stand der Einsicht in Frage zu stellen und zu überbieten („Wahrheiten" von heute gelten als allfällige Irrtümer von morgen).

Daß es sich dabei um grundlegende Einstellungen handelt, geht daraus hervor, daß es entsprechende Wandlungen auch in anderen Lebensgebieten gegeben hat: Die moderne Wissenschaft entwickelte sich auf der Voraussetzung, man dürfe mit dem jeweils Erreichten (dem bisherigen Optimum des Produktionsmitteleinsatzes) nicht zufrieden sein. Die Politik ist nicht mehr (nur) dazu da, eine bestehende Ordnung aufrechtzuerhalten, sondern sie hat ständig neue Probleme aufzuspüren und zu bewältigen, und dabei ist das Prinzip der Kritik (durch die Etablierung einer legitimen Opposition) sozusagen ins System eingebaut. Das Prinzip der Kritik ist also für die moderne Gesellschaft und das entsprechende Bewußtsein konstruktiv.

Dies hat Konsequenzen für die Bedingungen, unter denen kirchliche Lehraussagen und Weisungen in der heutigen Gesellschaft verstanden und angenommen werden. Sie müssen sozusagen die Kritik von vornherein vorwegnehmend in Betracht ziehen, und sie dürfen den derzeitigen Stand der wissenschaftlichen Reflexion und Argumentation nicht unterbieten (das gilt für moralische Weisungen und ihre Begründung in Naturordnungen ebenso wie für den Entwurf von Gesellschaftsmodellen).

17.
Im besonderen ergeben sich daraus Folgerungen für die christliche Soziallehre und ihre Gegenwarts- und Zukunftschance.

Überzeitliche Grundsätze gestatten — wie schon der hl. Thomas von Aquin wußte — kaum die rein deduktive Ableitung konkreter Modelle und Imperative. Die geschichtliche Wandelbarkeit der gesellschaftlichen Strukturen und der hervorstechendsten Nöte erfordert immer wieder zeit- und situationsbezogene Konkretisierungen, die den weltlichen Sachverstand und das aktuelle, weltoffene Problemgespür nicht entbehren können.

Die Vorstellung, die Kirche könne in Gestalt ihrer Soziallehre sozusagen ein für Christen evidentermaßen richtiges und daher verbindliches Regierungs- oder Parteiprogramm formulieren und anbieten (oder gar vorschreiben), ist verfehlt. (Aus diesem Grunde wäre es auch inadäquat, politische Kräfte danach zu bewerten, inwieweit ihr jeweiliges Programm einem solchen Konzept entspräche.)

18.
Freilich bedeutet dies nicht den Ausverkauf aller Prinzipien zugunsten rein situationsethischer Pragmatik (in der Politik oder sonstwo). Das Wissen von der Würde, der Bestimmung und den notwendigen Entfaltungschancen der Person — der Personbegriff hat seine Tiefendimension durch das christliche Selbstverständnis empfangen! — ist dem gesellschaftlichen Aufgabenbewußtsein des Christen eigentümlich. Dieses Wissen wird im Blick auf die jeweiligen Nöte und Verhältnisse zu relativ konkreten Folgerungen gelangen können, mindestens was die Grenzen menschenwürdiger Gesellschaftsgestaltung betrifft, die Stellen, an denen „halt" gerufen werden muß.

19.
In der heutigen Gesellschaft sind Autorität und Legitimität in Frage gestellt, müssen sich immer wieder ausweisen. Die Legitimitätskriterien wandeln sich, ebenso die Autoritätsformen. Fachkompetenz und persönliche Vertrauenswürdigkeit werden akzeptiert, ebenso auch „technisch" als nötig aufzeigbare Regelungserfordernisse (funktionale Autorität); hierarchische Strukturen gelten nicht mehr selbstverständlicherweise als annehmbar.

Wird die Kirche ihre eigenen Autoritäts- und Legitimitätskriterien modifizieren müssen? Kann sie ihre diesbezüglichen Strukturen und Prinzipien durchhalten, wenn diese angesichts der gegenläufigen gesellschaftlichen Leitvorstellungen bei vielen nicht mehr verstanden werden?

20.
Macht und Besitz sind in der heutigen Gesellschaft problematisch geworden, treffen im Zeichen der Gleichheitsbestrebungen auf kritische Aufmerksamkeit. Daß Macht kontrolliert werden soll, ist

für das moderne Verständnis selbstverständlich (auch wenn im weltlichen Bereich selbst daraus noch längst nicht überall die entsprechenden Konsequenzen gezogen wurden).

Welche Folgerungen ergeben sich daraus für die Ausübung (und Kontrolle) kirchlicher Macht — von ihren geistlichen bis zu ihren finanziellen Aspekten?

21.

Ein besonderes Problem bildet für die Kirche das moderne Öffentlichkeitsprinzip, das zum Prinzip der Hierokratie in einer nicht nur beiläufigen Spannung steht (siehe dazu Michael Schmolke, Kirche, Gesellschaft und publizistische Medien, in: „Aus Politik und Zeitgeschichte", Jg. 1975, Nr. 45, Bonn — 8. November 1975).

Das bedeutet zum einen Probleme für den kirchlichen Bereich selbst: Wie kann es bewerkstelligt werden, daß zentrale Fragen des kirchlichen Wirkens in der Gesellschaft im Rahmen einer kirchlichen Öffentlichkeit angesprochen und in gegenseitiger Achtung der Gesprächsteilnehmer einem Einvernehmen zugeführt werden können? (Arkanverfahren der Urteilsbildung und Aktionsprogrammierung, beispielsweise in Beschränkung des Prozesses auf einen Dialog zwischen Amtsträgern und einigen Experten, gelten im weltlichen Bereich als „technokratisch" und fragwürdig; sie wären auch im kirchlichen Raum problematisch — es gibt Beispiele für unliebsame Reaktionen!) Zum anderen stellt sich die Frage, wie die Kirche ihrem Wort in der gesellschaftlichen Öffentlichkeit Gehör verschaffen kann — was u. a. voraussetzt, daß sie Zugang zum Feld öffentlicher Meinungsbildung hat (Teilhaberchancen an öffentlichen Medien, eigene Medien), aber auch, daß sie als Dialogpartner von den anderen Kräften des öffentlichen Lebens angenommen wird (was bestimmte Stilformen der Selbstdarstellung als ratsam erscheinen läßt).

C. POLITIK

22.

Das Verhältnis der Kirche zur Politik hat sich im Vergleich zu den Verhältnissen in der Ersten Republik grundlegend gewandelt. Seinerzeit war die Zuordnung von Kirche und christlich-sozialem Lager ziemlich eindeutig, kirchliches und parteipolitisches Wirken waren eng (auch personell) miteinander verschränkt, mit der Konsequenz, daß umgekehrt auch politische Gegnerschaft zu den Christlich-sozialen einerseits und Kirchengegnerschaft parallel liefen.

Seit 1945 grenzt sich die Kirche von den Parteien ab, die Priester halten sich von parteipolitischer Betätigung zurück.

Von einer faktischen „Äquidistanz" kann indessen keine Rede sein. In der ÖVP gibt es einen weit höheren Anteil aktiver Katholiken als in den anderen Parteien; christlich-soziales Lagerdenken hat auch lange nach 1945 weitergewirkt.

Bis 1970 galt das Wort der Kirche bei den Regierungsmitgliedern (oder doch zumindest bei vielen von ihnen) recht viel; heute steht die Mehrheit der Regierungsmitglieder der Kirche distanziert gegenüber. Die Kirche muß sich überlegen, welche Konsequenzen sie daraus im Hinblick auf ihr Verhältnis zur Politik ziehen will. Dazu gilt es zunächst einmal zwischen der Einstellung gegenüber dem demokratischen Verfassungsstaat (samt der in seinem System vorgesehenen Möglichkeit des Machtwechsels) einerseits und der Einstellung gegenüber den jeweils regierenden Kräften andererseits zu unterscheiden.

Das politische Wirkungsfeld wird aber nicht nur durch das politische Verfassungssystem einerseits und die jeweilige parlamentarische Konstellation (regierende Mehrheit/oppositionelle Minderheit) andererseits bestimmt.

Charakteristisch für die österreichische Szene ist auch die Verflechtung der Parteien mit großen Interessenverbänden, die wenigstens bislang — z. B. im Wege der Paritätischen Kommission — partnerschaftlich zusammenwirken, hierbei aber eine Art „Machtkartell" bilden.

Gegenüber allen diesen Sachverhalten muß die Kirche ihre Position bestimmen oder erkennen.

23.
Dabei stellt sich eine ganze Reihe von grundlegenden Fragen:
— Soll die Kirche sich als Teilhaberin am Konzert der gesellschaftlichen Machtträger ansehen oder betrachten lassen (zugespitzt gesprochen: als Teilhaberin am Machtkartell), also gewissermaßen die Rolle einer (vierten, fünften...) Partei oder die Rolle einer weiteren „Kammer" (neben Wirtschaft, Gewerkschaft, Land-

wirtschaft usw.) übernehmen? Oder soll sie sich stärker aus dem Prozeß der gesamtgesellschaftlichen Willensbildung und Machtverwaltung herauslösen? (Die Frage stellt sich kaum so vergröbert und pauschal; ihre Bedeutung wird aber überall da sichtbar, wo die Kirche z. B. in Beiräten oder Kuratorien Sitze und Stimmen wahrnimmt, wo sie in Gesetzbegutachtungsverfahren einbezogen wird usf.)

— Soll sie grundsätzlich entsprechende Einwirkungschancen als Amtskirche wahrnehmen und ausbauen, oder soll sie stärker auf die staatsbürgerliche oder gesellschaftlich-engagierte Aktivität ihrer Mitglieder bauen (Katholische Bürgerinitiativen usw.)?

— Mit welcher Entwicklung der Kräftekonstellation ist zu rechnen? Stehen die achtziger Jahre voraussichtlich im Zeichen der derzeitigen parteipolitischen Kräftekonstellation? Oder sind Alternativen möglich, gar wahrscheinlich?

Wird die Wirtschafts- bzw. Sozialpartnerschaft weiterentwickelt, reduziert oder aufgegeben werden? Werden sich daraus grundlegende Konsequenzen im Hinblick auf das innenpolitische Klima ergeben („Konkordanzdemokratie" oder „Kalter Bürgerkrieg" als Extremfälle...)?

— Welche „Strategien" sind für diese verschiedenen Fälle ins Auge zu fassen?

Zu allen diesen Fragen wird die Kirche nicht umhin können, Antworten zu erarbeiten. Die Erteilung entsprechender Studienaufträge wäre dringlich zu wünschen.

24.
Entsprechende Fragen lassen sich in spezieller Weise für die verschiedenen politischen Aufgaben und Handlungsbereiche formulieren (z. B. Schul- und Bildungspolitik, Zivil- und Strafrechtspolitik, Medienpolitik, Sozial- und Wirtschaftspolitik usf.).

Vgl. dazu oben die Bemerkungen unter Ziffer 5!

25.
Aufschlußreich ist im Zusammenhang damit ein Blick auf die geschichtliche Entwicklung der letzten Jahrzehnte.

Von 1945 bis 1956 war die Lage durch die verweigerte Anerkennung des Konkordats bestimmt (das Veto der SPÖ bestimmte die Haltung der Koalition). Von 1956 bis 1968 kam es zu Verhandlungen und Vereinbarungen (Vermögensvertrag 1960, Schulverträge 1962, Diözesanerhebung Eisenstadt, Innsbruck, Feldkirch zwischen 1960 und 1968), gleichzeitig wurde das traditionell negative Verhältnis zwischen Kirche und Sozialistischer Partei zunehmend entspannt; der Sozialhirtenbrief der Bischöfe von 1956 und die St. Pöltener Tagung von 1967, die von Bruno Kreisky mitinitiiert wurde, waren dabei Marksteine. Die historische Gleichsetzung von „Kirchlich" und „Christlich-sozial" war fragwürdig geworden, so daß die Kirche den Machtwechsel um 1970 gelassen wahrnehmen konnte. Nach freundlichen Gesten der ersten Regierung Kreisky (höhere Personalkostenübernahme bei katholischen Schulen) gab es 1971 erste Spannungen in Verbindung mit der „Kleinen Strafrechtsreform". Zum tiefgreifenden Konflikt führten jedoch die Auseinandersetzungen um die Strafbarkeit der Abtreibung seit 1971.

Die Regierungsvorlage vom November 1971, die dem 1957 mit 14 Ja-Stimmen, 1 Nein-Stimme und 3 Enthaltungen angenommenen Votum der Strafrechtskommission weitgehend entsprach (!), löste die Gründung der „Aktion Leben" und eine Unterschriftensammlung gegen diese „erweiterte Indikationenregelung" aus. Eine Gruppe aktivistischer Frauen vermochte im April 1972 den SPÖ-Parteitag auf die „Fristenregelung" festzulegen. Diese wurde nach harten Auseinandersetzungen im Nationalrat 1973 und 1974 mit den Stimmen der SPÖ gesetzlich fixiert. Die Bischöfe betrachteten dies als schwere Belastung der Beziehungen zwischen Kirche und Regierungspartei. Die „Aktion Leben" leitete ein Volksbegehren ein, bei dessen Durchführung teilweise überraschend feindselige und gehässige Äußerungen und Verhaltensweisen zu beobachten waren (insbesondere seitens sozialistischer Funktionäre und Medien, vereinzelt auch von katholischen Aktivisten); dieser Sachverhalt stimmt womöglich nachdenklicher als die Frage, inwieweit das Volksbegehren Stärke oder Schwäche der die „Aktion Leben" tragenden Kräfte bzw. die Kirche sichtbar werden ließ.

Überlegenswert dabei sind u. a. folgende Punkte:

— Was bedeutet es, daß im Hauptverfahren die Zahl der Unterschriften nur relativ maßvoll anstieg, obgleich gerade zum Hauptverfahren die Bischöfe alle Katholiken zur Unterstützung des Volksbegehrens aufgerufen hatten?

— Was bedeutet die auffällige Differenzierung der Volksbegehrensresultate nach Diözesen bzw. Ländern? Welche Rolle spielt dabei die politische Kräfteverteilung im jeweiligen Land, die Einstellung der katholischen Führungsgruppen und Verbandsleitungen, der Organisationsgrad und die Effektivität von Einrichtungen wie der Katholischen Aktion usw.?

— Inwieweit kann angenommen oder bezweifelt werden, daß die Maßgebenden auf beiden Seiten jeweils die Einstellung und die interne Konstellation auf der „anderen Seite" richtig eingeschätzt hatten?

— Welches „Bild vom anderen" hat sich im Rahmen der Aktion herausgebildet, verstärkt oder modifiziert, und welche Folgerungen ergeben sich daraus für die Zukunft?

26.
Jedenfalls markiert die Auseinandersetzung um die „Fristenregelung" den Sachverhalt, daß in Österreich trotz des überwältigenden Anteils der Katholiken an der Bevölkerung gegen den Willen der Kirche Politik gemacht werden kann, und daß daraus keine Systemkrise resultiert oder resultieren muß. Allerdings mag dabei bedacht werden, daß das Engagement für das Volksbegehren in verschiedenen katholischen Gruppierungen und Richtungen unterschiedlich intensiv war. Käme es zu einer noch ernsteren, die kirchentreuen Katholiken in ihrer Gesamtheit zur Identifizierung mit entsprechenden Aktionen bewegenden Auseinandersetzung, so könnten diese höchstwahrscheinlich einen Wahlsieg der SPÖ verhindern. Die Folgen einer solchen Konfrontation wären im übrigen schwer vorhersehbar. Vielleicht hängt es damit zusammen, daß der Regierungschef selbst Initiativen, die zu einer solchen Konfrontation führen könnten, gebremst hat (Religionsunterricht!); auch die Aufstellung eines katholischen Präsidentschaftskandidaten ist in Verbindung hiermit zu würdigen. Umgekehrt hat auch der Vorsitzende der Bischofskonferenz betont, daß die Kirche an einem neuen Kirchenkampf nicht interessiert ist.

27.
Die Erarbeitung einer zukunftsweisenden „Linie" des kirchlichen Verhaltens gegenüber den politischen Kräften läßt eine klare, prinzipienbewußte, aber unverkrampfte und gegenüber Vorurtei-

len vorsichtige Auseinandersetzung mit den in unserem Lande lebendigen Ideenkreisen und Strömungen als erforderlich erscheinen — insbesondere mit dem Sozialismus, aber auch mit dem Liberalismus (vgl. Octogesimo Adveniens!). Unkritische Anbiederung wäre ebenso verfehlt wie pauschale Ablehnung und Dialogverweigerung. Ein Studium der jüngsten Entwicklungen und der mutmaßlich wirksamen Tendenzen ist an der Zeit.

28.
Eine solche Auseinandersetzung mit der Programmatik der politischen Kräfte und Strömungen stößt notwendigerweise auf das Stichwort „Reideologisierung", nachdem in den vergangenen Jahrzehnten häufig von einer „Entideologisierung" gesprochen worden war.

Die Kirche sollte hier zur Klärung der Vorstellungen beitragen. Sie müßte sich von der Meinung distanzieren, daß eine stärkere Berücksichtigung christlicher Handlungsmotive und Sinnperspektiven in der Politik (gegenüber rein pragmatischen Kalkülen) als „Reideologisierung" verstanden werden dürfte. Der christliche Glaube ist keine Ideologie (auch wenn er immer wieder in der Gefahr stand, ideologisch „verwendet", d. h. mißbraucht, also zur Rechtfertigung der Machtinteressen bestimmter Gruppen eingesetzt zu werden).

29.
Demgemäß sollte die Kirche selbst keine „ideologische" Politik betreiben. Sie sollte ihre geistige Autorität jenseits ideologischer Funktionen und Machtbindungen dadurch bezeugen, daß sie sich nicht (nur) für ihre eigenen (institutionellen) Interessen und die ihrer Mitglieder einsetzt, sondern Forderungen vor allem da erhebt, wo es um die Menschenwürde und die Daseinschancen Unterberechtigter und Benachteiligter geht. Dem Eintreten z. B. für die Gastarbeiter oder für ethnische Minderheiten (Kärntner Slowenen) oder für Strafentlassene kommt oder käme in diesem Sinne exemplarische Bedeutung zu. Seit alters gilt es als Sache der Kirche, sich der „Witwen und Waisen" anzunehmen, d. h. derer, die keinen mächtigen Sachwalter haben.

30.
Im übrigen kann die Wirksamkeit der Kirche in den Raum der Politik hinein auf mehreren Wegen und Ebenen geschehen. Eine solche Ebene ist die der Parteien.

Nach wie vor besteht ein relatives Naheverhältnis zur ÖVP oder wenigstens zu zahlreichen Persönlichkeiten und Gruppierungen innerhalb der ÖVP, wenngleich gewisse Spannungen und Enttäuschungserlebnisse (mögen sie auf Mißverständnissen oder worauf sonst auch beruhen) nicht verkannt werden dürfen. Die Kräfte, die sich dort engagiert haben, wo Christen bislang überwiegend ihre politische Heimat fanden, dürfen nicht im Stich gelassen oder gar vor den Kopf gestoßen werden. Andererseits sollte überlegt werden, was es bedeutet, daß in der FPÖ, vor allem aber in der SPÖ aktive Katholiken — gemessen am Anteil der katholischen Wähler dieser Parteien — unterrepräsentiert sind.

Ein stärkeres Engagement katholischer Männer und Frauen in allen demokratischen Parteien wäre zu wünschen, wenngleich man sich bis auf weiteres wohl nur sehr begrenzte Hoffnungen darauf machen kann, daß diese das Klima und die Willensbildung in Parteien, die traditionell der Kirche eher abweisend gegenüberstanden, wesentlich mitgestalten könnten.

31.
Eine weitere Ebene kirchlichen Wirkens in Richtung auf die Politik ist die der Verkündigung ihrer Auffassung in den Raum öffentlicher Bewußtseinsbildung. Hiebei muß bedacht werden, daß der Stil des öffentlichen Meinungsprozesses, des Dialogs und der Auseinandersetzung der gesellschaftlichen Kräfte sich in den letzten Jahren und Jahrzehnten gewandelt hat.

Die bloße Proklamation von Prinzipien kommt nicht mehr gut an. Das Aufgreifen von konkreten, erlebbaren und anschaulichen Nöten und Anliegen ist überzeugender und wirksamer.

„Verbaler" bewußtseinsbildender Einsatz wirkt freilich nur dann in vollem Maße, wenn nicht nur gepredigt, sondern auch gehandelt wird.

32.
Daher ist die Initiierung und Durchführung von Aktionen zur Bewältigung konkreter sozialer Probleme („Lebenshilfe", Sorge für Alte und Kranke, für Kinder und Behinderte, für Arbeitslose

und Gastarbeiter, für Angehörige von Minderheiten) in dem schon unter Ziffer 29 erwähnten Sinne von vordringlicher Notwendigkeit.

33.
Hierzu und zur Sicherung der Präsenz katholischer Überzeugungen im öffentlichen Leben auch unabhängig von den taktischen Zwängen parteipolitischer Aktivität braucht die Kirche Aktivistengruppen, Bewegungen und Verbände, die ihr nahestehen.

Entsprechende Gruppierungen, apostolische Bewegungen usw. (Katholische Aktion und andere Kräfte) bedürfen daher auch in Hinkunft vordringlich der Förderung. Zwar müssen die Gefahren einer Verbürokratisierung auch in diesem Bereich gesehen werden; ihnen wirkt man am besten durch die Entwicklung eines dialogischen, kooperativen und das spontane Engagement ansprechenden Arbeits- und Führungsstils entgegen. Sie müssen daher in den Prozeß gesamtkirchlicher Selbstverständigung und Meinungsbildung einbezogen und in diesem Sinne als Mitträger der Aufgaben der Kirche in der Gesellschaft ernst genommen werden.

34.
Im Sinne der vorstehenden Überlegungen braucht die Kirche eine Basis und ein Kräftereservoir für „Bürgerinitiativen" im freien Raum gesellschaftlicher Willensbildung. Andererseits sollte sie auch ihrem institutionellen Status Aufmerksamkeit schenken.

Ihre Öffentlichkeitsstellung hatte bislang eine solid erscheinende Basis (öffentlich-rechtlicher Status, Würdigung der christlichen Sinngehalte z. B. im Zielparagraphen des Schulgesetzes 1962 oder in den neuen Programmrichtlinien des ORF).

Es ist aber damit zu rechnen, daß dieser Status in Zukunft Anfechtungen ausgesetzt sein wird (vgl. etwa die in Graz initiierten Ansätze zu einer Bewegung für die „Trennung von Staat und Kirche" und zur Hinderung der öffentlichen Einflußchancen der Kirche). Die Kirche sollte sich rechtzeitig auf solche Tendenzen einstellen, um ihnen angemessen begegnen zu können.

Dabei stellen sich allerdings verschiedene fundamentale Fragen:

— Ist die Kirche um ihrer eigentlichen und zentralen Aufgaben willen auf einen bestimmten weltlichen Rechtsstatus und auf eine bestimmte weltliche Machtbasis angewiesen?

— Läßt sie sich u. U. durch die Teilhaberschaft am gesellschaftlichen Machtkonzert (siehe Ziffern 22 und 23) in das gesellschaftlich-politische Gesamtsystem so weit integrieren, daß sie in die Gefahr gerät, ihre eschatologische Ausrichtung zu verlieren und der Unbefangenheit kritischer Stellungnahmen zu fragwürdigen gesellschaftlichen Entwicklungen wenigstens partiell verlustig zu gehen?

— Muß sie sich nicht andererseits gerade in einem demokratischen Gemeinwesen um eine auch „weltlich" respektable Position und um eine organisierte „Massenbasis" bemühen, um mit ihren Anregungen und Warnungen Beachtung zu finden?

35.
Diese und manche anderen Fragen und Überlegungen lassen es geraten erscheinen, die Bemühungen um eine grundsätzliche Klärung der Position und der Wirkungschancen der Kirche in der Gesellschaft und gegenüber der Politik zu intensivieren.

Entsprechende Bemühungen (Studienkreise usw.) bedürfen der Ermunterung und Förderung.

Die Umsetzung entsprechender Arbeiten sollte sich nicht nur in Prozessen „strategischer" Urteilsbildung im gesamtkirchlichen Rahmen niederschlagen, sondern nicht zuletzt auch in Anstrengungen zur politischen Bildung im Bereich der Ausbildung und Fortbildung von Trägern kirchlicher Dienste sowie nicht zuletzt in der Sphäre der vielen ehrenamtlichen Aktivisten und Mitarbeiter kirchennaher Organisationen und Verbände.

Besonders die Katholische Aktion und andere katholische Verbände bemühen sich in den letzten Jahren um eine grundsatzpolitische Bildung durch alle ihre Erwachsenengliederungen. Dadurch sollen Katholiken befähigt werden, auf allen Ebenen des politischen Bereiches verantwortliche Funktionen zu übernehmen, um eine Politik aus christlicher Verantwortung zu garantieren.

D. RECHTSWESEN

36.
In den letzten Jahren gab es in Österreich bedeutende Rechtsreformen, insbesondere auf dem Gebiet des Straf- und Familienrechtes,

die zu mehrfachen Stellungnahmen der österreichischen Bischöfe Anlaß gaben. Während die Kirche für die auf der Naturrechtstradition basierende Erhaltung der einheitlichen Wertvorstellungen der christlich-abendländischen Kultur eingetreten ist, war die Reform von dem Bewußtsein getragen, die Einflußnahme des staatlichen Rechtes auf das Sexualverhalten und die ehelichen Beziehungen dort zurückzudrängen, wo in individuelle Rechte des einzelnen eingegriffen wird. Ein liberaler Humanismus hat die Verhaltensweisen in diesen Bereichen entkriminalisiert. Überhaupt wird in der staatlichen Strafrechtspolitik die Strafe vorwiegend aus dem Gesichtspunkt der Prävention und nicht unter dem Aspekt der Sühne gesehen. Eine philosophisch-theologische Naturrechtskontroverse und öffentlich vorgetragene Zweifel an der Legitimität der Vertretung der Gläubigen in rechtspolitischen Fragen durch den Episkopat schwächte die kirchliche Position gerade im Zeitpunkt der Beendigung der großen Strafrechtsreform. Alle Kräfte sammelten sich daher bei einem Thema, das innerkirchlich nicht kontroversiell war, nämlich der Ablehnung der Fristenlösung.

37.
Darüber hinaus führte die innerkirchliche Diskussion letztlich doch in nachstehenden Punkten zu einer weitreichenden Übereinstimmung:

a) Die österreichischen Bischöfe sind nicht nur legitimiert, sondern vielmehr berufen, jederzeit zu rechtspolitischen Fragen ihre Stimme zu erheben, und zwar nicht nur dann, wenn durch Rechtsreformen gesellschaftliche Verhaltensweisen, die mit dem christlichen Menschenbild im Einklang stehen, in negativer Richtung verändert werden sollen, sondern auch, wenn die herrschenden Verhältnisse der christlichen Nächstenliebe nicht entsprechen.

b) Soweit Rechtsnormen im allgemeinen Bewußtsein der Staatsbürger als ein werterfüllter Sittenkodex angesehen werden, muß die Kirche gegen die Abwertung einzelner Rechtsgüter nach wie vor Stellung nehmen. Das wird in nächster Zukunft für das Scheidungsrecht und die staatliche Restriktion von Pornographie ebenso Bedeutung haben wie beim Eintreten für Benachteiligte in unserer Gesellschaft insbesondere auf dem Gebiet des Wohnungs-, des Gesundheits- und des Fürsorgewesens sowie bei Fragen des Minderheitenschutzes.

c) Im Rahmen des Strafrechtes sollte Anliegen der Kirche nicht nur die Kodifikation der Normen, sondern darüber hinaus auch die Sorge um die Person des Rechtsbrechers sein. Die Kirche, die sich im Rahmen der Caritas schon bisher um Strafentlassene gekümmert hat, sollte mithelfen, die allgemeine Einstellung zu Fragen einer sinnvollen (Re-)sozialisierung dem christlichen Liebesgebot entsprechend zu ändern.

d) Der Einfluß der Kirche auf Rechtsreformen wird nicht nur von der Stellungnahme der Bischofskonferenz, sondern darüber hinaus sehr wesentlich von der Öffentlichkeitsarbeit abhängen, durch die ein entsprechender Widerhall in der öffentlichen Meinung den Anliegen Gewicht gibt. Dieser Widerhall ist im Rahmen der „Aktion Leben" gelungen. Aber auch ohne Volksbegehren werden kirchliche Bildungseinrichtungen zu Sinnfragen des Lebens anhand konkreter Rechtsformen vermehrt Stellung beziehen müssen. Die der Kirche zur Verfügung stehenden Massenkommunikationsmittel sollten kirchliche Stellungnahmen zu gesellschaftspolitischen Fragen in der Öffentlichkeit vorbereiten und fortlaufend über Erfolg oder Mißerfolg derselben berichten.

38.
Bei alledem handelt es sich aber nicht nur darum, daß unmißverständliche christliche und kirchliche Positionen möglichst effektiv zur Geltung gebracht werden müssen. Vielmehr taucht im Zusammenhang mit den hier anstehenden Anliegen eine Reihe von Problemen auf, die einer weiterführenden und klärenden inhaltlichen Erörterung bedürfen. Nur weniges davon sei im folgenden stichwortartig angedeutet:

a) Von welchen Grundpositionen her erhebt die Kirche in Angelegenheiten der Rechtsreform ihre Stimme, insbesondere im Zusammenhang mit den Veränderungen des Familienrechts und des Strafrechts?

In welchem Zusammenhang stehen diese Grundpositionen mit den gesellschaftspolitischen Leitbildern, für die die Kirche sich einsetzt? Es liegt nahe, daß die Kirche das moralische Fundament (oder, anders ausgedrückt, den moralischen Wertbezug) der Rechtsordnung in besonderer Weise zum Gegenstand ihrer Sorge macht. So versteht es sich, daß z. B. gläubige Christen im

Zusammenhang mit dem Strafrecht unmittelbar an die moralphilosophischen bzw. moraltheologischen Kategorien „Schuld und Sühne" denken.

Heißt dies aber, daß nach christlicher Auffassung das staatliche Strafrecht insbesondere als Schuldstrafrecht entworfen und verstanden werden muß? Werden hier nicht zwei Betrachtungsebenen unter Umständen vorschnell ineinanderverschoben? Die Frage stellt sich um so dringlicher, je eher es möglich ist, die von kirchlicher Seite vertretenen strafrechtspolitischen Anliegen durchaus auch unter Bezugnahme auf den Gesichtspunkt der Generalprävention zu begründen.

Soll also auf eine möglichst enge Koppelung von staatlicher Rechtsordnung und christlich verstandenem Sittengesetz hingearbeitet werden, oder gibt es nicht unter den heutigen gesellschaftlichen Bedingungen u. U. gute Gründe, gerade um der Würde des Sittengesetzes willen eine Entkoppelung vom staatlichen Recht in gewissem Maß in Kauf zu nehmen, ja sogar zu bejahen? Zu bedenken wäre das namentlich, insoweit in gewissen Rechtsbereichen der materiale Gerechtigkeitsgehalt mancher Regelungen dem Bürger nicht mehr (ohne weiteres) einsichtig ist.

b) In Verbindung damit steht es, daß von maßgebenden gesellschaftlichen Kräften und Instanzen die Rolle des Rechts und seine Funktion im Gesamtsystem der gesellschaftlichen Verhaltenssteuerung anders gesehen wird, als dies den traditionellen Anschauungen entspricht. Das Recht gilt nicht mehr so sehr als ein dem politischen Handeln und der Gesellschaftsgestaltung vorgegebener Maßstab des Rechten und Guten, sondern als ein Instrument der Regelung des sozialen Verhaltens, welches im Zusammenhang mit anderen z. T. äquivalenten Regelungsinstrumenten gesehen und benützt wird.

Die modernen Instrumente der Regelung und Steuerung sozialen Verhaltens — von der direkten Ausübung staatlicher Befehlshoheit in Gestalt von Geboten und Verboten über die Gewährung oder Inaussichtstellung materieller Vorteile (Subventionen, Steuererleichterungen usw.) bzw. die Auferlegung oder Inaussichtstellung materieller Nachteile (Versagung von Förderungen, Auferlegung von Steuern u. a. Belastungen) bis zu den heutigen Methoden suggestiver Bewußtseinsbeeinflussung werden in den modernen Industriegesellschaften in einer Weise angewandt, die auf die

Entwicklung eines Gesellschaftssystems „jenseits von Freiheit und Würde" (B. F. Skinner) hindeuten könnte.

Der Mensch wird von den Leitungsinstanzen der Großorganisationen (insbesondere auch des Staates) zunehmend als ein manipulierbares und verwaltbares Wesen angesehen und behandelt. Ansprüche und Handlungsimpulse solcher Instanzen wenden sich — etwas vereinfacht gesprochen — an den Menschen primär als ein Individuum, das, bei seinen Bedürfnissen genommen, Nutzen und Nachteile kalkuliert und sich in seinem Verhalten vornehmlich durch materielle Anziehungs- und Abstoßungskräfte bestimmen läßt.

Die Fähigkeit der menschlichen Person zu verantwortlicher Selbstbestimmung kommt in diesem Gefüge von Steuerungsmechanismen sozusagen nur noch als Grenzfall vor.

In Verbindung damit dürfte sich die Einschätzung des staatlich gesetzten Rechts auch in Zukunft noch weiter wandeln. Die Herausbildung eines von den staatlichen und gesellschaftlichen Steuerungsmechanismen nicht (gänzlich) vereinnahmten Verantwortungsbewußtseins stellt sich daher als eine besonders dringliche Aufgabe. Die Kirche sollte alles tun, um das Bewußtsein davon wachzuhalten, daß die Gesellschaft verzerrt und verfehlt gesehen wird, wenn man sie nicht mehr als eine Gesellschaft menschlicher Personen versteht, von denen jede einzelne mehr ist als das „Ensemble der gesellschaftlichen Verhältnisse", so daß auch ihr Verhalten nicht als bloße Resultate staatlicher und gesellschaftlicher Verhaltenssanktionen (Belohnungs- und Bestrafungsreize) geplant und gesteuert werden darf.

Diese Sorge sollte nicht als eine Geringwertung der öffentlichen Errungenschaften und Bemühungen um die materielle Daseinsvorsorge mißverstanden werden (im Sinne einer Abkehr von der staatlichen Verantwortung für die Wohlfahrt der Benachteiligten).

39.
Kurz gefaßt und zugespitzt heißt das: Das Recht wird von wichtigen politischen Kräften in zunehmendem Maß als ein technisches Instrument sozialer Verhaltenssteuerung betrachtet und benützt. In dem Maße, wie dies geschieht, bedarf das sittliche Bewußtsein darüber hinausgehender Orientierungsmaßstäbe. Angesichts dessen ist es nötig,

a) das Bewußtsein von Recht und Unrecht, von guten und schlechten Handlungen und Einstellungen in der Gesellschaft so zu vertiefen, daß es auch ohne Abstützung durch staatliche Rechtsnormen möglichst lebensprägend wirkt, und

b) auf die Gestaltung der staatlichen Rechtsordnung dahin Einfluß zu nehmen, daß sie dieses Bewußtsein mitträgt oder es zumindest nicht verunsichert.

40.

In Verbindung damit verdienen auch andere Entwicklungen im Bereich des Rechtswesens besondere Aufmerksamkeit. Dies gilt insbesondere für die immer wieder diskutierten Bemühungen um eine „Demokratiereform", nicht zuletzt im Hinblick auf die Stärkung der Chancen eigenverantwortlicher Mitwirkung der Bürger am politischen Willensbildungsprozeß und im Hinblick auf die Berücksichtigung des Subsidiaritätsprinzips.

41.

In gleichem Maße sollte auch zu gegebener Zeit das Ergebnis der Arbeiten der Grundrechtsreformkommission Aufmerksamkeit finden. Gerade die Grund- und Menschenrechte in ihrem heutigen Verständnis müssen Anliegen katholischer Gesellschaftspolitik sein. Erste Ansätze, das Anliegen aufzugreifen, zeigen Bemühungen verschiedenster kirchlicher Organisationen und Gruppierungen, die sich im Rahmen von Amnesty International für die Verwirklichung der Menschenrechte einsetzen, sowie Vorhaben von Justitia et Pax und Pax Christi.

E. WIRTSCHAFT UND ARBEIT

42.

In früheren Zeiten war christliches Gedankengut bei der Gestaltung der Wirtschafts- und Arbeitswelt eine ideell bewegende Kraft, nicht zuletzt infolge des Wirkens von Kräften, die sich der katholischen Soziallehre verbunden fühlten. Seit der Entwicklung des Sozialstaates ist das kaum mehr in vergleichbarem Maße der Fall. Die seinerzeitigen Ziele gelten als selbstverständliche Errungenschaften.

43.
Die Anteilnahme katholischer Gruppierungen an den Problemen der Wirtschaftsordnung und der sozialökonomischen Situation hängt stark von der jeweiligen sozialen Position und Ausrichtung ab; daß es z. B. zwischen dem Verband Christlicher Unternehmer und der katholischen Arbeitnehmerbewegung grundsätzliche Auffassungsunterschiede und erhebliche Konflikte gibt, ist kaum verwunderlich. Gemeinsam ist aber das Streben nach der Erarbeitung von Leitbildern und Realverhältnissen, in denen das Wirtschafts- und Arbeitsleben den Grundnormen und -prinzipien einer humanen Gesellschaftsordnung unterstellt und in ihrem Lichte betrachtet wird.

Ein klar konturiertes Modell einer den österreichischen Gegebenheiten entsprechenden Wirtschafts- und Sozialverfassung hat man jedoch hiervon nicht ableiten können. Der Konsens über die positive Auswirkung der Sozialpartnerschaft (an deren Wiege nicht zuletzt Leitgedanken der katholischen Soziallehre standen) geht recht weit. Indessen gibt es im einzelnen ein Spektrum von Auffassungen mit unterschiedlicher Akzentsetzung; auf der einen Seite wird der Gedanke einer notwendigen, eventuell kämpferisch durchzusetzenden Überwindung bestehender Klassenstrukturen und Herrschaftsverhältnisse in christlichem Geiste (Katholische Arbeiterjugend; auch Kräfte der Katholischen Sozialakademie); andererseits wird das harmonisierende Leitbild einer Partnerschaftsgesellschaft zuweilen auch im Sinn einer Legitimierung bestehender Verhältnisse gepriesen.

Daß ein solcher innerkatholischer Pluralismus grundsätzlich legitim ist, geht aus entsprechenden Aussagen des II. Vatikanums („Gaudium et Spes" 43) hervor; es kann auch für das gesellschaftliche Wirken der Kirche von Nutzen sein, wenn es kirchliche Gruppierungen gibt, die die gesellschaftlichen Kräfte sozusagen jeweils in der Sprache ansprechen, die sie verstehen. Trotzdem sollte den Bemühungen um eine innerkatholische Konsensbildung mehr Sorge geschenkt werden.

44.
Ob dies freilich dazu führen kann und soll, daß die Kirche ein in sich abgerundetes, operables Leitmodell der sozialökonomischen Ordnung für Österreich entwickelt und — sozusagen in Konkurrenz zu

den entsprechenden Passagen der Parteiprogramme — propagiert, muß bezweifelt werden. Tunlicher dürfte es sein, bestimmte konkrete Anliegen, die sich aus christlicher Sicht aufdrängen, in den Vordergrund zu stellen und für ihre produktive Bewältigung einzutreten; so etwa:

— die Anliegen der Benachteiligten im allgemeinen und in besonderer Konkretisierung (Pensionisten, Bergbauern, Gastarbeiter, Frauen, Arbeitslose — besonders Jugendliche usw.);

— die Humanisierung der Umwelt am Arbeitsplatz;

— der Umgangsstil in Unternehmen und Betrieben (kooperativer Stil des Zusammenwirkens und der Führung);

— Mitbestimmungsvorgänge und Demokratisierungsprozesse.

45.
Hiebei sollte es eine besondere Aufgabe der Kirche sein, sich der Nöte und Angelegenheiten des konkreten einzelnen und bestimmter Gruppen gerade dann anzunehmen, wenn die „Große Politik" diese in den toten Winkel der organisierten Interessen geraten läßt. Nicht selten führt ja das Kräfteparallelogramm der gesellschaftlichen Großgruppen zu einer Machtballung und Machtteilung an der Spitze, ohne daß dies „an der Basis" mehr Freiheit und Demokratie bewirkt. (Beispielsweise kann man im Blick auf das Arbeitsverfassungsgesetz den Eindruck gewinnen, daß die Position der Großorganisationen der Arbeitgeber und Arbeitnehmer stabilisiert, die Mitbestimmungschancen „vor Ort" aber nur sehr mäßig verbessert wurden.)

46.
Die Sorge für die Behebung oder Minderung konkreter Notstände bestimmter Gruppen darf die Katholiken und die Kirche nicht davon entbinden, strukturelle Ungerechtigkeitsfaktoren in der bestehenden Gesellschaft zu erkunden und ihnen aktiv entgegenzutreten. Die Rolle der Kirche als Anwalt der Verständigung und der Versöhnung darf nicht im Sinne einer Beruhigung des sozialen Gewissens da, wo dieses Gewissen unruhig zu sein hätte, umfunktioniert werden.

47.
Besondere Mühe verdient die Überwindung des Provinzialismus im wirtschafts- und sozialpolitischen Weltbild. Die Probleme der

Weltwirtschaftsordnung sind dem Österreicher viel zuwenig bewußt. Entwicklungshilfeaktionen (Familienfasttag), Weltfriedenstag usw. könnten mit entsprechenden Aufklärungsaktionen verbunden werden (vgl. die diesbezüglichen Überlegungen in der Österreichischen Kommission Justitia et Pax und die entsprechenden Aktivitäten der Gliederungen der Katholischen Aktion Österreichs und der anderen katholischen Verbände).

F. ALTE MENSCHEN

48.
Im Verlauf der letzten 100 Jahre hat sich die mittlere Lebenserwartung des Menschen in den Industrieländern von rund 35 auf rund 70 Jahre erhöht, also verdoppelt. Es ist ein säkularer Prozeß, der eine entscheidende Änderung in den Grundlagen humanen Lebens akzentuiert. — Die Erhöhung der mittleren Lebenserwartung bei der Geburt darf aber nicht zu dem Schluß verleiten, daß der Mensch heute im allgemeinen, wenn er ein bestimmtes Alter erreicht hat, um Jahrzehnte älter werde als zu Beginn unseres Jahrhunderts. Die dramatische Veränderung der mittleren Lebenserwartung ist vor allem auf die Lebenssicherung in den ersten Lebensmonaten und -jahren zurückzuführen. Doch hat sich auch der Anteil von Personen über 65 gegenüber der vorindustriellen Periode mehr als verdreifacht. In den großen westlichen Industrieländern betrug 1970 der Anteil an über 65jährigen 13 bis 14 Prozent, in Großstädten wie Wien über 25 Prozent. Dabei ist das Altersproblem besonders stark ein Problem der betagten alleinstehenden Frauen. Da die männliche Lebenserwartung geringer ist als die weibliche und die männlichen Ehepartner im Durchschnitt um einige Jahre älter sind als die weiblichen, stirbt in der überwiegenden Zahl der Ehen der Gatte zuerst. So ist der Anteil der Verwitweten und Alleinstehenden unter den alten Frauen mehr als doppelt so hoch wie unter den Männern.

49.
Obwohl sich die großen Haushalte aufgelöst haben, leben die Angehörigen alter Menschen zumeist in relativ geringer Entfernung, so daß Besuch und Aushilfen zu den allgemeineren Mustern des Verhaltens gehören als das Unbesuchtsein oder das Allein- und

Verlassenbleiben. Als besonderes Problem bleibt aber die richtige und menschlich notwendige Anteilnahme an alten alleinstehenden Personen, die es zu Tausenden und Zehntausenden gibt. Dies findet auch seinen Niederschlag in der Tatsache, daß etwa die Hälfte der über 70jährigen Österreicher bei einer Befragung 1972 angab, daß sie unter dem Alleinsein leide. — Welche Qualität und welche Inhalte diese Beziehungen haben, welche Konflikte, Reibungen, Verstimmungen, offene oder versteckte Streitigkeiten es gibt, darüber wissen wir zuwenig. Konflikt wird sich überall dort breitmachen, wo Töchter, Söhne, Schwiegertöchter und Schwiegersöhne sich aus ihren unreifen Bindungen an die Älteren bzw. Eltern nicht lösen können.

50.
Neben dem Alleinsein sind für fast die Hälfte der über 70jährigen besonders belastend Hilflosigkeit, Gebrechlichkeit und Krankheit; viele beklagen die mangelnde Hilfe in solchen Fällen. Über ein Viertel der Alten klagt aber auch, daß sie zuwenig Geld für das Notwendigste haben.

Die alten Menschen erwarten dementsprechend auch von der Kirche und von den Christen, daß sie Gebrechlichen im täglichen Leben helfen, Verständnis für die Probleme alter Menschen wecken, Altersheime bauen usw.

Gegenüber der Öffentlichkeit sollte die Möglichkeit noch mehr ausgenützt werden, Anliegen der Senioren, besonders im sozialrechtlichen Bereich, zu vertreten. Die Gefahren eines „Sozialstopps" sollten nicht unterbewertet werden. Die Kirche könnte als Anwalt der Senioren auftreten, ohne die parteipolitischen Belastungen tragen zu müssen, denen die Pensionisten- und Seniorenverbände derzeit ausgesetzt sind.

51.
Das gehobene Anspruchsniveau auch der älteren Personen mag zudem das Gefühl der Belastung durch die Gruppe der alten Menschen intensivieren, denn es beginnen nun Menschen in das höhere Alter vorzurücken, die in ihren mittleren Jahren nicht nur an den Nachkriegskonjunkturen teilnehmen konnten, sondern auch das subjektive Bewußtsein aktiver wie passiver Leistung —

etwa des Durchstehens des Ungemachs zweier Kriege — für sich buchen können.

Wenn man dann Jugendlichkeit als Jung-, Fit- und Aggressiv-Sein, als einen abstrakten und losgelösten Wert hinstellt und psychologisch und konsumgesellschaftlich hochspielt, so ist die Folge, daß es für den älteren Menschen schwierig ist, in der Gesellschaft als „voll" gewertet zu werden.

52.

Als ein wichtiger Faktor für die Stellung der älteren Menschen in der heutigen Gesellschaft ist auch der Umstand zu betrachten, daß die Älteren im Durchschnitt weniger Jahre der Schulbildung zurückgelegt haben als die Jüngeren, daß sie also schon aus diesem Grund, aber auch infolge des damals gegebenen Wissensstandes und der ihnen gebotenen Wissenssektoren gewissen Einrichtungen und Phänomenen der modernen Gesellschaft gegenüber weitaus weniger vorgebildet sind als die mittleren und jüngeren Jahrgänge. Aus dem Bewußtsein, daß die 3. und die 4. Lebensphase sehr lange dauern, sind Bemühungen notwendig, durch ein altersgerechtes Bildungsangebot nicht nur Hilfe zur Bewältigung der eigenen Situation, sondern auch Hilfe zum bewußten und aktiven Miterleben unserer Zeit sowie zur Erfüllung mancher Wünsche zu geben, die bisher nicht erfüllbar waren (Reisen, Theaterbesuch usw.).

53.

Die Kirche bemüht sich auf allen Ebenen kirchlichen Lebens, die Sorge für die älteren Menschen und die Berücksichtigung der Bedürfnisse älterer Menschen bewußt wahrzunehmen. Caritas und diözesane Referate für Altenpastoral, die Gliederungen der Katholischen Aktion Österreichs, Orden und Pfarrgemeinden leisten ihre wichtigen Beiträge. Auch viele Angebote der öffentlichen Hand auf Gemeindeebene könnten ohne die Mitwirkung engagierter Vertreter der Pfarre oder kirchlicher Verbände nicht wirksam werden. Insbesondere ist die gesellschaftliche Ausgliederung älterer Menschen im kirchlichen Bereich nicht nur viel weniger wirksam geworden, sondern wird heute bewußt soweit wie möglich rückgängig gemacht.

Neuerungen bestehen vor allem darin, daß die Sorge um die älteren Menschen immer mehr der ganzen Pfarrgemeinde übertragen wird und dies auch im pfarrlichen Leben immer wieder sichtbar zum Ausdruck kommt.

Die Palette sozial-karitativer Dienste ist äußerst reichhaltig und umfaßt grundsätzlich alle Bereiche und alle Möglichkeiten, soweit sie uns heute bekannt sind: Quantitativ ist das Angebot naturgemäß nicht überall gleich, und in vielen Bereichen ist erst ein Anfang gesetzt. Es fällt aber auf, daß gerade in diesem Bereich sehr erfinderisch immer neue Mittel und Kräfte freigemacht werden. Die Tatsache, daß nicht alle Senioren pflege- oder betreuungsbedürftig sind, wird einmal dadurch berücksichtigt, daß häufig ältere Menschen ihren auf Hilfe angewiesenen Altersgenossen zur Verfügung stehen. Es wird aber auch das Angebot so ausgelegt, daß manche Dienste vorbeugend eingesetzt werden, um größere Schäden oder größere Not von vornherein zu vermeiden (z. B. durch Hauspflege).

Die öffentliche Hand — Gemeinde, Gebietskörperschaften, Land, Bund — ist grundsätzlich, wenn auch in sehr unterschiedlichem Ausmaß, bereit, die im sozial-karitativen Dienst für Senioren erbrachten Leistungen materiell zu fördern. Dabei ist die Dichte der kirchlichen Infrastruktur manchmal ausschlaggebend für die Erfassung von Menschen, die seitens der öffentlichen Wohlfahrt gar nicht erreicht werden können.

Alle Bemühungen, um der Vereinsamung vorzubeugen, die Besuchsdienste, Telefonketten, der Erholungsbereich, werden dadurch wirksamer, daß die Verantwortung der Familien und die Verantwortung der kirchlichen Gemeinde mit einbezogen werden können.

Die Gründung von vier kirchlichen Altenpflegeschulen, die für eine haupt- und nebenberufliche Arbeit für und mit alten Menschen ausbilden, hat wesentlich zur Bewußtseinsveränderung hinsichtlich der Bedeutung der Altenarbeit beigetragen.

G. FAMILIE

54.
Im wirtschaftlichen Entwicklungsprozeß der Gegenwart zeichnen sich Tendenzen ab, Zielsetzungen und Wertvorstellungen für die Organisation des sozialen Lebens unkritisch von technologischen Einflüssen und Gesetzmäßigkeiten der industriellen Produktionsweise beeinflussen zu lassen.

Ferner gibt es Bestrebungen in der Organisation des sozialen Lebens, die individuelle Freiheit so einseitig zu betonen, daß die für die Entfaltung der Person notwendigen intermediären Kleingruppen im Sozialsystem zuwenig Berücksichtigung finden.

Es gibt auch heute noch wirksame Auffassungen, daß z. B. die Familie vorwiegend eine Einrichtung sei, welche überkommene Autoritätsstrukturen produziere und damit gesellschaftlichen Fortschritt lähme (M. Horkheimer), Ehe und Familie schränkten vor allem die individuelle Freiheit der Frau ein, und nur eine volle außerhäusliche Berufstätigkeit der Frau sei allein Garant einer vollen Emanzipation. Die Familie solle daher zugunsten der Befreiung der Frau zurückgestellt, wirtschaftlichen Zielsetzungen (Eingliederung aller Personen im erwerbsfähigen Alter in den Produktionsprozeß) untergeordnet und — bei konsequenter Verfolgung des Prinzips der Arbeitsteilung — die Kindererziehung darauf spezialisierten Institutionen der Gesamtgesellschaft übertragen werden.

55.
Im Gegensatz zu solchen Ehe und Familie negativ beurteilenden Auffassungen stehen Überzeugungen, daß einer innerlich gewandelten und auf eine Gesellschaft hin offenen Familie in einer hochentwickelten Industriegesellschaft ein in vieler Hinsicht unausgeschöpftes Potential innewohnt (L. Rosenmayr), ja daß die Familie geradezu der Motor einer zweiten Phase der Sozialreform sei, in der die Forderung nach Lebensqualität auf den Bereich der menschlichen Beziehungen appliziert werde. Die Lebensbereiche dürften nicht hinter den Produktionsbereichen zurückstehen. Der besondere Charakter der Familie bestünde — gegenüber anderen gesellschaftlichen Institutionen — in einem vollen Maß der wechselseitig persönlichen Zuwendung, der Sorgfalt, der Konfliktaustragung und der emotionalen Stützung ihrer Mitglieder. Es ginge darum, daß die Familie sich als problemlösende, für alle Mitglieder gratifizierende Einheit entwickelt, indem sie auf dem Weg der Spontaneität zunehmend Züge der Gruppe annimmt. Dabei kämen ihr folgende Funktionen zu: wechselseitiger Erkenntnisprozeß, Förderung der Fähigkeit zu Selbsterkenntnis, zu moralischer Kritik, kulturelle Stimulierung und Anleitung im Lernen der Auswahl von Angeboten, Gestaltung und Meisterung

von unmittelbaren Lebensbedingungen. In solidarischen Sympathie- und Liebesbeziehungen kann Schutz, Sicherheit, Abbau von Angst und Hilfe bei der Daseinsbewältigung gegeben werden.

56.
Dieses Potential kann sie aber nur aktivieren, wenn sie sowohl erzieherisch als auch ökonomisch und politisch von der Gesellschaft ermutigt und unterstützt wird und nicht, wie das derzeit vielfach der Fall ist, Politik zwar nicht gegen die Familie, aber doch über die Familie hinweg gemacht wird. Familie darf nicht als „Ressort" gesehen werden, sondern ihre Einbindung in alle Lebensbereiche wäre auch durch institutionelle Vorkehrungen abzusichern.

57.
Das wachsende Unbehagen mit einer phantasielosen Vermehrung von spezialisierten Einrichtungen der Gesellschaft für Erziehung und Betreuung läßt die Aktivierung von selbstverantwortlichen kleinen Gruppen in der Gesellschaft ökonomisch, erzieherisch, sozialpsychiatrisch etc. attraktiv erscheinen. So wie sich herausgestellt hat, daß zur inneren Kohärenz und Spontaneität von Großorganisationen Kleingruppen eine tragende Rolle spielen, so gilt auch für die Gesamtgesellschaft, daß sie von der Kleingruppe der Familie entsprechende Impulse zur Neutralisierung bürokratischer und kollektiver Tendenzen erfährt.

58.
Die Kirche ist sich über die Aufgabe der Familie schon immer im klaren gewesen. Zuletzt hat das Zweite Vatikanische Konzil die Familie als eine Art Hauskirche (K 11) bezeichnet, als eine Schule reichentfalteter Humanität und als Fundament der Gesellschaft (KW 52).

59.
In folgenden Bereichen sieht der Katholische Familienverband Österreichs es als besonders dringlich an, der Familie eine Hilfestellung seitens der anderen gesellschaftlichen Institutionen zu leisten:
   a) Verbesserung des sozialen Prestiges der Familie und Überwindung der vorhandenen Motivationshemmnisse. Dafür sind auch

ökonomische Maßnahmen (z. B. Pflegeschaftspension, Verbesserung der Einkommenslage) wichtig.

b) Bildungsbemühungen zur Verbesserung der vorhandenen Dispositionen und Verbreitung von Fertigkeiten durch Kurse und Seminare.

c) Maßnahmen im Hinblick auf die Verbesserung der Wohnungssituation und der städtebaulichen Folgeeinrichtungen, Mitsprache im Schulgeschehen, Regelung des Einkommensausgleiches über den Familienlastenausgleich (z. B. Staffelung der Kinderbeiträge nicht nur nach Zahl, sondern auch nach Alter; Beseitigung der steuerlichen Diskriminierung von alleinverdienenden Familienerhaltern; Abdeckung von 50 Prozent der Kinderunterhaltskosten aus dem Familienlastenausgleich; Gewährung einer Erziehungsbeihilfe für Familien mit Kleinkindern bei nur einem Einkommen; sozialrechtliche Gleichstellung der Pflege und Erziehung der Kinder wie bei Erwerbstätigkeit; Übernahme der Sachleistungen wie Schulbücher, Schülerfreifahrt aus dem allgemeinen Budget).

60.
In diesem dargestellten Spannungsfeld zwischen gesellschaftlicher Wirklichkeit und dem, was die Familie zu leisten imstande ist, aber auch, was die Familie von Gesellschaft und Staat erwarten kann, liegt das kirchliche Engagement in der Familienarbeit. Dieses geschieht vor allem auch durch die Entwicklung von Konzepten für lebensnahe und sachgerechte Maßnahmen, die auf die geänderten sozialen Verhältnisse eingehen.

Orte der Umsetzung sind vor allem:

a) Pfarre (pastorale Maßnahmen im Hinblick auf Taufe, Firmung etc.).

b) Schule, Elternvereine

c) Träger der Gesellschaftspolitik (gesetzliche Maßnahmen, politische Willensbildung)

61. Aktivitäten:
a) Von der Österreichischen Bischofskonferenz wurde 1973 das Institut für Ehe und Familie über Anregung der Wiener Diözesansynode als überdiözesanes Werk der Österreichischen Bischofskonferenz gegründet. Aufgaben dieses Institutes sind unter anderem: Forschungen zur Ehe- und Familienkunde, Dokumentation, Hilfe-

stellung bei der Umsetzung wissenschaftlicher Erkenntnisse in die Praxis und Weiterentwicklung einer fachlich qualifizierten Ehe-, Familien- und Lebensberatung.

b) Die jährlich stattfindende Salzburger Studientagung, veranstaltet vom Katholischen Familienverband Österreichs, vom Katholischen Familienwerk Österreichs und vom Institut für Ehe und Familie, stellt eine Arbeitstagung dar, bei der die wissenschaftliche Behandlung von Problemen der Familie und die sich daraus ergebenden praktischen Nutzanwendungen erfolgen.

c) Die Ehe- und Familienbildung (Ehevorbereitung, Eheleute- und Elternbildung) erreicht jährlich etwa 150.000 Teilnehmer.

d) Die Familienhilfe und die Ehe- und Familienberatung verfügen über eine beträchtliche Zahl qualifizierter Fachkräfte (250 Familienhelferinnen, 37 Beratungsstellen, 70 Eheberater). Sie leisten vor allem in Not- und Konfliktlagen Beträchtliches und können auch hier Impulse zur Neugestaltung des Familienlebens geben.

e) Besondere Bedeutung kommt den (derzeit 600) Familiengruppen sowie den Familienwochen zu, die Weiterbildung mit Urlaub verbinden.

f) Die Familienpastoral erhielt in den letzten Jahren besondere Akzente durch die weithin gebräuchliche Einladung von Eltern und Paten zu Taufgesprächen sowie durch die Mitwirkung von Frauen (insbesondere Müttern) und Männern an den Gruppen zur Vorbereitung auf den Empfang der Erstkommunion und der Firmung.

g) In der Familienpolitik wurde nicht nur gegen die weitere Deklassierung der Familien angekämpft (Eherechtsreform, Bildungspolitik), sondern versucht, einen Umdenkprozeß einzuleiten, der ansatzweise Wirkung zu zeigen scheint.

h) Ein weiteres Potential der Verbreitung eines Familienleitbildes ist im publizistischen Bereich gegeben. Die Publikation „Ehe und Familie" hat große Verbreitung.

i) Die Katholische Frauenbewegung Österreichs veranstaltet laufend auf diözesaner und pfarrlicher Ebene Bildungskurse und Vortragsreihen für Mütter, um diesen für ihre Aufgaben in Familie und Öffentlichkeit Anregungen und Hilfen zu geben.

H. JUGEND UND KIRCHE

62.
Kennzeichnend für die Entwicklung in den vergangenen Jahren sind drei einander überschneidende Erscheinungen: zunächst die Phase des „Nebeneinander" von Jugend und Kirche, zweitens die Phase der „Opposition" der Jugend zur Kirche, drittens die Phase einer neuen Kooperation, eines neuen Zueinanderfindens von Kirche und Jugend. Die Abgrenzung dieser drei Phasen zueinander ist nur schwer möglich. Es scheint aber der Fall zu sein, daß die Phase der Opposition weithin überwunden ist, und daß die Phase des „Nebeneinander" von der Phase der Partnerschaft abgelöst werden könnte.

Die oft festgestellte „Krise" der kirchlichen Jugendarbeit hatte ihren Höhepunkt etwa in den Jahren 1971 bis 1974. Konfliktstoffe waren insbesondere gesellschaftspolitische Ordnungsvorstellungen und Fragen der moralischen Bewertung vorehelicher Beziehungen.

Seit etwa zwei Jahren zeigt sich eine zunehmende Konsolidierung in der kirchlichen Jugendarbeit, ein Abnehmen der allgemeinen Verunsicherung. Die Jugend und insbesondere auch die Jugendverantwortlichen gewinnen allmählich ein neues Selbstverständnis und Selbstbewußtsein. Konfliktfelder werden gezielt und schrittweise angegangen.

Einen gewissen Sonderfall dürften die Beziehungen von Jugendlichen aus traditionell kirchenfernem Milieu (insbesondere Arbeiter) zur Kirche darstellen. Diese Problematik ist auch auf dem Hintergrund der allgemeinen Konfliktlage zwischen Kirche und Sozialdemokratie zu sehen.

63.
Die Katholische Jungschar war von dieser Entwicklung kaum betroffen. Sie beschloß im Frühjahr 1971 ein neues Statut, in dessen Folge einige wesentliche Neuorientierungen durchgeführt wurden. Das neue Statut brachte neben einer grundsätzlichen Zusammenarbeit von Buben und Mädchen (die aber im täglichen Gruppenbetrieb nicht zwangsläufig durchgeführt werden muß) eine gezielte Zuwendung zu allgemeinen Fragen der Pastoral an Kindern über die organisierte Arbeit hinaus. Ein weiterer Schwerpunkt des

Statutes war die Verbesserung der Basis der Zusammenarbeit von Priestern und Laien in der Jungschar-Arbeit.

Das Statut war der Anlaß zu einer grundlegenden Neuorientierung und Neuorganisation der Katholischen Jungschar. Als wesentlichstes Ergebnis liegt seit kurzem der neue „Erziehungsplan" vor, in dem, aufbauend auf den Erfahrungen mit dem ausgezeichneten „Jungschar-Lebenslauf", neue pädagogische und psychologische Erkenntnisse sowie die Weiterentwicklung der kirchlichen Praxis berücksichtigt wurden.

64.

Bei der Struktur der kirchlichen Jugendarbeit sind gemäß einem Beschluß des Österreichischen Synodalen Vorganges (III. 4.2.1) drei Felder der Organisation zu unterscheiden:

Jugendpastoral: Sie umfaßt zunächst alle (außerschulischen) Bemühungen der Kirche um junge Menschen. Im Sinne der Subsidiarität haben auch die Zentralstellen auf Diözesan- und Bundesebene dafür eine Zuständigkeit.

Jugendorganisationen: Hierher gehören die im Sinne der Katholischen Aktion tätige Arbeitsgemeinschaft katholischer Jugend (mit den Gliederungen KAJ, KJ/Land, KJ/Stadt, KSJ), weiters die Kolpingfamilien, die Gemeinschaften Christlichen Lebens, Pfadfinder, Mittelschüler-Kartell-Verband (MKV); außerdem die Neubildungen wie Fokolare, Cursillo, Spontangruppen usw.

Jugendzentren: Hier sind insbesondere jene Einrichtungen gemeint, die überpfarrliche Aufgaben übernehmen, sei es regional oder nach Kategorien (Berufsgruppen).

Hauptträger der Kinderpastoral ist die Katholische Jungschar Österreichs.

65.

Bei den Problemen der kirchlichen Jugendarbeit ist zunächst die Personalfrage zu nennen. Hier wirkt sich in immer verschärfterem Maße der Rückgang der Zahl an Jugendkaplänen aus. Die Mitarbeit ehrenamtlicher Erwachsener (Beratung, Begleitung) ist trotz der Bemühungen von Pfarrgemeinderäten noch nicht effektiv geworden.

Die ethisch-moralischen Normen der Kirche werden von der Jugend oft diskutiert und in Teilbereichen in Frage gestellt (z. B.

Legitimation der Autorität, Verteilung der Güter, Beziehungen zwischen den Geschlechtern u. a.).

Konfliktbereich zwischen Jugendlichen und Erwachsenen in der Pfarre sind außerdem unterschiedliche Vorstellungen über Formen des Gemeindelebens, insbesondere die gemeinsame Eucharistiefeier und ihre Gestaltung.

Auch die grundsätzlich sehr positive Hinwendung vieler junger Menschen zu Meditation und Fragen der Spiritualität auf der einen und zu gesellschaftspolitischem Engagement auf der anderen Seite bietet Konfliktstoffe. Es ist zu hoffen, daß nach den ersten Auseinandersetzungen zwischen der „spirituellen" und der „politischen" Linie ein Dialog entstehen kann, in dem die Erfahrungen beider Bewegungen für die Jugendpastoral allgemein fruchtbar werden können.

Die Jugendorganisationen leiden schon seit längerem (etwa seit 15 Jahren) unter Kommunikationsschwierigkeiten zwischen der Basis und den zentralen Führungen. Auch dieses Problem kann nur unter Mithilfe breiter kirchlicher Kreise gelöst werden. Hier herein fallen auch die Probleme mit der eigenen Struktur der Organisationen (Zusammenarbeit der Diözesen, Neuorganisation der „mittleren" Ebene usw.).

Nach wie vor spielt sich Jugendpastoral (wie auch weithin die Pastoral an Kindern) in einem gewissen „Getto" der gesellschaftlichen wie kirchlichen Öffentlichkeit ab. Weithin werden nur Konflikte registriert, was der Tätigkeit und der Effektivität der Organisationen eher abträglich ist.

66.
Zur Lösung dieser Probleme und zur Verbesserung der kirchlichen Jugendarbeit wurden eine Reihe von Aktivitäten gesetzt.

Zur Lösung des Personalproblems wurden verschiedene Initiativen unternommen. 1972 wurde die „Fachschule für Sozialarbeit — Jugendleiterschule" in Wien im Zusammenhang mit dem Seminar für kirchliche Berufe gegründet. Die Qualifikation insbesondere der hauptamtlichen Mitarbeiter wurde durch ein ständig erweitertes Kursangebot verbessert (Organisationsfragen, Führungsqualifikation, Pädagogik und Psychologie, Theologie, Medienkunde usw.).

Zur Behandlung aktueller Konflikte wurden vom zuständigen Referenten der Österreichischen Bischofskonferenz, Diözesanbischof Johann Weber, verschiedene „Symposien" einberufen. Diesen Zusammenkünften gehörten Vertreter der Konfliktpartner sowie unabhängige Fachleute an. Folgende Themen wurden behandelt: „Emanzipatorische Jugendarbeit", Sexualität, politisches Engagement u. ä.

Die Jugendorganisationen leisteten und leisten ihre Präsenz und damit die Präsenz der Kirche im jugendpolitischen Bereich insbesondere durch ihre Mitarbeit im Österreichischen Bundesjugendring und den mit diesem verknüpften Organisationen (Institut für Jugendkunde, Österreichischer Jugendrat für Entwicklungshilfe usw.). Die Mitarbeit der kirchlichen Organisationen in diesem Bereich ist angesichts einer zunehmenden Polarisierung der innenpolitischen Öffentlichkeit von größtem Wert, da die kirchlichen Initiativen ständig zum Klima des Dialoges und der sachlichen Erarbeitung von Einzelfragen beitragen können.

Die derzeit etwa 80 kirchlichen Jugendklubs und Jugendzentren sind zu einer festen Einrichtung der Jugendpastoral geworden. Sie reichen vom größten europäischen Jugendhaus, dem „Kripp-Haus" in Innsbruck, bis zu einer ganzen Reihe vornehmlich pfarrlich ausgerichteter Jugendklubs. Besondere Akzentsetzungen dieser Einrichtungen sind z. B. Arbeit mit Mittelschülern, mit Lehrlingen, mit arbeitslosen Jugendlichen usw. Einige Zentren haben überregionale Bedeutung. In diesen Einrichtungen werden auch im zunehmenden Maß hauptamtliche Jugendleiter (Gesamtzahl derzeit: etwa 30) eingesetzt.

In gesellschaftspolitischen Fragen wurde seitens der Jugendorganisationen besonderer Wert auf die politische Bildung junger Menschen gelegt. Neben Behelfen, Seminaren (Schulpolitik) und Großveranstaltungen („Mauthausen 75") wurde auch der seit kurzem in Österreich gesetzlich verankerte Zivildienst zum Anstoß für die weitere Befassung mit Fragen der Landesverteidigung (Arbeit am Projekt der „Sozialen Verteidigung").

Weiterhin ist ein großes Anliegen der kirchlichen Jugendarbeit die Befassung mit Fragen der Dritten Welt und der Entwicklungshilfe. Kirchliche Organisationen arbeiten in den entsprechenden Einrichtungen mit und stellen einen großen Teil der laufend entsandten Entwicklungshelfer.

Seit 1972 bestehen auf Bundesebene und in den meisten Diözesen Zentralstellen der Jugendpastoral. Ihre Aufgabe ist es, eine Plattform für die verschiedensten Bemühungen im Raum der kirchlichen Jugendarbeit zu bilden, Leerräume aufzuspüren, Impulse zu setzen, Behelfe zu erstellen und subsidiäre Hilfeleistung zu geben. Ein erster Schwerpunkt war insbesondere die Erstellung von Behelfen und die Durchführung von Schulungen für Jugendausschüsse im Pfarrgemeinderat. Die gesamtösterreichische Pastoraltagung 1975 wurde seitens dieser Stellen wesentlich mitgetragen und führte zu dem der Österreichischen Bischofskonferenz vorgelegten Dokument der Pastoralkommission Österreichs „Jugendpastoral in der Pfarre".

Die kirchliche Jugendarbeit unterstützte laufend verschiedene gesamtkirchliche Anliegen. Zu erwähnen sind insbesondere die Mitarbeit am Österreichischen Synodalen Vorgang, am Österreichischen Katholikentag, die Mitarbeit an den Gruppentagen im Rahmen des ORF-Kollegs „Wozu glauben?", die Mitarbeit im Rahmen der Katholischen Aktion Österreichs und des Österreichischen Laienrates.

In allen diesen Bereichen ist in ähnlicher Weise auch die Katholische Jungschar aktiv. Im besonderen ist auf die allgemein anerkannte Dreikönigsaktion, weiters die „Bubenolympiade" und erstmals die „Palette" (Großveranstaltung für Jungscharmädchen) hinzuweisen.

I. ZUM KIRCHLICHEN KINDERGARTENWESEN

67. Rückblick

Im Rahmen des Katholikentages 1952 — Arbeitstagung in Mariazell — wurde ein Überblick über das gesamte kirchliche Kindergartenwesen in Österreich erbracht. Daraus ergab sich u. a. folgendes: Viele Kindergärten waren nur notdürftig eingerichtet, hatten kein ausreichendes Beschäftigungs- und Bildungsmaterial, der Kindergärtnerin wurden zu große Kinderzahlen zugemutet und außerdem mußte sie, obwohl ihr Gehalt weit unter dem der im öffentlichen Dienst stehenden Kollegin lag, ihren Gruppenraum selbst in Ordnung halten, für die Beheizung Vorsorge treffen und andere

Hilfsarbeiten verrichten. Diese Bestandsaufnahme war für fast alle Diözesen ein Ansporn dafür, auf dem Gebiete des Kindergartenwesens initiativ zu werden.

68. Derzeitiger Stand

a) Der Statistik über das Kindergartenwesen 1975/76 ist zu entnehmen, daß von den in Österreich bestehenden 6468 Kindergartengruppen 1354 von „katholischen Religionsgemeinschaften" geführt werden. In diesen Gruppen finden 39.135 Kinder im Alter zwischen drei bis sechs Jahren Aufnahme, das sind 22 Prozent aller Kinder, die in Österreich einen Kindergarten besuchen; bezogen auf die Gesamtpopulation der Drei- bis Sechsjährigen (etwa 325.000) sind dies 12 Prozent. Tatsächlich liegen die Zahlen etwas höher, weil z. B. in Niederösterreich viele von Orden geführte Kindergärten als „Landeskindergärten" zählen. Mit dieser großen Zahl an Kindergartenplätzen leisten die kirchlichen Institutionen einen beachtlichen Beitrag für das Bildungsgeschehen und zur Lösung sozialer Probleme in unserem Lande; Mitspracherecht und Förderung aus öffentlichen Mitteln sind somit nicht nur verantwortbar, sondern auch gerechtfertigt.

b) In jenen Diözesen, in denen ein leistungsfähiges Kindergartenreferat eingerichtet wurde, war es nicht nur möglich, den Erhaltern kirchlicher Kindergärten bei der Errichtung von Kindergärten und deren Einrichtungen sowie in dienst- und besoldungsrechtlichen Fragen mit Rat und Tat zu helfen, sondern auch durch entsprechende Fortbildung des Fachpersonals die Qualität der Führung des Kindergartens anzuheben, aus „Bewahrungsanstalten" Kindergärten zu machen, in denen Erziehungs- und Bildungsarbeit geleistet wird. In drei Diözesen fehlen jedoch noch derartige Referate und damit auch deren günstige Auswirkungen.

c) Die Aufbringung der Mittel zur Deckung des laufenden Personal- und Sachaufwandes für die Führung eines kirchlichen Kindergartens ist in den letzten Jahren insofern etwas leichter geworden, als einerseits die Eltern durchaus bereit sind, entsprechende Beiträge zu leisten, und anderseits — nach Bundesländern verschieden (das Kindergartenwesen ist seit 1962 in Gesetzgebung und Durchführung Landessache) — aus öffentlichen Mitteln Beiträge zur Führung kirchlicher Kindergärten geleistet werden. Eine vergleichende Studie könnte eine Grundlage dafür bieten, eine den Erfordernissen entsprechende, möglichst einheitliche Förderung anzustreben.

Zur Gefahr für den Bestand kirchlicher Kindergärten könnte der von verschiedenen Politikern geforderte „Nulltarif" werden. Danach soll der Personalaufwand für das Fachpersonal von öffentlicher Hand, der Sachaufwand vom jeweiligen Kindergartenerhalter getragen, der Elternbeitrag abgeschafft werden. Da die Personalkosten nur etwa 30 Prozent der Gesamtkosten der Führung eines Kindergartens ausmachen, könnte mancher kirchliche Kindergarten durch den Nulltarif in Existenzschwierigkeiten geraten.

Jedenfalls müßte sichergestellt werden, daß die Lösung der finanziellen Probleme nicht auf Kosten des Freiheitsraumes geht, ohne den Erziehungsarbeit im christlichen Sinne nicht geleistet werden kann.

69. Ausbildung zur Kindergärtnerin
Die Zahl der Privatbildungsanstalten für Kindergärtnerinnen — erhalten von verschiedenen Orden — ist seit Jahrzehnten gleichbleibend (eine Schließung, Laxenburg, und eine Neueröffnung, Vöcklabruck). Die Zahl der Bundesbildungsanstalten (einschließlich der Bildungsanstalt der Gemeinde Wien) hat sich in den letzten Jahren verdoppelt. Von den zur Zeit in Österreich bestehenden 23 Bildungsanstalten für Kindergärtnerinnen sind elf Privatbildungsanstalten. Die Privatbildungsanstalten für Kindergärtnerinnen sind vor allem wegen der angeschlossenen Internate sehr gefragt. Die Qualität der Ausbildung und die Persönlichkeitsbildung stehen und fallen mit den Lehrern und Heimerziehern. Bei deren Auswahl dürfte jedoch noch zuwenig Bedacht darauf genommen werden, daß es sich bei Kindergärtnerinnen um Multiplikatoren handelt (die spätere Berufstätigkeit bezieht sich auf Kinder und deren Eltern). Im besonderen gilt dies für die Auswahl der Religionslehrer (seelsorglicher Aspekt der Kindergartenarbeit). In letzter Zeit wird im Rahmen der „Interdiözesanen Arbeitsgemeinschaft für das Kindergartenwesen" (IDA) (vgl. ÖSV-Beschluß III/2.10/56) eine intensive Zusammenarbeit der Direktionen der Privatbildungsanstalten für Kindergärtnerinnen angestrebt. Es ist zu erwarten, daß diese Bemühungen zu Ergebnissen führen, die über den Privatschulbereich hinaus für das gesamte Bildungswesen auf diesem Sektor von Interesse sind.

70. Spezielle Leistungen für Gesellschaft und Kirche
a) Die kirchlichen Kindergärten haben seit jeher — manche von ihnen bestehen schon seit mehr als hundert Jahren — auf das Zusammenwirken mit dem Elternhaus größten Wert gelegt; die Gespräche, Elternabende, Elternbüchereien (Diözese Graz) erwiesen sich als Möglichkeit der Elternbildung. Die damit verbundene Steigerung der Erziehungsfähigkeit der Eltern könnte durch systematische Zusammenarbeit mit dem Katholischen Familienverband, dem Familienwerk, den katholischen Institutionen für Erwachsenenbildung noch intensiviert werden.

b) Die Zeitschrift „Unsere Kinder" — ausgehend von der Erzdiözese Salzburg, danach von der Caritas Linz übernommen — erschien schon vor dem Zweiten Weltkrieg als Zeitschrift für Kindergärtnerinnen. „Unsere Kinder" ist in Österreich die einzige Fachzeitschrift auf dem Gebiete des Kindergartenwesens mit einer Auflage von 7500 Exemplaren (sechsmal pro Jahr); eine Möglichkeit, die Probleme der religiösen und ethischen Erziehung in Theorie und mit Anregungen für die Praxis kontinuierlich zu verfolgen — diese Chance sollte noch systematischer genützt werden.

c) Das Bemühen um die Integration der Gastarbeiterkinder ist in diesem Bereich eine Selbstverständlichkeit.

d) Beispiele von Aktivitäten zur Entwicklung neuer Formen:
Die Diözese Linz schuf einen „Kindergarten auf Rädern", das ist ein entsprechend ausgestatteter Autobus, der regelmäßig entlegene Siedlungen aufsucht und damit einen Dienst zur Wahrung der Chancengleichheit leistet.
Der Modellkindergarten in Feldkirchen (Diözese Gurk) versucht Wege zu finden, den Übergang vom Kindergarten zur Schule nahtlos zu gestalten.

e) Sonderkindergärten und verschiedene Maßnahmen zur Betreuung behinderter Kinder — auf diesem Gebiet gibt es gute, beispielhafte Modelle (Clara-Fey-Kinderdorf — Erzdiözese Wien, St. Isidor — Diözese Linz, u. a.) — sollten noch mehr ausgebaut werden.

71. Zur gegenwärtigen Situation
Das Wissen um die große Bedeutung der Lebensjahre bis zum Schuleintritt für die Persönlichkeitsentwicklung ist Allgemeingut

geworden. Die Hauptsorge vieler Eltern ist dennoch nur ein guter Schulstart. Diese falsch verstandene, eingeeingte Zielsetzung für Erziehung im Vorschulalter läßt vergessen, daß die Jahre von der Geburt bis zum Schuleintritt eine Periode optimaler Duldsamkeit sind, in der auch das Emotionale, Soziale, Ehtische und Religiöse grundgelegt wird. Die kirchlichen Kindergärten sind in besonderer Weise dazu berufen, den Kindern diese Werte zu erschließen. Dazu bedarf es aber auch entsprechend gestalteter Lebensräume, geeigneten Bildungsmaterials, immer wieder neuer Ausdrucksformen. Noch mangelt es an entsprechenden Grundlagen und Anregungen für die Praxis.

Solange derartiges Material fehlt, wird der Appell, auch an den öffentlichen Kindergärten die religiöse und sittliche Erziehung zu gewährleisten, von geringem Erfolg begleitet sein.

72. Brennpunkte der Diskussion

— Auf die Führung kirchlicher Kindergärten kann nicht verzichtet werden. Sie haben die Möglichkeit, jene Atmosphäre zu schaffen, in der sich ein dem Alter und der Reife des Kindes entsprechendes Glaubensleben entfalten kann.

— Nach wie vor ist daran festzuhalten, daß keine Pflicht zum Kindergartenbesuch anzustreben ist, wenngleich für jedes Kind, dessen Eltern es wünschen, ein Platz gesichert werden soll.

— Die einschlägigen Wissenschaften — vor allem die Medizin — warnen vor einer allzufrühen Einschulung.

— Die Bestrebungen, es den Müttern zu ermöglichen, ihre Kinder zumindest bis zum dritten Lebensjahr selbst betreuen und erziehen zu können, sollten unterstützt werden.

— Die sinkende Kinderzahl sollte kein Anlaß dafür sein, Gruppen kirchlicher Kindergärten zu schließen. Diese Situation soll vielmehr dazu genützt werden, sich mit einzelnen Kindern intensiver beschäftigen und sich der Elternarbeit mehr widmen zu können (z. B. auch durch Gründung von Elternvereinen).

— Der Kindergarten ist nur eine der Institutionen, die der Familie helfen, ihre Erziehungsaufgaben zu meistern; die Auseinandersetzung mit der Problematik der Führung von Säuglings- und Kleinkinderkrippen, von Horten, Tagesheimen, Schülerheimen — in diesem Zusammenhang auch mit der Ganztagsschule — bedürfte gleichfalls einer gründlichen Studie.

— Angesichts der Berufstätigkeit der Frau, der unterschiedlichen Auffassung von der Familie, ihrer Struktur und ihrer Aufgaben, wird die Führung all dieser Institutionen mehr und mehr zum Brennpunkt der Auseinandersetzung werden, in der lebenswichtige Entscheidungen für das Kind, die Familie und die Gesellschaft fallen.

J. ZUR SITUATION DES SCHULWESENS

73.
Die österreichische Bildungspolitik auf dem Gebiet des Schulwesens ist — nachdem die Schulreform bereits seit längerem einer der besonders beachteten Gegenstände der Innenpolitik war — gerade in den letzten Jahren in Bewegung geraten. Insbesondere die Bemühungen der Schulreformkommission, in der die Kirche (mit beratender Stimme) vertreten ist, haben hierbei eine wichtige Rolle gespielt.

Es gibt hierzu eine ganze Anzahl von Stichworten, die wesentliche Gegenstandsbereiche bezeichnen und die Anlaß zu ausführlichen Überlegungen geben sollten:

— Das Verhältnis von staatlicher Gesamtverantwortung und Mitbeteiligung der besonders Beteiligten und Betroffenen (Abhängigkeit und Eigenverantwortlichkeit nichtstaatlicher Schulträger; Abhängigkeit und Eigenverantwortlichkeit der Lehrer; Mitsprache- und Mitbestimmungsrechte der Eltern; Mitsprache- und Mitbestimmungsrechte der Schüler).

— Die Zielbestimmungen für das allgemeinbildende und berufsbildende Schulwesen überhaupt (Verhältnis von Allgemeinbildung, sozialer und sittlicher Erziehung, Berufsvorbildung usw.; Inhalte und Maximen der „Wertvermittlung", „ideologische" Ausrichtungen usw.).

— Die Frage nach der Vordringlichkeit der Förderung von Hochbegabten (Hochleistung zu Lasten der Gleichheit) oder der Förderung von Benachteiligten (Chancenverbesserung der unter Schicksalsungunst Leidenden zu Lasten der Hochleistung).

— Die Weiterentwicklung des allgemeinbildenden Schulwesens unter dem Gesichtspunkt der Durchlässigkeit der Mittelstufe, die Probleme der integrierten oder kooperativen Gesamtschule, die Fächergestaltung der Allgemeinbildenden Höheren Schule, die zunehmende Belastung der Schüler.

— Die Stellung und Weiterentwicklung des berufsbildenden Schulwesens, die Lehrplangestaltung, die Verschränkung mit betrieblichen Ausbildungsgängen usw.

— Bestimmte speziellere Unterrichts- und Erziehungsaufgaben, die vom Standpunkt der Kirche aus vordringliche Bedeutung besitzen (Sozialerziehung und Politische Bildung; Philosophischer Einführungsunterricht; Geschlechtserziehung; insbesondere natürlich der Religionsunterricht).

— Die Probleme der Ganztagsschule bzw. der Tagesheimschule, auch in Verbindung mit der Erziehungsaufgabe der Familie.

— Die Probleme der Lehrerbildung (Weiterentwicklung der Pädagogischen Akademien; Weiterentwicklung der Lehramtsstudiengänge an den Universitäten).

74.
Alle diese und andere Stichworte machen mögliche Gegenstände der Meinungs- und Urteilsbildung namhaft, die im Rahmen der Kirche zunehmend Aufmerksamkeit finden müßten.

Es hat immer wieder öffentliche Stellungnahmen zu einschlägigen Themen seitens kirchennaher Stellen und Gruppen gegeben; die Öffentlichkeit konnte aber zuweilen den Eindruck gewinnen, als würden lediglich oder überwiegend Reformvorstellungen oder -absichten anderer (z. B. der Regierung) kritisiert. Auch hier wäre ein aktiveres, Initiativen setzendes Verhalten zu wünschen; d. h. gegebenenfalls müßte man den Mut haben, eigene, überzeugende und realisierbare Reformvorstellungen zu entwickeln.

Dies wird u. a. im Hinblick darauf noch wichtiger werden, daß in jüngster Zeit eine Bemühung um die Aktivierung von Elternvereinen begonnen wurde, nicht zuletzt mit dem Hinweis auf die gesellschaftspolitische Bedeutung der Schul- und Bildungspolitik. Es wäre dringend zu wünschen, daß der Bereich der Schulpolitik in seiner Bedeutung für die Entwicklung der gesellschaftlichen und geistigen Zustände im Lande stärker in Bedacht genommen würde, und zwar nicht nur — wie z. B. im Rahmen des ÖSV — insoweit, wie unmittelbar und vordergründig kirchliche Belange berührt sind (Schülerheime, religiöse Erziehung, Schulen in katholischer Trägerschaft), sondern darüber hinaus.

Von einer eingehenderen Erörterung der angedeuteten Themen und Probleme wird hier abgesehen, und zwar einerseits im Hinblick auf die Begrenzung der Arbeitskapazität, die für die Erstellung dieses Berichts zur Verfügung steht, und andererseits im Hinblick darauf, daß die vom ÖSV beschlossene Errichtung einer „Österreichischen Kommission für Bildung und Erziehung" jüngst in die Wege geleitet wurde — weshalb eine zur spezielleren Untersuchung und Beurteilung dieser Probleme kompetente Einrichtung zur Verfügung steht.

K. ZUR SITUATION DES RELIGIONSUNTERRICHTES

75.
Auf dem Gebiet des Religionsunterrichtes waren die letzten fünf Jahre eine Phase der Konsolidierung, in welcher die Ansätze einer Erneuerung, die mit neuen Lehrplänen und Lehrbüchern ab 1968 begann, fortgesetzt wurden (vgl. dazu die Dokumentation der Situation in „Christlich-pädagogische Blätter" 1966/Heft 1).

Abgeschlossen wurde in den letzten fünf Jahren die Neuordnung der Ausbildung von hauptamtlichen Laienkatecheten für Pflichtschulen durch die Gründung und den Ausbau der Religionspädagogischen Akademien. Solche bestehen heute in Wien (mit ExpositZuren in Salzburg und Klagenfurt), Graz, Linz und Schwaz in Tirol.

76.
Zunehmende Beachtung hat in den letzten Jahren das Anliegen der Weiterbildung der Religionslehrer gefunden. In allen Diözesen wurden einschlägige Bestrebungen (Gründung von Arbeitsgemeinschaften, Veranstaltung von Fortbildungstagungen usw.) intensiviert. Besonders zu nennen ist in diesem Zusammenhang die Institutionalisierung der Weiterbildung durch Errichtung eines eigenen Religionspädagogischen Institutes in der Erzdiözese Salzburg, in der Diözese Graz und in der Diözese Klagenfurt (dort im Planungsstadium). Diese Weiterbildungsstätten sind als „Religionspädagogische Institute" Privatschulen mit Öffentlichkeitsrecht. In der Erzdiözese Wien nimmt dieses Anliegen das kirchliche Katechetische Institut der Erzdiözese Wien wahr.

77.
In allen Diözesen ist in den letzten fünf Jahren der Einsatz von Laienkatecheten und Laientheologen im schulischen Religionsunterricht stark angewachsen. Aus diesem Einsatz ergeben sich einige z. T. noch nicht zur Gänze gelöste Probleme: Auf dem Sektor der Personalplanung, in der Frage der spezifischen Spiritualität der Laienkatecheten und Laientheologen, in der Frage der Kooperation zwischen Religionslehrern an Schulen und Pfarren u. a. m.

78.
In den letzten Jahren beginnt man auch die Notwendigkeit einer Kooperation zwischen Religionsunterricht und Elternhaus zu sehen. Es wurden einschlägige Hilfsmittel publiziert. Das Anliegen stellt aber eine weitere und fortzuführende Aufgabe für die Zukunft dar.

79.
Auf dem Gebiet der Erarbeitung von Religionsbüchern zeigt sich ein starker Trend zur Zentralisierung. 1970 wurde der Interdiözesane Katechetische Fonds errichtet, der alle Rechte an den Schulbüchern für den Religionsunterricht erwirbt. Trotz dieser Zentralisierung sollte es allerdings gewährleistet bleiben, daß neue religionspädagogische Konzepte und außerhalb der Zentralstellen erarbeitete Religionsbücher und andere Hilfsmittel zum Zug kommen können.

80.
Zu den traditionellen Hilfsmitteln des schulischen Religionsunterrichts zählen in Österreich seit langem der katechetische Schulfunk und das katechetische Schulfernsehen. Im katechetischen Schulfunk, dessen Sendezeiten und Sendemöglichkeiten gewahrt werden konnten, wurden in den letzten drei Jahren eine Reihe erfolgversprechender neuer Wege (Medienverbund u. a.) zum Teil in ökumenischer Zusammenarbeit erprobt. Die Verhältnisse auf dem Sektor des katechetischen Schulfernsehens sind hingegen enttäuschend: Seit Jahren konnten unter Hinweis auf Sparmaßnahmen keine neuen Sendungen mehr produziert werden, sondern es wurden nur schon vorhandene Sendungen wiederholt.

81.

In der „Lehrplanarbeit" wurden neue Wege durch eine Projektgruppe aus Wien bei der Lehrplangestaltung für die AHS-Unterstufe beschritten. Kennzeichnend ist diese Entwicklung durch die Verbindung von Religionsunterricht und Caritas (als christliche Grundhaltung) und die Verbindung des Religionsunterrichts mit karitativen Aktionen. Dieser Versuch hat Beachtung weit über Österreich hinaus gefunden (vgl. Frederick Mayer, Einladung zur Tat, Herder 1976).

82.

Kennzeichnend für die Situation der letzten zwei Jahre ist eine zunehmende Kritik und Infragestellung des Religionsunterrichts in der Schule seitens kleiner Gruppen innerhalb der SPÖ. Bekanntlich hat die Parteispitze sich bis jetzt von solchen Forderungen distanziert. Da es sich aber hier um einen latenten Konfliktstoff handelt, müssen Sinn, Aufgaben und Grenzen des Religionsunterrichts reflektiert und in der Öffentlichkeit bewußtgemacht werden.

83.

Ein noch ungelöstes Problem ist das Verhältnis zwischen schulischer und außerschulischer Katechese. Die außerschulische Katechese beschränkt sich zunehmend noch auf die Vorbereitung auf den Sakramentenempfang (Erstkommunion-, Erstbeicht-, Firmungsunterricht). Kennzeichnend dafür ist der zunehmende Einsatz von Eltern und Laienmitarbeitern. Es wird aber immer deutlicher, daß die außerschulische Katechese notwendig eines Ausbaues bedarf und daß der schulische Religionsunterricht allein die katechetische Aufgabe nicht mehr abdecken kann. Analoges gilt auch für das Verhältnis von schulischem Religionsunterricht zur kirchlichen Jugendarbeit.

84.

Die Studienpläne an Theologischen Fakultäten sind in den letzten fünf Jahren voll zum Tragen gekommen. Sie wären jedoch auf ihre Effizienz hin zu überprüfen. Vor allem scheint die katechetische Ausbildung der geistlichen Religionslehrer dringend einer Novellierung zu bedürfen: Nahezu jeder Hörer der „Fachtheologischen Studienrichtung" ist als Priester oder als Pastoralassistent für kürzere oder längere Zeit im Religionsunterricht tätig. Die Studienordnungen sehen als Vorbildung dafür lediglich eine Vorlesung im Ausmaß von zwei Wochenstunden während eines Semesters vor. Ein verpflichtendes Praktikum für die Fachtheologen ist nicht vorgeschrieben. Mit diesem Minimum an Ausbildung erwerben die Fachtheologen jedoch die Lehrbefähigung für Volks- und Hauptschulen, für zehn Typen der Sonderschule, Polytechnische Lehrgänge, berufsbildende Pflichtschulen und für zahlreiche Typen der berufsbildenden mittleren Schulen. Ohne je geübt zu haben, werden sie im Religionsunterricht eingesetzt, zum Nachteil der Schüler, des Images der Kirche und oft auch zum eigenen Nachteil des Katecheten. Manche Diözesen haben daher zusätzlich zum Universitätsstudium im Rahmen der Priesterseminare Übungsmöglichkeiten vorgesehen. Eine grundsätzliche Neuregelung wäre jedoch anzustreben. Hörer der fachtheologischen Studienrichtung sollten jenes religionspädagogische Rüstzeug vermittelt bekommen, das den religionspädagogischen Akademien zumindest gleichwertig ist.

85.
Eine Konsolidierung fand in den letzten fünf Jahren vor allem der Religionsunterricht an berufsbildenden mittleren und höheren Schulen. Die theoretischen religionspädagogischen Grundlagen sind jedoch noch wenig bearbeitet. Ihre Bearbeitung stellt eine Aufgabe der nächsten Zukunft dar. Mit dem Umbruch des Dorfes ist das land- und forstwirtschaftliche Schulwesen zunehmend dem übrigen berufsbildenden Schulwesen angeglichen worden, obwohl nach wie vor eine gewisse Eigenständigkeit besteht. Die Reflexion über die religionspädagogischen Grundlagen ist ebenfalls noch ausständig.

86.
Eine wesentliche Aufgabe für die nächste Zukunft stellt eine neue Reflexion über das Selbstverständnis christlicher Bildung und Erziehung dar. Es wurden in Österreich in den letzten Jahren zahlreiche Schulversuche und Versuchsschulen eingerichtet. Nahezu 200.000 Schüler sind von diesen Versuchen betroffen. Nicht wenige dieser Schulversuche (Ganztagsschule, integrierte Gesamtschule u. a.) berühren direkt oder indirekt den schulischen

Religionsunterricht und das traditionelle christliche Bildungsverständnis. Das Problem der Ganztagsschule berührt ferner die konkrete Praxis der außerschulischen Kinder- und Jugendarbeit. Die katholische Kirche hat in den letzten Jahren nur reaktiv zu einzelnen Problemen Stellung genommen. Eine solide Auseinandersetzung mit verschiedenen Schulversuchen und mit ihren weltanschaulichen Hintergründen ist leider noch nicht erfolgt. Zunehmende Beachtung im Rahmen der außerschulischen religiösen Erziehung müßte auch das kirchliche Hort- und Heimwesen finden.

L. ZUR SITUATION DER KATHOLISCHEN ERWACHSENENBILDUNG

87.
Die Bildung der Erwachsenen erschien vielen katholischen Erwachsenenbildnern nach dem Zweiten Weltkrieg nicht nur als eine neue, zusätzliche Möglichkeit der Verkündigung, sondern sollte auch möglichst viele Laien für die „Wiederverchristlichung" der Welt fähig und bereit machen. Diese Phase einer zwar theologisch nicht durchreflektierten, aber von einem mächtigen Hoffnungsimpuls getragenen Erwachsenenbildung trug unverkennbar die Züge einer religiösen Erweckungsbewegung, obwohl sie, gemessen an der heutigen Praxis, auch didaktisch-methodisch und organisatorisch noch in den Kinderschuhen steckte.

88.
Sowohl die wachsende Konkurrenz anderer Einrichtungen der Erwachsenenbildung wie die Pädagogisierung, Verwissenschaftlichung, Bürokratisierung und Einbeziehung in die Bildungsplanung zwangen die katholischen Erwachsenenbildner zur Preisgabe des integralistischen Ansatzes, als ob von vornherein die Bildungsinhalte für Ehe- und Elternbildung, für soziale und politische Bildung, für musisch-kulturelle Bildung unmittelbar aus der Lehre der Kirche, insbesondere aus der Moraltheologie und der kirchlichen Soziallehre abzuleiten wären.

89.
Dennoch scheint die integralistische Versuchung, auf allen Gebieten eine katholische Gegen-Gesellschaft aufzubauen, manches für

sich zu haben: Dieser durch die Aufklärung in Gang gesetzte und offenbar nicht mehr umkehrbare Prozeß der Säkularisierung hat nicht nur in vielen Ländern zur Trennung von Kirche und Staat geführt, sondern auch immer stärker christliche Inhalte und Werte aus allen kulturellen Bereichen verschwinden lassen.

90.
Daß angesichts der offenkundigen Tendenz staatlicher Stellen, die Erwachsenenbildung zum vierten Bildungssystem auszubauen, indem man sie professionalisiert, institutionalisiert und systematisiert, auch die Erwachsenenbildung „in kirchlicher Trägerschaft" der Versuchung zum Indifferentismus ausgesetzt ist, darf nicht weiter verwundern. Um ebenbürtig zu erscheinen, hat man oft allzu unbesehen die Konzeption einer Lerngesellschaft übernommen, die von jedem Erwachsenen die Fähigkeit und die Bereitschaft zu „lebenslangem Lernen" erwarten zu dürfen glaubt, einer Lerngesellschaft, deren oberstes Ziel die temporäre Verwertbarkeit alles Wissens und Könnens darstellt.

91.
Im Verhältnis der institutionalisierten Erwachsenenbildung zur Kirche selber zeichnen sich derzeit zwei Richtungen ab: die eine zielt auf eine Erwachsenenbildung von „Katholiken", d. h. die Verantwortung für das Christliche des bildnerischen Tuns liege nur im Gewissen des einzelnen christlichen Erwachsenenbildners. Damit wächst freilich die Gefahr, daß unter der Tarnformel von „anonymem Christentum" eine Erwachsenenbildung dieser Art in einem säkularisierten Humanismus aufgeht. Die andere Richtung will innerhalb einer katholisch orientierten Erwachsenenbildung nur die religiös-theologische als seelsorglich relevant ansehen, und diese wiederum nur als zeitgeforderte Form der Verkündigung, welche der drohenden Gettoisierung der Pastoral in einer teils neutralistischen, teils areligiösen Umwelt entgegenzuwirken hätten.

92.
Auch wenn man sich auf den Standpunkt stellt, daß in der Konsequenz innerkirchlicher Erneuerung der Glaubensbildung — sie umfaßt Glaubenserfahrung, Glaubensreflexion und glaubens-

orientiertes Handeln — für die nächste Zukunft Priorität zukommt, bleibt noch immer die Schwierigkeit, an welcher der derzeitigen theologischen Richtungen sich die Modelle religiöstheologischer Erwachsenenbildung orientieren sollen.

93.
Die Zielvorstellungen einer authentisch christlichen Erwachsenenbildung gehen sowohl in Richtung Kirche wie in Richtung Welt. Im ersten Fall soll Erwachsenenbildung als bewegliches Interpretatorium im Zuge einer permanenten Kirchenreform zu maximalem Konsens in reflektiertem Glauben und zu glaubensorientiertem Handeln beitragen. Im anderen Fall muß dieselbe Erwachsenenbildung den Prozeß der Säkularisierung der Gesellschaft als nicht mehr umkehrbar zur Kenntnis nehmen und zugleich die positiven Seiten dieser Profanisierung aufspüren; denn diese enthebt die Christen nicht der Aufgabe, gerade im gesellschaftlichen Bereich die geschichtlichen Bedingungen für das Kommen Seines Reiches ständig zu verbessern. Um geschichtsrichtig wirken zu können, muß der Erwachsenenbildung zudem der tiefgreifende Strukturwandel, in dem sich die Kirche seit mehr als einem Jahrhundert befindet und dessen Endform derzeit noch gar nicht abzusehen ist, gegenwärtig sein.

94.
Unter diesem Blickwinkel können zwei Sorgen nicht verschwiegen werden. Einmal zwingt der Wettbewerb, in dem sich die christlich orientierte Erwachsenenbildung als Bildungsträgerin der katholischen Bezugsgruppe im öffentlichen Raum befindet, diese zu einer gewissen Institutionalisierung und Systematisierung. Dies zugegeben, läßt sich aber nicht leugnen, daß dieselbe Erwachsenenbildung gegenüber einer bereits weit vorgedrungenen Tendenz zur Verschulung, zur Bürokratisierung und zur Verstaatlichung sich nicht zu einem Gegenentwurf aufzuraffen vermochte, der gerade die Erwachsenenbildung als Ermöglichung von Freiheitsräumen für freie Menschen aufzeigte. Damit hängt die zweite Sorge unmittelbar zusammen, nämlich daß unter denselben katholischen Erwachsenenbildnern die lebendige Verbindung mit der leidenden und sich wandelnden Kirche allmählich abstirbt und ein antispiritueller Pragmatismus um sich greift.

95.
Als die am breitesten ausgefächerte Organisation sind wohl die neun diözesanen Katholischen Bildungswerke anzusehen. Sie bilden eine eigene gesamtösterreichische Arbeitsgemeinschaft. Die Bildungswerke verkörpern den Typus der Abendvolkshochschule mit Vorträgen, Seminaren, Kursen usw. Ihre unterste Einheit ist die pfarrliche Zweigstelle. Sie programmiert selbständig, bedient sich aber weitgehend des Angebotes von Bildungsveranstaltungen und entsprechenden Referenten, das von der diözesanen Leitung jährlich erarbeitet wird. Thematisch stehen Probleme der religiöstheologischen, der Ehe- und Elternbildung und der sozialen und politischen Bildung im Vordergrund.

96.
Schon seit geraumer Zeit bedienen sich die Bildungswerke aller erprobten Didaktiken und Methoden zeitgemäßer Erwachsenenbildung. Dies ist nur möglich, weil das Gros der ehrenamtlichen Mitarbeiter in temporär gestuften Kursen zu „Halbprofis" der Erwachsenenbildung geschult wird. Noch ist aber das Ziel, daß in jeder Pfarre über 1000 Einwohner eine Zweigstelle des KBW errichtet sein soll, wie es die Innsbrucker Diözesansynode vorschreibt, noch nicht annähernd erreicht. Natürlich muß in Klein- und Mittelstädten das Bildungsangebot im Hinblick auf intellektuelle Teilnehmer erweitert und differenziert werden. In den Landeshauptstädten bzw. Diözesan-Mittelpunkten nimmt das Programm mitunter akademie-ähnliche Formen an.

97.
Der Verringerung der Zahl entspricht eine Qualifizierung der Teilnehmerschaft, durch welche die Durchführung partnerschaftlicher Lernprozesse erst möglich wurde. Je mehr Bildungsvoraussetzungen die Teilnehmer mitbringen, umso größer ist das Interesse für längerdauernde Formen der Weiterbildung. Es bilden sich regelrechte Lern-, mehr: Bildungsgemeinschaften, innerhalb deren sich dann wie von selbst Impulse zur Verwirklichung des Gelernten, des Erkannten entwickeln. Die Bildungswerke tragen unzweifelhaft durch ihre Tätigkeit insgesamt zur Bildung eines Bewußtseins der kirchlichen Mitverantwortung unter den Laien bei und damit zur Bildung auch pfarrlicher Gruppen. Subsidiär üben sie die

Mitglieder eines Pfarrgemeinderates oder einer pfarrlichen Gruppe in partnerschaftlichen Formen der Arbeit und in kommunikativen Verhaltensweisen ein.

98.
Die weitgehende Orientierung der Bildungsarbeit auf leistungskonforme, kontrollierbare, rationelle Lernziele in der modernen Erwachsenenbildung ging einher mit einer Vernachlässigung der emotionellen Bedürfnisse und der kreativen Fähigkeiten der Menschen. Die Erwachsenenbildung moderner Prägung ließ sich zudem dazu verleiten, die Literatur, das Schauspiel, die Musik vor allem in den Dienst gesellschaftlicher, will sagen politischer Veränderung zu stellen. Die Wiedereinholung des Kulturellen in eine ganzheitliche Bildung ist umso dringlicher, als ein moderner Kulturalismus unter der Parole „Demokratisierung der Kultur" diese den Massen als Religionsersatz aufreden möchte.

99.
In den letzten Jahren haben sich die Bildungswerke an der Durchführung der „Sozialphase" einer Reihe von Medienverbundprogrammen des ORF und des Bundesministeriums für Unterricht und Kunst beteiligt, z. B. mit beachtlichem Erfolg („Wozu glauben?"; „Reden und reden lassen"; „Spiel — Baustein des Lebens" und „Wem glauben?"). Zwei dieser Programme, „Wozu glauben?" und „Wem glauben?", wurden über Initiative der KAÖ in das Medienverbundprogramm aufgenommen. Sie haben völlig neue Chancen für eine Kooperation zwischen kirchlicher Erwachsenenbildung, Medienarbeit und katholischen Organisationen eröffnet. Im gemeinsamen Zusammenwirken ist es gelungen, beim ersten Thema ca. 100.000, beim zweiten Thema ca. 140.000 angemeldete Teilnehmer zu mobilisieren, die tatsächliche Zuhörerschaft liegt weit höher. Die Anlage des Medienverbundprogramms hat zudem eine möglichst intensive Auseinandersetzung der Teilnehmer bewirkt. Die Teilnehmer hören die Rundfunksendungen (8 bzw. 13 Folgen, die in wöchentlicher Abfolge gesendet werden), haben ferner ein Arbeitsbuch mit der gleichen Thematik zur Verfügung und nehmen schließlich zu sehr großen Teilen in der Sozialphase an Gruppentagen teil, die der gemeinsamen Erörterung der Themen dienen. Besonders durch die Teilnahme an

Gruppentagen wurden auch neue Personenkreise für engagierte Gruppenarbeit in den Gemeinden gewonnen.

100.
Organisatorisch sind auf Bundesebene die Katholischen Bildungswerke zweifach eingebunden: Einmal bilden sie zusammen mit der Arbeitsgemeinschaft evangelischer Bildungswerke und mit dem Verband österreichischer Bildungswerke den Ring österreichischer Bildungswerke, der seinerseits wieder Mitglied der (ständigen) Konferenz der Erwachsenenbildung Österreichs (KEBÖ) ist. Diese umfaßt die bedeutendsten derzeit vom Staat anerkannten und subventionierten Einrichtungen der österreichischen Erwachsenenbildung. Zum anderen ist die Arbeitsgemeinschaft katholischer Bildungswerke Österreichs zusammen mit anderen gleichgerichteten Einrichtungen der Erwachsenenbildung Mitglied der Bundesarbeitsgemeinschaft für katholische Erwachsenenbildung (BAKEB). In einer Reihe von Bundesländern gehören die diözesanen Bildungswerke Landesarbeitsgemeinschaften der Erwachsenenbildung an. Teilweise gibt es schon eigene Landesgesetze zur Förderung der Erwachsenenbildung, teilweise befinden sie sich noch im Stadium der Vorbereitung.

Schließlich gibt es auch Dachorganisationen der katholischen Erwachsenenbildung auf diözesaner Ebene, die sogenannten DAKEBs.

Sobald die (ständige) Konferenz der Erwachsenenbildung Österreichs (KEBÖ) erweitert wird, ist der Zeitpunkt gekommen, daß auch die BAKEB den Antrag auf Aufnahme in dieses Gremium stellen muß.

101.
Die sogenannte residentielle Erwachsenenbildung wird im katholischen Bereich durch eine Reihe von Bildungshäusern und Bildungsheimen vertreten, die wieder eine eigene katholische Arbeitsgemeinschaft bilden, welche ihrerseits wieder Mitglied einer österreichischen Arbeitsgemeinschaft für Bildungsheime ist, über welche, ähnlich wie über den Ring österreichischer Bildungswerke, die staatlichen Subventionen auch an die einzelnen katholischen Häuser gelangen.

Ein nicht geringer Teil war ursprünglich als Ort der ländlichen Erwachsenenbildung und der ländlichen Jugendarbeit konzipiert. Heute dienen diese Bildungshäuser der Erwachsenenbildung aus katholischem Geist für die Veranstaltung von Wochenendtagungen, von länger dauernden Seminaren und Kursen, kurzum: von Veranstaltungen, welche einerseits bei den Teilnehmern ein kommunikatives Verhalten bereits voraussetzen, anderseits durch entsprechende Trainings ein solches erzeugen sollen. Das Miteinander-Lernen soll in eine temporäre Vita communis mit Gottesdienst, Meditation, Gespräch, Lektüre und Spiel eingebettet sein.

102.
Auch die Katholischen Volksbüchereien gehören einer speziellen Dachorganisation an, dem Verband Österreichischer Volksbüchereien. Sie befinden sich derzeit in einer schwierigen Lage, da sie vielfach den wachsenden und differenzierten Lesebedürfnissen nicht rechtzeitig angepaßt wurden. Das lag an der mangelnden Dotierung durch die verantwortlichen kirchlichen Stellen, was wieder seinen Grund in der Unterschätzung des Mediums Buch und Bücherei gehabt haben mag. Das Österreichische Borromäuswerk lebte einerseits von den Erträgnissen seiner Versandbuchhandlung und der später dazu erworbenen Buchhandlungen, anderseits war es in besonders hohem Maße auf die staatlichen Subventionen angewiesen. Beides reichte nur aus, um diese vielen kleinen Büchereien mit schmalen Gaben gerade noch am Leben zu halten. Mittlerweile hat aber eine Bewegung eingesetzt, diese Büchereien durch Beteiligung der Gemeinden wieder funktionsfähig zu machen. Dies ist bereits in vielen Fällen gelungen, indem meistens die Pfarre den Raum und den Bibliothekar zur Verfügung stellte, während für dessen Restaurierung, die Beschaffung der Bücher usw. die Gemeinde aufkommt. Es bedarf nur einer kleinen Verschiebung der Gewichte, damit aus kirchlich geführten kommunale, d. h. neutral ausgerichtete Büchereien werden.

103.
Leider ist es trotz mancher Bemühungen noch immer nicht gelungen, das Österreichische Borromäuswerk mit der Arbeitsgemeinschaft der KAÖ „Buch und Schrifttum" zusammenzuführen, deren „Lehrgang für Bücherkunde", deren Seminare für

Philologen und deren Literaturwochen für bestimmte Berufsgruppen, nicht zuletzt deren Zeitschrift „Die Zeit im Buch" eine notwendige Ergänzung des restaurierten Borromäuswerks bilden könnten. Auch die wichtigen Arbeiten der „Studien- und Beratungsstelle für Kinder- und Jugendliteratur" finden — im Unterschied zu anderen gesellschaftlichen Bereichen — im innerkirchlichen Raum nicht die wünschenswerte Resonanz und Unterstützung.

Schließlich muß noch auf zwei Fälle mangelnder Zusammenarbeit hingewiesen werden: Obwohl in der BAKEB vereint, stehen deren Kommission für theologische Erwachsenenbildung, der Fernkurs für theologische Laienbildung und die Katholische Glaubensinformation Österreichs, die mit ihren verschiedenen Briefserien in den letzten Jahren weit über eine Million Exemplare an verschiedene Zielgruppen verteilt hat, in der Praxis unverbunden nebeneinander.

104.
„Katholische Erwachsenenbildung will den Erwachsenen befähigen und motivieren, an der theoretischen und praktischen Lösung personeller, familiärer, beruflicher, kirchlicher und gesellschaftlicher Probleme mitzuarbeiten. Daher umfaßt katholische Erwachsenenbildung alle thematischen Bereiche, (alle) Methoden und Formen menschlicher Bildung, wobei dem glaubensmäßigen und ethischen Aspekt der jeweiligen Thematik besondere Bedeutung zukommt" (Österreichischer Synodaler Vorgang, Komm. III, Leitsatz 6.4.1).

In diesem Sinne ist auch die umfangreiche Bildungstätigkeit der Gliederungen der Katholischen Aktion Österreichs und der anderen katholischen Organisationen zu verstehen.

105.
Ähnlich wie der vordergründig sich neutral gebende Staat alle Einrichtungen der freien Wohlfahrtspflege, des Gesundheitswesens, der Kulturförderung usw. mittels gezielter und kontrollierter Subventionierung in seinen Einfluß zu bringen versucht, strebt er dies auch gegenüber dem Quartärbereich der Bildung, der sogenannten Weiterbildung, an. Die Tendenz zur Verstaatlichung, zur Verländerung und zur Kommunalisierung wird offenbar, wenn

die Förderung sogenannter neutraler Einrichtungen der Erwachsenenbildung, wie z. B. in Hessen bei den Volkshochschulen, sich als in öffentlichem Interesse gelegen herausstellt und die kirchlich getragenen Einrichtungen als private und daher nicht in gleichem Maße fördernswerte in den Hintergrund gerückt werden. Die katholisch orientierte Erwachsenenbildung muß ihren Anspruch auf Öffentlichkeit und Gleichberechtigung bei der Förderung durch Staat, Länder und Gemeinden genauso entschieden führen wie die Caritas, die katholischen Spitäler, Heime, Schulen und Volksbüchereien.

106.
Mit der Kooperation der einzelnen Organisationen auf der Ebene der Bundesarbeitsgemeinschaft ist es heute nicht mehr getan. Sie muß sich auf den Ebenen der Diözese, des Dekanates und der Pfarre fortsetzen. Einige der diözesanen Arbeitsgemeinschaften für katholische Erwachsenenbildung, DAKEBs, stehen derzeit nur auf dem Papier. Auch die Arbeiten der einzelnen diözesanen Bildungshäuser sind nicht aufeinander abgestimmt.

Völlig isoliert sind die katholischen (öffentlichen) Büchereien. Gerade bei ihnen fehlen die Kontakte zu den anderen Einrichtungen auf der diözesanen und pfarrlichen Ebene.

Die DAKEB sollte umgehend eine Kommission „Recht der Erwachsenenbildung und Bildungspolitik" einrichten, damit die katholische Erwachsenenbildung wenigstens bei der Beratung der noch ausstehenden Landesgesetze zur Förderung der Erwachsenenbildung eine einheitliche Linie einzunehmen vermag.

M. WISSENSCHAFT UND HOCHSCHULWESEN

107.
Das Hochschulwesen hat in den vergangenen Jahren eine erhebliche Ausweitung erfahren: dabei setzte sich ein Trend fort, der bereits seit den fünfziger Jahren zu beobachten war. Für die Universitäten gilt folgendes:

Die Zahl der ordentlichen inländischen Hörer lag im Wintersemester 1955/56 bei 13.888, im Wintersemester 1960/61 bei 27.237, im Wintersemester 1970/71 bei 43.122, im Wintersemester

1974/75 bei 62.481. Der Anteil der Studenten an der 18- bis 25jährigen Bevölkerung ist von 2 Prozent (WS 1955/56) auf 7,61 Prozent (WS 1974/75) gestiegen. Hinzu kommen noch die ausländischen Hörer (derzeit etwa 10.000), die zu über 50 Prozent aus westeuropäischen Industrieländern und zu knapp 20 Prozent aus Entwicklungsländern kommen.

Faßt man alle „postsekundären" Studien zusammen (also unter Einschluß der Pädagogischen Akademien, der Kunsthochschulen, der Lehranstalten für gehobene Sozialberufe), so lag die Quote der Studienanfänger (Anteil am entsprechenden Altersjahrgang) im Wintersemester 1973/74 bei über 13 Prozent.

Das heißt: ein immer größerer Anteil an jungen Menschen hat in den verflossenen Jahren den Weg zum Studium gefunden. Ein zunehmender Anteil der gesellschaftlichen „Elite" (Inhaber von Führungspositionen, Meinungsbildner usw.) wird vom Hochschulwesen entscheidend geprägt.

Was die Zusammensetzung der Studierenden betrifft, so ist nach wie vor der Anteil von Kindern aus „gebildeten" Familien (Vater mit Studium oder Matura) und der Anteil von Kindern aus städtischem Milieu (größere Chance des Besuchs einer Höheren Schule) überproportional hoch; der Anteil der Kinder von Bauern, Arbeitern, „kleinen Angestellten" hat sich allerdings erhöht. Erheblich zugenommen hat der Anteil weiblicher Studierender (auf inzwischen fast 40 Prozent).

108.
Wie in anderen Ländern, so ergab sich auch in Österreich hieraus eine Reihe von Problemen. Die Ausweitung des „Massenbetriebes" hatte mancherlei Folgen (Ende des persönlichen Lehrer-Schüler-Verhältnisses in vielen Fällen, Knappheit an Hörsaal- und Laborplätzen, Schwierigkeiten der Bücherentlehnung u. a. m.). Dies alles führte zu Klagen über die unzureichende Effizienz, schon seit den sechziger Jahren: Die „Drop-out-Rate" stieg an (der Anteil derer, die ein Studium ohne regulären Abschluß abbrechen), die durchschnittliche Studiendauer verlängerte sich — Studienplätze wurden dadurch für „Nachkommende" blockiert, die Überfüllung nahm abermals zu. Man kam zum Entschluß, den Studienbetrieb zu „rationalisieren", d. h. aber: in beträchtlichem Maß zu verschulen. Im Jahre 1966 wurden durch die Verabschiedung des Allgemeinen

Hochschulstudiengesetzes die Weichen entsprechend gestellt. In den Studienrichtungen, für die Ausführungsvorschriften bereits erlassen wurden, unterliegt das Studium z. T. detaillierten Reglements, die Chancen eines ordentlichen Abschlusses steigen, aber auch der Leistungsdruck wächst.

Die weniger günstige Entwicklung der wirtschaftlichen Konjunktur und — in Verbindung damit — die Verschlechterung der Aussichten auf sichere, gutdotierte Anstellungen für Hochschulabsolventen trägt zu einer zunehmenden Leistungsorientierung bei, die freilich zur Folge hat, daß ein zunehmender Teil an Studierenden das Interesse für Dinge, die nicht mit den Pflichtaufgaben des Studiums zusammenhängen, immer mehr einschränkt.

Das wirkt sich auch auf das geistige Klima an den Universitäten aus.

109.
Von grundlegender Bedeutung ist das am 11. April 1975 verabschiedete Universitäts-Organisationsgesetz, dessen Erlassung eine jahrelange Diskussion vorausging, an der die breitere Öffentlichkeit aber wenig Anteil nahm. Die Universitäten wurden unter eine erweiterte staatliche (ministerielle) Lenkungskompetenz gestellt, insbesondere im Hinblick auf die Planung des weiteren Ausbaus. Die inneruniversitäre Willensbildung ist nicht mehr, wie früher, Sache der Professoren, sondern liegt in der Hand von Gremien, die sich aus Vertretern der Professoren, der anderen wissenschaftlichen Mitarbeiter, der Studenten und des nichtwissenschaftlichen Personals zusammensetzen. Gelegentlich gewinnt man den Eindruck, daß im Falle eines Gegeneinanders dieser Gruppen das Ministerium die Rolle des „lachenden Vierten" (oder Fünften) übernimmt und die Entscheidungen an sich zieht.

Das UOG brachte — neben solchen organisatorischen Veränderungen — auch eine Neuformulierung der Zielbestimmungen; die Universitäten wurden stärker auf die „gesellschaftliche Entwicklung" verpflichtet, auch auf die „Vielfalt der Lehrmeinungen und Methoden".

Diese und andere Vorgänge lassen den Schluß zu, daß Hochschulpolitik nicht nur als Anpassung der Universitäten an geänderte Verhältnisse verstanden wird, sondern als eine Art aktiver Gesellschaftspolitik im Zeichen der „gesellschaftlichen Demokratisierung" (die aber eine Stärkung der Rolle des Staates nicht ausschließt!).

Die Hochschulpolitik (insbesondere die Personalpolitik) war in der Zeit der ÖVP-Unterrichtsminister relativ stark katholisch-konservativ geprägt. Dies war nicht zuletzt eine Reaktion darauf, daß die Universitäten in Österreich vordem in starkem Maße „national" und „liberal" ausgerichtet waren (nicht ohne Grund hatte der Staat seinerzeit für seinen eigenen Führungsnachwuchs außeruniversitäre Bildungseinrichtungen geschaffen, wie die Theresianische Akademie u. dgl.). Seit 1970 wiederum steuert die SPÖ-Regierung in gewissem Maße einen Gegenkurs (die überwiegend konservative Position eines Großteils der Professorenschaft konnte der Regierung nicht sonderlich genehm sein).

Von seiten der Kirche erfolgte zu diesen Vorgängen im allgemeinen kein stärkeres Engagement.

110.

Die Theologie hat an der Ausweitung der Universitätseinrichtungen und -veranstaltungen teilgenommen, wenn auch keineswegs in einem der allgemeinen Entwicklung proportionalen Ausmaß. Die (inländischen) Hörer beliefen sich 1955/56 auf 573, 1960/61 auf 658, 1970/71 auf 834 und 1974/75 auf 1323. Der Anteil der Theologiestudierenden an den Studienanfängern im Wintersemester 1974/75 betrug 1,5 Prozent. (Hiebei ist überall die evangelische Theologie bzw. die entsprechende Fakultät an der Universität Wien mitgezählt.)

Bei der Beurteilung dieser Zahlen muß berücksichtigt werden, daß nur eine Minderheit der Theologiestudierenden das Priesteramt anstrebt, während die Zunahme überwiegend auf die Möglichkeit eines Lehramtsstudiums (für „Laientheologen") zurückgeht.

Bemerkenswerterweise sind die Theologischen Fakultäten (bislang) im Verband der Universität voll akzeptiert; sie werden bei der Wahl von akademischen Amtsträgern ebenso berücksichtigt wie bei der Antragstellung zum Budget (Personal- und Sachaufwand). Die Wiener Katholisch-Theologische Fakultät hat jüngst ein großzügig adaptiertes Gebäude zur Verfügung gestellt erhalten, das dem Forschungs- und Lehrbetrieb eine neue, verbesserte Basis gibt.

Indessen wäre zu überlegen, ob und wie die geistige Präsenz der Theologie im Raume der Universität verstärkt werden könnte, beispielsweise im Wege interdisziplinärer, interfakultärer Lehrveranstaltungen — gemeinsam mit Vertretern z. B. der Philosophie, der Geschichte u. a. Fächer. (Veranstaltungen dieser Art sind bislang eher selten.)

III.

Die geistige Präsenz des Christlichen an der Universität kann nicht nur Sache der theologischen Wissenschaft und ihrer Vertreter sein.

Es gibt eine Vielzahl von Fächern mit ausgeprägter weltanschaulicher Relevanz — von der Jurisprudenz bis zur Psychologie, von der Philosophie bis zu den Sozialwissenschaften. Unbeschadet allen Strebens nach wissenschaftlicher Objektivität kann es für die Kirche nicht gleichgültig sein, welche Geisteshaltung im Bereich dieser Fächer an den Universitäten wirksam ist (im Wege der Lehrerbildung wird sich diese Geisteshaltung z. B. auch auf das Schulwesen auswirken, und in gewissem Sinne überall da, wo Akademiker beruflich und anderweitig tätig sind).

Aus diesem Grunde ist eine entsprechende Nachwuchsförderung von besonderer Wichtigkeit: besondere Erwähnung verdienen der Kardinal-Innitzer-Fonds und die „Stiftung Pro Scientia".

Noch nicht zureichend gelöst ist das Problem, wie katholische oder für die Kirche interessante Professoren und außeruniversitäre Wissenschaftler systematisch und ständig ins Gespräch gezogen werden können; der vom ÖSV vorgetragene Wunsch nach der Errichtung einer gesamtösterreichischen Katholischen Akademie, die nicht zuletzt auf diesem Gebiet tätig werden könnte, hat sich noch nicht verwirklichen lassen.

An allen Universitäten bestehen Hochschulgemeinden und — unterschiedlich umfangreiche — Aktivistengruppen der Katholischen Hochschuljugend. Sie bemühen sich nicht nur um ein Gottesdienstangebot, sondern insbesondere um ein reichgefächertes und qualifiziertes Bildungsprogramm. Infolge der anfangs angedeuteten Umstände erweist sich jedoch deutlich nur eine Minderheit der Studierenden als ansprechbar, und wiederum nur ein Teil dieser Minderheit ist zu einem intensiveren Engagement bereit.

Herkömmliche christlich ausgerichtete Studentenorganisationen (z. B. CV-Verbindungen) traten an der Universität als solche merklich weniger in Erscheinung als in früheren Zeiten; im internen Verbindungsleben finden indessen bemerkenswerte Bemühungen um die (u. a. theologische und gesellschaftspolitische) Fortbildung der Mitglieder statt. Namentlich die Seminare, Symposien und Kurse der ÖCV-Bildungsakademie müssen hier erwähnt werden.

Aktive Mitglieder des ÖCV sind z. T. auch hochschulpolitisch — als Funktionäre und Mandatare im Rahmen der studentischen Interessenvertretung — tätig, insbesondere im Rahmen der „Österreichischen Studentenunion" (ÖSU), die in der Österreichischen Hochschülerschaft die stärkste Fraktion stellt.

Im ganzen muß man jedoch sagen, daß extreme Gruppen (insbesondere Linksgruppen wie Marxistisch Leninistische Studentenorganisation [MLS], Gruppe revolutionärer Marxisten [GRM], Kommunistischer Studentenverband usw., neuerdings in Ansätzen auch Rechtsgruppen) auf Hochschulboden merklich intensiver agieren (und agitieren) als christliche Gruppierungen.

112.
Im Grenzbereich zwischen Forschung, postsekundärer Bildung, allgemeiner Erwachsenenbildung und beruflicher Fortbildung gibt es eine Reihe von Aufgaben, Einrichtungen und Aktivitäten, die zwar nicht im strengen Sinn zum Universitätsbereich gehören, aber im Hinblick auf ihre „elitenbildenden" Funktionen hier miterwähnt werden sollten.

— Eine Reihe von Veranstaltungsträgern kirchlichen oder der Kirche nahestehenden Charakters wendet sich insbesondere an Universitätsabsolventen und andere Akademiker, um ihnen zu wissenschaftlichen, gesellschaftspolitischen und lebenspraktischen Fragen Orientierungshilfe zu geben. (Wiener Katholische Akademie, Katholischer Akademikerverband Österreichs u. a. m.)

— Die Katholische Sozialakademie veranstaltet außer entsprechenden Studientagungen Kurse zur Vorbildung und Weiterbildung von engagementbereiten Christen im Bereich der Wirtschafts- und Arbeitswelt.

— Auch die kirchlichen Einrichtungen zur Erwachsenenbildung sind auf solchem Grenzgebiet tätig.

113.
Im Bereich der Wissenschaftspolitik verdienen Tendenzen besondere Beachtung, die auf die teilweise Herauslösung der Forschung aus den Universitäten und auf den Ausbau außeruniversitärer Institute gerichtet sind (Akademie-Institute, Ludwig-Boltzmann-Institute). Auch die Bemühungen um eine Neuorganisation der Forschungsförderung verdienen aufmerksame Beobachtung.

N. KUNST UND LITERATUR

114.
Das Verhältnis der Kirche zu Kunst und Literatur erscheint gerade heute vielen als spannungsvoll:

— Ist es vertretbar, sich mit Schönheit und Spiel, mit dem Ästhetischen, einzulassen, in einer Zeit, in der Terror und Gewaltherrschaft, Krankheit und Hunger, Kriege und ökologische Weltkrisen die Menschheit vor existentielle „Ernstfragen" radikalen Charakters stellen?

— Steht die Kirche nicht in der Gefahr, „Kunst" allzusehr unter dem Gesichtspunkt der Denkmalpflege, der musealen Aufgaben, zu betrachten?

— Hat die Kirche nicht besondere Schwierigkeiten, die Aussagen der zeitgenössischen Kunst verständig zur Kenntnis zu nehmen, als „Zeichen der Zeit" zu deuten und hieraus Gewinn für die Darstellung ihrer eigenen Anliegen in der Welt von heute zu ziehen? Hier liegen besondere Aufgaben, insbesondere im Bereich der Theologie und der Bildungsarbeit.

115.
Kunst und Literatur sind für die Kirche auch als Gegenstandsfelder der Kulturpolitik von Belang.

Gegenüber den gesellschaftlichen und politischen Kräften und in ihren Beiträgen zur öffentlichen Bewußtseinsbildung sollte die Kirche in einer vornehmlich an ökonomischen und materiellen Gütern und Anliegen interessierten Gesellschaft betonen, daß Kunst und Literatur nicht „Luxusphänomene" sind, sondern ein wesentliches Element der Selbstverständigung einer Gesellschaft darüber, was sie von sich hält, was sie mit sich anfangen will, welchen Ideen sie sich verschreibt.

116.
Als Anwalt der Freiheit sollte die Kirche die Chance zur Artikulation neuer Ideen und zur Kritik an fragwürdigen Phänomenen der Gegenwart wahren helfen, auch im künstlerischen Bereich. Zugleich aber muß sie dabei als Anwalt der Menschenwürde vor Fehlentwicklungen (direkte oder indirekte Verherrlichung von Brutalität, Pornographie usw.) warnen.

117.
Im eigenen Bereich sollte die Kirche die Kunst als Vermittlerin der Zeitfragen und als Medium der Verkündigung ernst nehmen, auch dadurch, daß sie die Kommunikation mit erstklassigen Künstlern (auch anderer Weltanschauung) sucht, Provinzialismus und die Orientierung an populärer Mittelmäßigkeit aber vermeidet.

118.
Die Frage nach der Einstellung und den Wirkungen der Massenmedien ist für die Kirche angesichts der zunehmenden Verschärfung des „Meinungsklimas" besonders interessant.

In der publizistischen Wissenschaft ist die Frage umstritten. Die Tendenz geht aber dahin, den unmittelbar prägenden Einfluß der von der Massenkommunikation vermittelten Inhalte eher geringer anzusetzen. Von daher wird es schwierig sein, einen Verfall der Kirchlichkeit oder des ethischen Standards allein auf den Einfluß der Massenmedien zurückzuführen.

Von der publizistischen Wissenschaft wird heute allerdings allgemein angenommen, daß die Medien

a) langfristig Auswirkungen haben, aber vor allem bei Menschen, die „zum Wandel disponiert" sind,

b) Meinungen zwar nicht verändern, wohl aber verstärken oder abschwächen,

c) Meinungen über Fragen „erzeugen" können, zu denen das Publikum noch keine eigene Meinung hat.

119.
Daß es im Berichtszeitraum (1971—1976) zu einer Verschärfung des „Meinungsklimas" gekommen ist, steht außer Zweifel. Antiklerikale Untertöne in Berichterstattung und Kommentierung über

kirchliche oder theologisch relevante Fragen bis hin zu unqualifizierten Angriffen waren an der Tagesordnung. Besonders deutlich wurde diese Frontstellung bei jenen ethischen Fragen (Abtreibung, vatikanische Erklärung zu einigen Fragen der Sexualethik) spürbar, wo die kirchliche Position und das undifferenziert „liberalistische" Bewußtsein der meisten Kommunikatoren einander diametral gegenüberstehen. Auch hier wird man die Frage offenlassen müssen, ob die Medien nur eine gesellschaftliche Entwicklung widerspiegeln oder sie auch vorantreiben.

Obwohl vor allem im Bereich der innenpolitischen Berichterstattung Journalisten, die sich zu ihrer katholischen Überzeugung bekennen, nach wie vor eine große Rolle spielen, zeigt sich in der Verschärfung des „Meinungsklimas" das Versäumnis auf dem Sektor journalistischer Nachwuchsbildung besonders deutlich.

Dabei ist vielleicht noch gefährlicher als die bewußte Frontstellung gegen die Kirche die Tendenz zum Verschweigen kirchlicher Nachrichten, die nur teilweise von Kirchenfeindschaft motiviert ist, zum größten Teil aber auf mangelnder Sachkenntnis vieler Journalisten beruht. Das Übergehen der Kirche ist vor allem deshalb gefährlich, weil die Weltsicht vieler Menschen auf die von den Medien vermittelte Realität beschränkt ist. Wenn Kirche in dieser Realität nicht enthalten ist, besteht die Gefahr, daß die Kirche im Bewußtsein der Randchristen noch mehr an den Rand rückt. Durch den Einsatz von Techniken der Öffentlichkeitsarbeit (etwa indem am Sonntag mittag Meldungen über Äußerungen von Bischöfen im Rahmen von liturgischen Funktionen oder die Tagungen katholischer Organisationen lanciert werden) läßt sich das Erscheinungsbild der Kirche in den Medien quantitativ verbessern, eine qualitative Verbesserung ist allerdings wesentlich schwieriger zu erreichen.

120.

Im Verständnis nicht weniger Journalisten in Tages- und Wochenzeitungen, aber auch beim ORF ist die Kirche nur unter zwei Gesichtswinkeln interessant: hohe Politik und Folklore zur Auflockerung des Feiertagsprogramms. In politischer Hinsicht wird dabei die Kirche als vierte politische Partei oder fünfte Kammer mißverstanden, Äußerungen der Bischöfe und katholischer Funktionäre werden mit demselben Maß gemessen wie die wechselnden

Enunziationen der Politiker und Interessenvertreter. Darüber hinaus sind viele Journalisten bemüht, diese Äußerungen parteipolitisch zuzuordnen. Wird gegen die Fristenlösung oder die Scheidungsreform Stellung bezogen, lauten Journalistenfragen oft: „Also ist Ihr Standpunkt mit dem der ÖVP identisch?" Setzt sich eine kirchliche Stelle für Fragen der Entwicklungshilfe ein oder bezieht zu konkreten politischen Problemen der Dritten Welt (Südafrika, Südkorea usw.) Position, wird sie des Kryptokommunismus verdächtigt.

121.
Da für die Medien im besonderen der Konflikt interessant ist, erhalten Randgruppen und Randfiguren des katholischen Raums übermäßig viel Publizität (im Berichtszeitraum vor allem „Fall Holl", SOG, Austria Catholica). Gerade dabei wird eine stark akzentuierte Abneigung gegen die sogenannte Amtskirche sichtbar, die über den Bereich der laizistischen Publizistik hinaus bis tief in den Bereich des katholischen Journalismus verbreitet ist. Andererseits zeigt sich gerade bei den laizistischen Journalisten, daß ihnen die innerkirchliche Entwicklung seit dem Zweiten Vatikanum weitgehend fremd geblieben ist. Kirche wird in der von ihnen hergestellten Öffentlichkeit nach wie vor mit Hierarchie identifiziert. Die verstärkte Mitsprache der Laien wird von den Journalisten vielfach noch nicht zur Kenntnis genommen oder als bloße papierene Deklaration mißverstanden. Hier muß erst ein langsamer Lernprozeß einsetzen.

O. DIE MEDIENSITUATION IN ÖSTERREICH

122. Die Druckmedien — Tagespresse
Die Tagespresse hat nach dem Tief in der Mitte der fünfziger Jahre ihren Leserkreis wieder wesentlich erweitern können, so daß der prozentuelle Anteil der Tageszeitungsleser von knapp 50 Prozent im Jahre 1965 auf rund 60 Prozent anstieg. Da im letzten Jahrzehnt eine ganze Reihe von Tageszeitungen eingestellt werden mußte („Neues Österreich", „Volksblatt", „Neue Österreichische Tageszeitung", „Neue Zeitung", „Expreß"), bedeutet diese Auflagensteigerung bei sinkender Zahl von Zeitungstiteln die Zunahme von publizistischer Macht bei jenen Zeitungsunternehmen, die in dem

immer schärfer werdenden Konkurrenzkampf zu bestehen vermögen. Dabei ist festzuhalten, daß die Presse in den Bundesländern seit den fünfziger Jahren eine, wenn auch nicht rasante, aber doch ständige Aufwärtsentwicklung durchgemacht hat, während vor allem der Wiener Pressemarkt immer wieder größeren Erschütterungen und Schwankungen unterworfen war. Ende 1975 erreichten die Tageszeitungen in Österreich gemeinsam pro Erscheinungstag eine Durchschnittsauflage von 2,4 Millionen Exemplaren. Eine höhere Auflage hatten die Tageszeitungen nur in der unmittelbaren Nachkriegszeit, im Jahre 1946, erreicht.

Vorläufig scheint der Gedanke einer katholischen Tageszeitung eher utopisch zu sein. Es ist jedoch anzumerken, daß auf dem Tageszeitungssektor mit der „Kleinen Zeitung" (die vom Styria-Verlag herausgegeben wird, der sich im Eigentum des Katholischen Preßvereins der Diözese Graz-Seckau befindet) eine von Katholiken gemachte unabhängige Zeitung, die kein Kirchenblatt ist, deren Redaktion sich aber letztlich einem christlich motivierten Wertsystem verpflichtet weiß, an dritter Stelle unter Österreichs Tageszeitungen steht. Nach den Ergebnissen der letzten Media-Analyse 1976 hat die „Kleine Zeitung" insgesamt (Ausgaben Graz, Klagenfurt sowie Mutationsausgabe „Neue Vorarlberger Tageszeitung") 508.000 Leser. Zum Vergleich kommt die „Kronenzeitung" auf 1,7 bis 1,8 Millionen Leser, der „Kurier" auf 760.000.

123. Wochenzeitungen
Zu unterscheiden sind:
— politische Wochenzeitungen und Nachrichtenmagazine
— Unterhaltungs-Wochenzeitungen
— Illustrierte
— regionale Wochenpresse
— die Kirchenzeitungen

124.
Auf dem Sektor der politischen Wochenzeitungen und Nachrichtenmagazine hat sich im Berichtszeitraum das „Profil" an die Spitze gearbeitet (mit 225.000 Lesern pro Nummer laut letzter Media-Analyse). Kirchliche Themen werden teils im Bemühen um Objektivität wahrgenommen, andererseits sind im „Profil" auch antiklerikale Artikel zu finden.

Die „Wochenpresse", Blatt der liberalen Tradition, steht dem kirchlichen Geschehen im großen und ganzen aufgeschlossen gegenüber, in ethischen Fragen (Abtreibung) entspricht ihre Haltung oft kirchlichen Positionen. Von den beiden von katholischen Verlagen herausgegebenen politischen Wochenzeitungen ist „Präsent" im Berichtszeitraum durch Umbenennung aus dem früheren „Volksboten" entstanden und wird vom Tyrolia-Verlag herausgegeben. Im Frühjahr 1976 gelang es durch gemeinsame Bemühungen der Österreichischen Bischofskonferenz und der Katholischen Preßvereinsverlage, hier in erster Linie der Styria, die „Furche" auf eine neue wirtschaftliche und redaktionelle Basis zu stellen, mit der Absicht, sie wieder zu einer katholischen Stimme zu machen, die in der qualifizierten Öffentlichkeit aufmerksam verfolgt wird. Die Aktion zur Konsolidierung der „Furche" ist die erste gemeinsame auf Dauer angelegte Zusammenarbeit zwischen den katholischen Preßvereinsverlagen.

125.
Bei den Unterhaltungs-Wochenzeitungen zeichnete sich im Berichtszeitraum ein weiterer Auflagenschwund ab. Die Wochenzeitungen dieses Typs mußten sich erst von ihrem etwas antiquierten Image befreien. Die Berichterstattung über kirchliche Fragen ist vielfach in diesen Zeitungen (mit Ausnahmen) eher oberflächlich. Im Bereich Lebenshilfe, der in den Unterhaltungs-Wochenzeitungen breiten Raum einnimmt, werden oft Haltungen vertreten, die mit christlicher Welt- und Lebensauffassung nicht vereinbar sind. Die Haltung gegenüber der Kirche ist aber nicht grundsätzlich ablehnend. Es besteht keine katholische Präsenz in diesem publizistischen Bereich.

126.
Die Bedeutung der Illustrierten ist zu Anfang der Berichtsperiode in Österreich eher einem rückläufigen Trend unterworfen gewesen. Eigenständige österreichische Illustrierte sind seit langer Zeit nicht mehr auf dem Markt, der ausschließlich von bundesdeutschen Erzeugnissen beherrscht wird. Allerdings machte sich gegen Ende der Berichtsperiode 1975/76 die Tendenz der bundesdeutschen Illustrierten bemerkbar, den mutierten Österreichteil wesentlich zu verstärken („Bunte Illustrierte", „Stern", „Quick"). Dieser Öster-

reichteil wird insbesondere bei „Stern" und „Quick" im Stil von Nachrichtenmagazinen profiliert. Grundsätzlich ist festzustellen, daß der Einfluß dieser Illustrierten gegenüber dem der Tageszeitung unterschätzt wird. Dies ist umso bemerkenswerter, als etwa der „Stern" sowohl in seinem Österreichteil als auch im aus Deutschland gelieferten Stammteil einen kämpferischen Antiklerikalismus linksliberaler Herkunft vertritt und fast alle bundesdeutschen Illustrierten, die auf dem österreichischen Markt sind, eine hedonistische Lebensauffassung propagieren.

Auch die Jugendillustrierten („Bravo" etc.) werden ausschließlich aus der Bundesrepublik Deutschland importiert. Für sie ist ebenso wie für die „großen" Illustrierten die hedonistische Lebensauffassung kennzeichnend, die mit falschem emanzipatorischen Pathos vorgetragen wird. Gleichzeitig werden die jugendlichen Leser einem Dauerbombardement von Konsumappellen ausgesetzt.

Versuche aus dem katholischen Raum, dem Angebot der bundesdeutschen Jugendillustrierten ein Alternativangebot zur Seite zu stellen, sind bisher als gescheitert zu betrachten. Hoffnungen erweckte am Ende der Berichtsperiode eine Initiative der Styria zur attraktiveren Gestaltung des Jugendmagazins „Die Wende".

127.
Ständig im Wachsen begriffen ist die Bedeutung der regionalen Wochenpresse. Dies entspricht einem internationalen Trend: Je mehr den Menschen durch TV, Radio und Tageszeitungen die ganze Welt (und vor allem die Probleme der ganzen Welt) frei Haus geliefert werden, umso stärker ist das Bedürfnis nach Orientierung in einem überschaubaren Raum, der engeren Heimat. Dieses Bedürfnis speist den Erfolg der regionalen Wochenpresse.

In diesem Bereich ist die Position der Katholischen Preßvereine besonders stark. So konnten die „Niederösterreichischen Nachrichten", die vom Niederösterreichischen Pressehaus (Preßverein der Diözese St. Pölten) herausgegeben werden, im Jahre 1976 ihren Leserstand auf 290.000 steigern. Die „Niederösterreichischen Nachrichten" erscheinen mit Mutationsauflagen in fast allen Bezirken Niederösterreichs. Ähnlich gut verankert ist in Oberösterreich die „Oberösterreichische Rundschau" (Oberösterreichischer Landesverlag, Linz) mit 272.000 Lesern.

128.
Als geheime „publizistische Großmacht" erweisen sich die Kirchenzeitungen. Die Leserzahl wird auf 800.000 pro Nummer geschätzt. Diese Zahlen haben auch bereits die Aufmerksamkeit politischer Gruppen geweckt; so wird die Auflagen- und Leserentwicklung der Kirchenzeitungen wie der katholischen Regionalpresse von Medienfachleuten der SPÖ sorgfältig beobachtet.

Allerdings ist von 1971 bis 1976 die Auflage der österreichischen Kirchenzeitungen von ca. 540.000 auf rund 460.000 Exemplare pro Woche gesunken, das ergibt einen Rückgang von rund 15 Prozent. Redaktionell konnte eine zwar langsame, aber doch spürbare Verbesserung erreicht werden. Als noch immer nicht ausreichend muß die personelle Ausstattung der Redaktionen bezeichnet werden. Starkes Entwicklungsgebiet sind nach wie vor Vertrieb und Werbung für die Kirchenzeitungen. Hier wären starke Initiativen — eventuell auch in Zusammenarbeit aller Diözesen — notwendig. Die redaktionelle Kooperation hat einen beachtlichen Schritt vorwärts getan.

129.
Das Bild der katholischen Präsenz im Druckmedienbereich vervollständigen die katholischen Zeitschriften. Dieser Sektor zeichnete sich von jeher durch große Vielfalt aus, geschätzt werden ca. 300 katholische Zeitschriften aller Art in Österreich. Es gibt eine große Vielfalt von Zeitschriften, die sich an spezielle Zielgruppen wenden. Unter diesen sind z. B. „Stadt Gottes" mit einer Auflage von 165.000 und „Welt der Frau" mit einer Auflage von 78.000 von besonderer Bedeutung. Die Krise der Zeitschriftenpresse im Berichtsraum (sinkende Abonnentenzahlen, steigende Kosten) hat auch vor dem katholischen Bereich nicht haltgemacht. Eines der bedeutendsten kulturpolitischen Organe des österreichischen Katholizismus, „Wort und Wahrheit", ist dieser Entwicklung zum Opfer gefallen, bei einem zweiten, „Entschluß", war bis zum Ende des Berichtszeitraumes unsicher, ob es sich erholen kann. Es wäre verfehlt, angesichts dieser Vielfalt katholischer Publikationen nur auf eine sogenannte „Flurbereinigung" zu setzen. Denn diese Vielfalt zeigt, daß kommunikatives Bewußtsein, das zur Äußerung drängt, in überschaubaren Strukturen da ist, im großen Rahmen aber offensichtlich fehlt. Anzustreben wäre es, wenigstens gleichar-

tige Publikationen zusammenzulegen oder in Form von mutierten Ausgaben für einzelne Diözesen (z. B. Blätter der Katholischen Männerbewegungen der verschiedenen Diözesen) zusammenfassen. Als publizistische „Spielwiese" hätten die Publikationen der Katholischen Aktion, der verschiedenen katholischen Verbände und neuen laienapostolischen Gruppierungen eine wesentliche Aufgabe zu erfüllen.

Die ca. 1600 Pfarrblätter in Österreich erreichen bei unterschiedlicher Erscheinungsweise eine Gesamtauflage von ca. 1,5 bis 2 Millionen. Versuche zur publizistischen Qualitätsverbesserung der Pfarrblätter wurden in verschiedenen Diözesen im Berichtszeitraum gestartet (so unter anderem in Salzburg, Linz, Wien, Innsbruck), doch fehlt es vielfach noch an entsprechenden Schulungsmöglichkeiten und Konzepten. Wichtig wäre es, daß die Pfarrblätter durch publizistisch fundierte Berichterstattung aus dem lokalen Bereich tragbare Leserblattbeziehungen aufbauten, über die sich dann auch religiöse Inhalte und Sinnangebote an Randchristen herantragen lassen.

130. Die elektronischen Medien

Die Faszination durch das Medium Fernsehen dürfte — zumindest in seiner herkömmlichen Form — seinen Höhepunkt im Berichtszeitraum erreicht haben. Laut Media-Analyse 1976 betrug die durchschnittliche Seherzahl 3,6 Millionen; rund 77 Prozent der österreichischen Haushalte waren zu diesem Zeitpunkt mit einem TV-Gerät ausgerüstet. Neue Situationen zeichneten sich im Berichtszeitraum in den westlichen Bundesländern ab, nämlich eine immer stärkere Beteiligung österreichischer Zuseher an den deutschen Fernsehprogrammen.

Beherrschendes Ereignis auf dem Rundfunksektor war im Berichtszeitraum die sogenannte ORF-Reform mit der Verabschiedung des neuen Rundfunkgesetzes 1974. Der Passus im ORF-Gesetz, der die Kirche betrifft, ist dabei unverändert geblieben: (§ 2, Abs. 3) „Bei der Planung des Gesamtprogramms ist die Bedeutung der gesetzlich anerkannten Kirchen und Religionsgesellschaften angemessen zu berücksichtigen." Dieser Paragraph hat auch in den sogenannten Programmrichtlinien seinen Niederschlag gefunden: „Bei der Erfüllung der Verpflichtung gemäß § 2, Abs. 3 des Rundfunkgesetzes (angemessene Berücksichtigung der gesetzlich anerkannten Kirchen und Religionsgesellschaften) sind nicht nur die durch diese Institutionen gesetzten Ereignisse in ihrer gesellschaftspolitischen Relevanz, sondern auch die Glaubensinhalte dieser Kirchen und Religionsgesellschaften zu berücksichtigen."

Völlig verändert haben sich die Kompetenzverhältnisse innerhalb des ORF. So sind seit 1974 für Programmfragen ausschließlich die Programmintendanten zuständig. Auch kommt den Programm-Machern laut Redaktionsstatut eine größere Unabhängigkeit zu. Dies bedeutete neue Anstrengungen, eine neue Situation für die kirchliche Medienarbeit. So sehr sie mit dem Verständnis und dem Wohlwollen der Programmintendanten rechnen kann, so wenig ist dies bei manchen Programmgestaltern der Fall. So sind auch Beiträge in einzelnen Sendungen und Sendereihen zu verstehen, die sich nicht immer in sachlicher Weise mit Kirche und Religion befassen.

Organisatorisch sind mit der Wahrnehmung des Programmauftrages im Hörfunk die Hauptabteilung Kirchenfunk und im Fernsehen die Stabsstelle Kirche betraut.

Überblick über die Sendungen des Kirchenfunks:

131. Hörfunk:
— Morgenbetrachtung — zweimal täglich
— Einfach zum Nachdenken — täglich
— Mittagsglocken — täglich
— Geistliche Stunde — an Sonn- und Feiertagen
— Gottesdienst — an Sonn- und Feiertagen
— Ökumenische Morgenfeier — an Sonn- und Feiertagen
— Gospelmatinee bzw. Alte Hymnen — an Sonn- und Feiertagen
— Nachrichten aus der christlichen Welt — zweimal wöchentlich
— Aktuelles aus der Christenheit — einmal wöchentlich
— An allen Feiertagen Sendungen zum Tag, teils als Koproduktion mit anderen Hauptabteilungen in verschiedenen Programmen
— Beiträge für aktuelle Sendungen und Magazine

Im Durchschnitt werden (Stand 1976) im Programm Ö1 pro Monat 873 Minuten Kirchenfunk geboten, im Programm ÖR 332

Minuten, im Programm Ö3 282 Minuten, soweit es sich um Produktionen der Hauptabteilung Kirchenfunk handelt. Dazu müssen noch die Kirchenfunkbeiträge der einzelnen Landesstudios gerechnet werden.

Ein Großteil der Kirchenfunksendungen liegt nach den Media-Analysen des Berichtszeitraumes im Spitzenfeld der Hörerzahlen.

132. Fernsehen:
Es ist zu unterscheiden zwischen fixen, regelmäßig wiederkehrenden Programmen und solchen, die zusätzlich von der Stabsstelle Kirche eingesetzt oder angeregt werden. Im Sinne des gesetzlichen Auftrags ist es vor allem in den beiden letzten Jahren des Berichtszeitraums gelungen, auch in anderen Programmsparten, Kultur, Musik, Unterhaltung und insbesondere Information, Beiträge und Berichte von religiöser bzw. kirchlicher Relevanz zu bringen. Regelmäßige Sendungen:

— Christ in der Zeit — jeden Sonn- und Feiertag, im Durchschnitt mehr als 1,3 Millionen Zuseher.

— Fragen des Christen (christlich fundierte Lebenshilfe) — jeden Samstag, vor dem Nachtfilm, je nach dessen Qualität geschätzte 500.000 bis 1 Million Zuseher.

— Orientierung (Magazin) — seit März 1976 jeden zweiten Samstag, 30 Minuten, auf FS 2.

— 4 Gottesdienste pro Jahr in Eigenproduktion, etwa ebenso viele werden von ausländischen Stellen übernommen.

— Zusätzlich produziert oder kauft die Abteilung zehn bis zwölf Sendungen „zum Tag" (zu den Feiertagen) pro Jahr, vier bis sechs Dokumentationen, ein bis zwei Diskussionen und gelegentlich ein Fernsehspiel; nicht gerechnet die auf Anregung der Abteilung Kirche von anderen Abteilungen produzierten oder gekauften Programme.

Im Jahre 1976 sendete das Kirchenfernsehen insgesamt 3100 Minuten.

133.
Vor völlig neue Aufgaben sieht sich die kirchliche Medienarbeit und -politik durch das Aufkommen der neuen elektronischen Medien gestellt. Während man ursprünglich alle Hoffnungen auf die sogenannten Bildkassetten setzte, scheint sich nunmehr zu-

nächst das sogenannte Kabelfernsehen durchzusetzen. In nahezu allen Bundesländern wurden bereits Studiengesellschaften für dieses Medium gegründet, darüber hinaus wurde auch eine gesamtösterreichische Audiovisuelle Studiengesellschaft ins Leben gerufen, in der ebenfalls, wie in den Studiengesellschaften der Länder, die großen politischen und wirtschaftlichen Einflußgruppen vertreten sind. Angesichts der Parzellierung der Einflußbereiche in diesem Medium durch die herkömmlichen politischen und wirtschaftlichen Machtgruppen scheint hier eine neue kirchliche Strategie besonders notwendig. Sie müßte zwei Zielrichtungen verfolgen: das Studium der Entwicklung (in technischer, juridischer und organisatorischer Sicht) und die Vorbereitung eines praktischen Engagements der Kirche in den Kabelgesellschaften.

134.
Als ein Indikator für die Bereitschaft des Publikums, durch den ORF vermittelte Glaubensinhalte aufzunehmen, kann der Erfolg der beiden religiösen Studienprogramme „Wozu glauben?" und „Wem glauben?" gelten. (Siehe dazu auch Kapitel Erwachsenenbildung, Pkt. 99.)

P. DIE KIRCHLICHE MEDIENARBEIT

135. Die Kathpress
Österreich hat seit dem Jahre 1946 eine eigene katholische Agentur, die Kathpress. Der Ruf dieser Agentur ist im In- und Ausland unbestritten, obwohl sie unter allen katholischen Agenturen der Welt die geringsten finanziellen Mittel und auch den kleinsten Mitarbeiterstab besitzt (zum Vergleich: KNA Bonn hat 73 Redakteure, Kathpress Wien 4). Mißverständnisse ergeben sich immer wieder aus der Tatsache, daß eine Agentur Nachrichten verkauft und nicht wie eine Pressestelle Nachrichten verschenkt. Die Zeitungs- und ORF-Redaktionen, die für Nachrichten zahlen, wollen daher auch Nachrichten und kein Public-Relations-Material. Die Kathpress versteht sich als katholische Agentur, aber nicht als offizielles kirchliches Organ. Sie will aber sehr wohl Sprachrohr der Bischöfe sein, indem sie sich den Bischöfen zu jeder Zeit und zu jeder Frage zur Verfügung stellt. Im Berichtszeitraum ist auch die

Kathpress von der allgemeinen Kostensteigerung der Massenmedien betroffen worden, die für eine Agentur besonders schwer zu tragen ist, da sie nicht in dem Maß wie andere Medien die gesteigerten Kosten auf die Preise überwälzen kann. Auch für das Agenturwesen gilt, was auch für andere Bereiche der Massenmedien Gültigkeit hat: Die Kirche wird sich nur durch ihre eigenen Einrichtungen entsprechend Gehör verschaffen können. Ein Verzicht auf eigene Einrichtungen wäre nicht zu verantworten. Wenn die Kirche nicht auf das Wohlwollen anderer angewiesen sein will, wird sie ihr eigenes Nachrichtennetz nicht verkümmern lassen, sondern eher stärken.

136. Das Katholische Zentrum für Massenkommunikation
Die Gründungsversammlung des Katholischen Zentrums für Massenkommunikation fand kurze Zeit vor Beginn des Berichtszeitraums (am 13. Juni 1970) statt, das frühere Zentrum für Film, Funk und Fernsehen ging im Zentrum für Massenkommunikation auf. Eine neue, vierte Kommission für Fragen der Presse wurde gegründet, neben den bereits früher bestehenden Kommissionen für Film, Hörfunk und Fernsehen. Im Berichtszeitraum sind in nahezu allen österreichischen Diözesen Zentren für Massenkommunikation errichtet worden. Neben der Wahrnehmung kirchlicher Anliegen in den Medien hat sich das Zentrum insbesondere folgende Aufgaben gestellt:
a) Zusammenarbeit der katholischen Film-, Hörfunk-, Fernseh- und Pressekommissionen untereinander und mit anderen kirchlichen Institutionen;
b) Planung und Durchführung gemeinsamer Aktionen, insbesondere auf dem Gebiet der Produktion und Publikation der Öffentlichkeitsarbeit und der Erziehung zum richtigen Gebrauch der Massenmedien;
c) Vertretung gemeinsamer Interessen gegenüber gesellschaftlichen und staatlichen Institutionen;
d) kategoriale Seelsorge;
e) internationale Zusammenarbeit.
Zwischen 1971 und 1976 wurden in nahezu allen österreichischen Diözesen diözesane Informationsstellen eingerichtet.
Auf ihre Initiative hin gelang es, in mehreren Diözesen (Wien, Graz, Klagenfurt) Sondernummern der Kirchenzeitungen zu ge-

stalten, die gratis an alle Haushalte bzw. an alle Kirchenbeitragszahler verteilt wurden.

Im Bereich Werbung führte die Diözese Graz-Seckau nach zwei Jahren intensiver Vorbereitung von 1970 bis 1974 in drei „Wellen" eine vielbeachtete Plakataktion der katholischen Kirche in der Steiermark durch.

137. Katholische Vereinigungen
Im Medienbereich waren im Berichtszeitraum zwei katholische Vereinigungen tätig: der Verband Katholischer Publizisten und die Arbeitsgemeinschaft Katholischer Journalisten.

ANHANG
BERICHT ZUR SITUATION DER VOLKSGRUPPEN IN DER KIRCHE KÄRNTENS

Vorbemerkungen: Den Verfassern schien es im Interesse einer möglichst plastischen Darstellung notwendig, neben einem allgemein gestalteten Teil des Berichtes die Problematik aus der Sicht der Slowenen und der Deutschen getrennt darzustellen, ohne daß sich die Verfasser in jedem Fall voll mit den dargestellten Perspektiven identifizieren.

1 Allgemeiner Hintergrund

1.1 Einleitung
Die 1972 von der Synode der Diözese Gurk-Klagenfurt beschlossene und eingeleitete Initiative zur Harmonisierung des Zusammenlebens der Deutschen und Slowenen in der Kirche Kärntens wurde in sehr dankenswerter Weise durch die Österreich-Synode unterstützt und ist damit zu einem gesamtösterreichischen Anliegen der Kirche geworden.

1.2 Ethnopolitische Spannung und Kirche
Die Spannungen im ethnopolitischen Bereich ragen auch weit in den kirchlichen Bereich hinein, und zwar vor allem auf zwei Gebieten: bei der Sprachanwendung in Verkündigung, Liturgie und pastoralen Gremien und bei den Fragen der Repräsentanz der Volksgruppen in den pastoralen Gremien. Ein schematisches Vorgehen ist hier aus verschiedenen Gründen nicht möglich.

1.3 Stärkeverhältnis der Volksgruppen
Der eine Grund liegt darin, daß sich das Stärkeverhältnis der Volks- bzw. Sprachgruppen einer exakten Feststellung entzieht, weil sich derzeit der Gebrauch der slowenischen Sprache (bzw. eines ihrer Dialekte) und die persönliche Identifikation mit der slowenischen Volksgruppe nicht decken und daher in der betroffenen Bevölkerung selbst schon sehr verschiedene Auffassungen über die Zuzählung zu dieser oder jener Volksgruppe herrschen. Im kirchlichen Bereich neigt man dazu, die in der Familie verwendete Sprache als wesentliches Zuordnungskriterium anzusehen.

1.4 Proporzdenken und Solidaritätsdruck
Ein zweiter Grund liegt im sehr stark vorherrschenden Proporzdenken und dem daraus entstehenden Solidaritätsdruck einer Lagermentalität. Komplizierend wirkt hier, daß verschiedentlich lokale (pfarrweise) Stärkeverhältnisse den allgemeinen Sprachverhältnissen Südkärntens entgegengesetzt sind. Eine allgemeine Mehrheit, die lokal Minderheit ist, verhält sich anders als eine lokale Mehrheit, die sich ansonsten als gefährdete Minderheit sieht.

1.5 Nachkonziliare Erneuerung und ethnopolitische Spannung
Hier überlagern sich zwei Problemkreise: Die ethnopolitischen Spannungen akzentuieren sich im kirchlichen Bereich im Gebrauch der Sprachen sowie in Fragen der Repräsentanz der Volksgruppen in den pastoralen Gremien am stärksten. Sie treffen da auf zwei Bereiche nachkonziliarer Erneuerung: auf die verstärkte Verwendung der „Volkssprache" in der Liturgie und auf die erweiterte Mitverantwortung der Katholiken für ihre Kirche, also auf Bereiche, die heute auch ohne nationale Probleme nicht spannungsfrei sind. Damit gerät die Kirche in ein doppeltes Spannungsfeld, das überdies durch „Ortstafelsturm" und Diskussion um die Erfüllung staatsvertraglich übernommener Verpflichtungen stark emotionsgeladen ist. Nicht unwesentlich ist dabei auch der Hinweis auf die Rolle der politischen und ideologischen Verhältnisse im benachbarten Jugoslawien.

1.6 Überbewertung nationaler Komponenten und Abwertung des Andersdenkenden
Die zu überwindenden Hindernisse sind vor allem die oft auch im kirchlichen Bereich auftretende Überbewertung nationaler Komponenten, die damit verbundene Lagermentalität mit Frontbildungen und Fraktionsdenken, Mißtrauen, Fehlurteile über den anderen und Selbsttäuschung. Damit wird nicht nur der Andersdenkende, sondern auch der die andere Sprache Redende mitunter gleich zum Gegner, vor dem man sich in acht nehmen, abgrenzen und absichern muß. Dem Andersdenkenden, Sprechenden, Handelnden werden für dieses Anderssein Motive unterlegt, die von der Oberflächlichkeit über Rücksichtslosigkeit und Glaubensmangel bis zu bewußter Bosheit reichen.

2 Problematik aus der Sicht der slowenischen Volksgruppen

2.1 Die Kirche steht hinter den Volksgruppen in Österreich
Die Österreich-Synode hat sich mit ihren Beschlüssen zu Fragen der ethnischen Minderheiten hinter die Anliegen der in Österreich beheimateten Volksgruppen und damit auch hinter das Synodalgesetz der Diözese Gurk-Klagenfurt über „Das Zusammenleben der Deutschen und Slowenen in der Kirche Kärntens" gestellt.

2.2 Verpflichtung zur Zusammenarbeit und Anspruch auf Schutz
Die Kärntner slowenischen Katholiken wissen, daß die Diözesansynode sie in erster Linie dazu verpflichtet hat, mit dem deutschen Mehrheitsvolk im Bereich der Kirche Kärntens zur Verwirklichung der Beschlüsse des II. Vatikanums beizutragen. Die Kärntner Slowenen erwarten sich aber als Volksgruppe mit den Beschlüssen der Diözesansynode auch einen wirksamen Minderheitenschutz im Bereich der Kirche, die Respektierung ihrer Rechte, die ihnen im kirchlichen Bereich zukommen, und die Unterstützung ihrer Anliegen in der Gesellschaft des Landes und Staates überhaupt.

2.3 Schwindende Substanz der Volksgruppe
Für die Beurteilung der Lage, die sich bei der Realisierung der Synodalbeschlüsse ergibt, muß folgendes berücksichtigt werden:
Wenn auch die Volkszählungen kein objektives Bild über die Stärke der slowenischen Volksgruppe vermitteln, so kann man aus dem Ergebnis doch gewisse Rückschlüsse ziehen. Einer dieser Rückschlüsse besagt, daß die zahlenmäßige Stärke der slowenischen Volksgruppe in Kärnten von Volkszählung zu Volkszählung abnimmt. In gut neunzig Jahren, von 1880 bis 1971, ist in Kärnten die Zahl der in amtlichen Zählungen festgestellten slowenisch sprechenden Personen von über 100.000 auf weniger als 22.000 gesunken, obwohl im gleichen Zeitraum die Gesamtbevölkerung des Landes um über 60 Prozent zugenommen hat.

2.4 Volkszählungsergebnisse als ungeeignete Entscheidungskriterien
Während man im politischen Bereich bei der Realisierung der Minderheitenschutzbestimmungen immer wieder die Zahlen der Volkszählungsergebnisse in die Diskussion wirft, ist für die Kirche einzig und allein maßgebend, welche Sprache in der Familie gesprochen wird. Probleme ergeben sich im kirchlichen Bereich allerdings deshalb, weil den Slowenen nicht gewogene Organisationen auch in diesem Bereich versuchen, die Resultate der jeweils letzten Volkszählung als Grundlage für die Gottesdienstsprache durchzusetzen.

2.5 Repräsentanz der slowenischen Volksgruppe in
    Pfarrgemeinderäten
Dasselbe gilt auch für die Wahl von Pfarrgemeinderäten. Während die Synode eindeutig festgehalten hat, daß der Pfarrgemeinderat so zusammengesetzt sein muß, daß dabei auch die sprachliche Struktur der Pfarre zur Geltung kommt, entstehen Schwierigkeiten bei den Wahlen in die Pfarrgemeinderäte dadurch, daß in sogenannten „deutschen Fraktionen" bei der Vorbereitung und Durchführung der Wahlen mancherorts nicht volksbewußte Slowenen mitarbeiten, die gegen eine stärkere Vertretung volksbewußter Slowenen im Pfarrgemeinderat oder gegen nachträgliche Kooptierungen mit dem Argument auftreten, selbst slowenisch zu sprechen. Da die volksbewußten Slowenen überzeugt sind, daß nur sie wirklich berufen sind, im

Pfarrgemeinderat die Interessen der Minderheit im sprachlichen Bereich zu vertreten, gibt es zusätzliche Probleme bei Pfarrgemeinderatswahlen deshalb, weil mit der Bildung nationaler Fraktionen bei Wahlen in den Pfarrgemeinderat kaum jemand gerechnet hat.

2.6 Volkstumskampf auch in die Kirche getragen
Alles, was im Bereich der Pfarren und Dekanate des zweisprachigen Gebietes im Zuge der Durchführung der Synodalvorlage über „Das Zusammenleben der Deutschen und Slowenen in der Kirche Kärntens" geschieht, wird von deutsch-nationalistisch orientierten Organisationen skeptisch beurteilt und einseitig in dem Sinne kommentiert, daß in Südkärnten nicht die Rechte der Slowenen, sondern jene der deutschsprachigen Südkärntner im Bereich der Kirche beschnitten sind. Die Priester in Südkärnten, welche vorwiegend slowenischer Volkszugehörigkeit sind, werden einer ständigen Kritik unterzogen, und doch hat sich die Sprachanwendung bei Gottesdiensten in zweisprachigen Pfarren in den letzten dreißig Jahren zugunsten der deutschen Sprache verschoben.
Auf diesem Hintergrund vollzieht sich in der Diözese Gurk-Klagenfurt die Realisierung der Synodalvorlage über die Zusammenarbeit der beiden Volksteile in Kärnten und die Verwirklichung der Beschlüsse der Österreich-Synode betreffend die in Österreich beheimateten Volksgruppen.

3 Problematik aus der Sicht der deutschen Katholiken

3.1 Spektrum der Haltungen zu den Slowenen
Im deutschsprachigen Volksteil Kärntens ist das Spektrum der Haltungen zum slowenischen Volksteil breiter, weil der zur Einigkeit zwingende Außendruck einer Minderheitssituation wegfällt. Es reicht von einem Mangel an Interesse bei nicht direkt Betroffenen über offene Gegnerschaft volkstumskämpferischer Randgruppen (mitunter durchaus auch in der Kirche integriert!) bis zum engagierten Einsatz für die Interessen der Minderheit und deren Schutz durch die Mehrheit.

3.2 Die Menschen zwischen den Volksgruppen
Das Problem sind hier aber weniger die generationenlang deutschsprachigen Menschen, sondern die beträchtliche Zahl derer, die ihre Zugehörigkeit zur slowenischen Volksgruppe abgestreift haben oder sich mitten in diesem Vorgang befinden, also Menschen, die entweder heute noch in ihrer Familie und Umgebung slowenisch sprechen — oder es bis vor wenigen Jahren noch taten. Viele von diesen wollen nicht mehr als Angehörige des slowenischen Volkes angesehen werden, viele stehen in diesem Übergangsprozeß, ohne sich klar bewußt zu sein, was sie nun eigentlich sind („Schwebendes Volkstum").

3.3 Nationale Selbstinterpretation des Menschen
Daraus entsteht die Frage, ob ein Mensch in solcher Situation seine Volkszugehörigkeit selbst interpretieren kann (weiß er immer genau, was er ist?) oder selbst interpretieren darf (darf er das für sich individuell, für seine Kinder, ohne Rücksicht auf sein Muttervolk oder auf die Gemeinschaft, in der er lebt, entscheiden?). Wie verhält es sich da um die Wahrhaftigkeit seiner Interpretation (z. B. wenn er erklärt, deutsch zu sein, und dabei diese Sprache nur mühsam radebrecht)?

3.4 Änderung des Bewußtseins der Volkszugehörigkeit und Moral
Die Relevanz dieser Fragen für Glaube und Religion, vor allem im Bereich der Moral, kann man sicher nicht rundweg ablehnen, wie man sie andererseits auch nicht dadurch entscheiden kann, daß man das Verhältnis des Menschen zu seinem Volk völlig dem zwischen Kind und Eltern gleichsetzen und damit jedes Sichlossagen von seinem Volk zu schwerer Sünde gegen das vierte Gebot erklären kann. Man muß sich klar sein, daß jede solche Entscheidung — sofern sie frei erfolgt — moralisch untrennbar mit Gewissensprüfung und bewußter Verantwortung für sich und seine Umgebung verbunden sein muß.

3.5 Die Pastoral und der nationale Gegensatz
Gerade die zwischen den Volksgruppen stehenden Menschen, die Unentschiedenen ebenso wie die, deren Entscheidung nicht akzeptiert wird, bilden ein eminentes pastorales Problem: sie sollten gerade wegen ihrer mangelnden oder gefährdeten sozialen Verwurzelung pastoral besonders liebevoll betreut werden. Aber oft geraten gerade diese Menschen in einen nationalen Gegensatz zu ihrem Seelsorger und verstärken in weiterer Folge das traditionell-antiklerikal-liberale Element, das so typisch ist für Kärnten.

3.6 Zuwenig Missionarisches in der Pastoral
Der unserer heutigen Pastoral ganz allgemein weithin fehlende missionarische Zug, die Reduktion pastoraler Bemühungen auf die „treuen" Kernschichten, erhält damit zusätzlich einen nationalen Akzent, und diese Tatsache wird z. B. mit gewissem Erfolg zur Agitation für Kirchenbeitragsstreiks oder Kirchenaustritte benützt.

3.7 Rangordnung der Werte
Nationalbewußtsein und Kirchenbewußtsein drängen sich in einer unter Druck stehenden Minderheit enger zusammen als anderswo („Ein Volk findet Rückhalt in seinen Priestern" war der Titel eines slowenischen Beitrages zur Festschrift für das 900-Jahr-Jubiläum der Diözese im Jahr 1972), und es wird damit auch innerkirchlich in der Austragung der Spannungen für beide Seiten schwerer, immer die richtige Rangordnung der Werte vor Augen zu behalten.

4 Aufgabenstellung der Kirche

4.1 Kirche für alle, vor allem aber für die Bedrohten

Die Kirche, vor allem ihre Spitze, hat sich allen ihren Gliedern zuzuwenden, vor allem aber denen, die schwach und gefährdet sind. Nun sind sicher die slowenischen Katholiken in ihrer Substanz als Volksgruppe und damit eminent auch in ihrer kulturellen Substanz mit aller Relevanz dessen für ihren Glauben gefährdet und bedrängt und haben so einen besonderen Anspruch auf die Sorge der Kirche. Aber auch die aus dieser Volksgruppe Hinausdrängenden sind in ihrer Substanz — weniger der nationalen, sondern mehr direkt der religiösen Substanz — gefährdet und haben daher ebensolchen besonderen Anspruch. Will man — und man muß es wollen — beiden Anforderungen genügen, dann muß man unweigerlich mit den nationalen Extremgruppen beider Seiten in Konflikt kommen, und so steht die Kirche in Kärnten gleichzeitig als „größter Germanisator" und als „einseitiger Förderer nationalslowenischer Interessen" unter einem doppelten Angriff.

4.2 Nicht Apartheidpolitik, sondern Verständigung

Die Kirche sieht ihre Aufgabe nicht darin, ihre pastoralen Dienste säuberlich getrennt nach Deutschen und Slowenen anzubieten und so einer Apartheidpolitik zu folgen, sondern in einem Abbau der Gegensätze, in der Weckung von Verständnis und Rücksichtnahme füreinander. Sie will wegführen von einer Perspektive der Verteidigung eigenen Rechts zur stärkeren Achtung und zum freiwilligen Schutz der Rechtssphäre des anderen, sie will wegführen von einer rechtlichen Formalisierung zu einer aktiven Vermenschlichung des Zusammenlebens.

4.3 Subjektive Schuld und Freiheit

Bei auftretenden Konflikten fordert einmal die eine, einmal die andere Seite von den kirchlich Zuständigen die Verurteilung der jeweils anderen Seite, sie verlangt ein „klares Wort". Es wäre aber zumeist ein schwerer Mißgriff, konkrete Personen oder Personengruppen als schuldig zu erklären, vor allem, wenn ein solcher Schuldspruch nur eine Seite treffen würde. Jeder einzelne, jede Gruppe ist nicht nur in die gegenwärtigen Spannungen der Gesellschaft in einer Weise eingespannt, daß es oft ausgeschlossen ist, ganz frei zu handeln, sondern man ist auch Produkt und damit in gewissem Sinne Opfer generationenlanger Entwicklungsprozesse, die Haltung und Mentalität geprägt haben.

4.4 Lösung von den Wurzeln her

Wenn die Kirche an die Bewältigung der Probleme ernsthaft herangehen will, darf sie nicht an oberflächlichen Symptomen kurieren wollen, sondern sie muß tiefer ansetzen und dabei auch die Erkenntnisse moderner Sozial- und Tiefenpsychologie einbeziehen. Mit dieser Ausweitung und Vertiefung ist zwangsläufig verbunden, daß man in der Verfolgung solcher Wege aus dem engeren kirchlichen Bereich hinaustreten muß in weitere gesellschaftliche Lebensräume, daß man damit stärker in Gegensatz zu den Gruppen gerät, die an einer Harmonisierung nicht primär interessiert sind, daß man sich mit dem auch von sonst der Kirche wohlwollend Gegenüberstehenden erhobenen Vorwurf konfrontiert sieht, die Kirche begebe sich hier wieder(!) auf politischen Boden, wo sie doch eigentlich nicht hingehöre.

4.5 Kirche und Politik
Dazu muß man aber folgendes feststellen: Wenn „Politik" ins Deutsche übersetzt „Gestaltung der Gesellschaft" heißt, dann ist das sicher eine sehr wesentliche Aufgabe auch der Kirche wie jedes einzelnen ihrer Mitglieder. Man sollte diesen Vorwurf nicht fürchten. Er wird immer dann erhoben, wenn die Kirche einigermaßen wirksam irgendeiner anderen gesellschaftsgestaltenden Kraft ins Gehege kommt. Die Kirche könnte solchen Vorwürfen nur entgehen, wenn sie sich auf die Wartebank eines „Auslieferungslagers für Sakramente" zurückzöge und damit aufhörte, Kirche zu sein.

5 Konkrete Maßnahmen

5.1 Repräsentative Vertretung der Slowenen in der Diözese
Für die slowenische Volksgruppe wurde als repräsentative Vertretung der Slowenen in der Diözese ein slowenischer Pastoralausschuß eingerichtet und beim bischöflichen Ordinariat eine offizielle Vertretung eingerichtet, die in ständiger Verbindung mit dem Slowenischen Pastoralausschuß die Angelegenheiten der Slowenisch sprechenden Gläubigen der Diözese beim Bischof und bei den diözesanen Ämtern vertritt und die gesamtdiözesanen Regelungen und Vorhaben für die slowenischen Katholiken aufbereitet. Der Katholische Arbeitsausschuß (d. i. die slowenische Abteilung der Katholischen Aktion) wurde personell und finanziell weiter ausgebaut.

5.2 Vermittlungsinstanzen in den Dekanaten
In den zweisprachigen Dekanaten wurden paritätisch zusammengesetzte Vermittlungsausschüsse, Koordinationsausschüsse, gebildet, die sich um Schlichtung von Differenzen in ihrem Bereich bemühen sollen. Als Basis für ihre Arbeit dienen die im Synodalgesetz und in Kommentierungen dazu festgelegten Grundsätze. Ihre Aufgabe ist nicht leicht, weil die Probleme eben weniger mit Rechtsnormen als mit Haltungsänderungen bewältigt werden können; und dazu fehlt den Dekanatskoordinatoren neben dem Nachdruck eigener Amtskompetenz oft auch die Autorität der Überzeugungskraft und der Einigkeit in der Beurteilung der konkreten Situation.

5.3 Diözesaner Koordinationsausschuß

Als Institution des Kärntner Diözesanrates wurde ein paritätischer Deutsch-Slowenischer Koordinationsausschuß der Diözese eingerichtet, der in allen das Zusammenleben und Zusammenarbeiten der beiden Volksgruppen in der Diözese berührenden Bereichen berät und plant, hierüber Vorschläge und Gutachten erstellt und um Schlichtung von Meinungsverschiedenheiten und Streitigkeiten bemüht ist, die von den Koordinationsausschüssen der Dekanatsräte nicht ausgeglichen werden können oder die außerhalb oder oberhalb der Dekanatsebene entstanden sind. Grundsätzlich hat der diözesane Koordinationsausschuß die Pflicht, alle Mittel für eine einvernehmliche Lösung auszuschöpfen, ehe er eine eigene Entscheidung trifft, die er dem Bischof zur Approbierung und Anordnung vorlegt.

5.4 Interventionen in der Frage der Liturgiesprache

In einer Reihe von Fällen wurde von diesem Ausschuß bei Meinungsverschiedenheiten in Fragen der Gottesdienstsprache vermittelt und die Ausgabe von Richtlinien über den Gebrauch der Sprachen veranlaßt, die Rücksicht auf die tatsächlichen Kirchgänger verlangen, zweisprachigen Gottesdiensten den Vorzug vor getrennten einsprachigen den Vorzug geben und ein ausgesprochenes Proporzdenken ebenso wie einseitige Regelungen als dem Charakter der Gemeinschaftlichkeit liturgischer Feiern entgegenstehend ablehnen.

5.5 Interventionen bei Pfarrgemeinderatswahlen

Auch im Zusammenhang mit den Wahlen in die Pfarrgemeinderäte hat der Koordinationsausschuß in einzelnen Pfarren Südkärntens vermittelt. Aufgrund seiner Vorschläge hat der Diözesanrat Richtlinien für die Wahlen in die Pfarrgemeinderäte zweisprachiger Pfarren beschlossen, um so den Schwierigkeiten zu begegnen, die sich bisher in manchen Pfarren bei der Durchführung der Wahl ergeben haben. Dort wird vor allem die Vorgangsweise in Fällen behandelt, wo es im Lauf des Wahlvorganges zu wachsenden nationalen Spannungen kommt. Da eine Zementierung von Gegensätzen auf eine ganze Funktionsperiode (besonders der allerersten!) auf jeden Fall vermieden werden soll, wird bei nicht sofort ausräumbaren Spannungen eine Unterbrechung des Wahlvorganges und die Bildung eines Arbeitskreises unter Heranziehung von Repräsentanten aller Gruppen der Bevölkerung empfohlen, wobei die Auswahl der Mitglieder sowohl nach Gesichtspunkten der Sprach- und Sozialstruktur wie nach solchen Personen erfolgen sollte, die einerseits eine sinnvolle Zusammenarbeit und anderseits die Akzeptierung durch die Gruppe, die sie vertreten sollen, erwarten lassen. Bei Meinungsverschiedenheiten über die Sprachstruktur hat es sich bewährt, wenn Ortskundige aus beiden Volksgruppen gemeinsam die Struktur nach dem Sprachgebrauch in der Familie ermitteln (deutsch, slowenisch, zweisprachig). Solche Pfarrarbeitskreise sollten nicht Dauerprovisorien werden, sondern die Zusammenarbeit einüben und vor der Gemeinde beweisen.

5.6 Publikation „Das gemeinsame Kärnten — Skupna Koroška"

Um grundsätzliche Fragen behandeln zu können und die Bewußtseinsbildung auf breiter Basis zu fördern, entschloß sich der Deutsch-Slowenische Koordinationsausschuß zur Herausgabe der zweisprachigen Publikationsreihe „Das gemeinsame Kärnten — Skupna Koroška". Bisher sind drei Nummern erschienen. Mitarbeiter sind namhafte Persönlichkeiten des kirchlichen und öffentlichen Lebens. Während die erste Nummer der Publikation auch als Beitrag zur Thematik des Österreichischen Katholikentages 1974, der unter dem Thema „Versöhnung" stand, gedacht war, war die dritte Nummer dem Ereignis der dreißigsten Wiederkehr der Gründung der Zweiten Republik und der 20-Jahr-Feier der Unterzeichnung des Österreichischen Staatsvertrages gewidmet. Da an der Lösung des Kärntner Minderheitenproblems auch Jugoslawien als Mitunterzeichner des Staatsvertrages interessiert ist und die Verbesserung gutnachbarlicher Beziehungen zwischen Kärnten und Slowenien sowie Österreich und Jugoslawien ständiger Sorgfalt bedarf, wurde in der dritten Nummer des „Gemeinsamen Kärnten" aufgezeigt, wie das Ordnen zwischenstaatlicher Beziehungen seit der Unterzeichnung des Staatsvertrages vor sich gegangen ist.

5.7 Sozial- und tiefenpsychologische Studie

Immer deutlicher trat der Mangel an Kenntnissen und gesicherten Forschungsergebnissen der sozial- und tiefenpsychologischen Dimension des Problems hervor. Um hier einen Anstoß zu geben, wurde eine Studie zu diesem Thema bei dem bekannten Tiefenpsychologen Dr. Wilfried Daim in Auftrag gegeben, die nach Art und Umfang zunächst zeigen sollte, was dieser Wissenschaftszweig beitragen kann und in welcher Richtung weiterzuarbeiten sei. Diese Studie wird demnächst als 4. Nummer der Publikation herauskommen.

5.8 Ortstafelkommission

In der Dokumentationsreihe wurden von den Herausgebern auch die Beiträge der beiden Vertreter der Kirche in der Studienkommission für Probleme der slowenischen Volksgruppe in Kärnten („Ortstafelkommission") beim Bundeskanzleramt veröffentlicht. Bundeskanzler Dr. Bruno Kreisky hatte nämlich Diözesanbischof Dr. Josef Köstner ersucht, in die Studienkommission auch Vertreter der Kirche zu entsenden. An den Beratungen der Kommission nahmen als Vertreter der Diözese Gurk-Klagenfurt die beiden Vorsitzenden des Deutsch-Slowenischen Koordinationsausschusses, Dr. Valentin Inzko und Dr. Ernst Waldstein, teil. Sie erarbeiteten für die Studienkommission Alternativvorschläge sowohl für die Regelung zweisprachiger topographischer Aufschriften als auch für die Frage der Zulassung des Slowenischen als Amts- und Gerichtssprache.

6 Schlußbemerkung

Das Engagement der Kirche in der Kärntner Minderheitenfrage ist sicher ein Modellfall für aktuelle Aufgaben im gesellschaftspolitischen Raum. Sie kann hier, ohne Ablenkung durch Erfordernisse der Tagespolitik und ohne den Zwang, ein Stimmpotential von Wahltermin zu Wahltermin pflegen zu müssen, einen Dienst leisten, der heute parteipolitisch besetzten Institutionen kaum möglich ist. Die Kirche hat dabei sicher keine Illusionen in Richtung auf baldige Harmonisierung des Verhältnisses der Volksgruppen zueinander, aber sie steht nicht unter dem Zwang eines kurzfristigen Leistungsnachweises; sie ist sich bewußt, daß auch hier Menschenwerk immer Stückwerk bleiben muß, und vertraut darauf, daß Gott zum richtigen Ende führt, was wir in guter Absicht und mit vollem Einsatz tun.

Valentin Inzko/Ernst Waldstein

STELLUNGNAHMEN IN DER WOCHENZEITUNG „DIE FURCHE"

16. SEPTEMBER 1977

Kirche — Eine kritische Rückschau. Fünfjahresbericht über die Wirksamkeit der Kirche in Österreich liegt vor

Wenn im September die österreichischen Diözesanbischöfe den in regelmäßigen Abständen üblichen „Ad-limina-Besuch" in Rom erstmals gemeinsam abstatten, um über die Situation ihrer Bistümer zu berichten, so zeigt sich darin, wie die katholische Kirche in Österreich mehr als früher als ein zusammenhängendes Ganzes gesehen wird, mit gemeinsamen Problemen und Aufgaben.

Dies kommt auch noch in anderer Weise zum Ausdruck: Die Bischöfe nehmen eine Ausarbeitung nach Rom mit, die es in vergleichbarer Weise bisher nicht gegeben hat: einen „Fünfjahresbericht über die gesellschaftliche Wirksamkeit der Kirche in Österreich". Man kann vermuten, daß dieser Bericht sorgsam studiert werden wird — er läßt erkennen, wie die Kirche ihre „Weltverantwortung" ernst zu nehmen versucht, wie sie über ihr Tun Rechenschaft ablegt und sich Gedanken darüber macht, in welcher Weise sie sich künftig engagieren will.

Den Anstoß zu diesem Vorhaben hatte vor Jahren der Österreichische Synodale Vorgang gegeben: Kirchlich Verantwortliche sollten dadurch eine Orientierungs- und Planungshilfe erhalten; ausdrücklich hieß es, es solle sich nicht nur um eine „Zusammenstellung der entsprechenden Aktivitäten", sondern auch um „eine kritische Bewertung" handeln, verbunden mit Anregungen für künftiges Wirken. Die Bischöfe haben damals diese Empfehlung aufgegriffen und eine Arbeitsgruppe mit der Erstellung dieses

Berichtes beauftragt (was übrigens, unter Mitwirkung von Experten für verschiedene Gebiete, ohne irgendwelchen Personal- und Sachaufwand geschah, alle Beteiligten stellten Freizeit zur Verfügung...).

Nun also liegt der Bericht vor — mit Darlegungen, was sich aus der gesellschaftlichen Situation von heute für das öffentliche Wirken der Kirche ergibt, mit Kapiteln über Politik, Rechtswesen, Wirtschaft und Arbeit, über die Familie, Probleme der Jugend und der alten Menschen, über das Schul- und Kindergartenwesen, den Religionsunterricht und die Erwachsenenbildung, über Wissenschaft und Hochschulwesen, über das Verhältnis der Kirche zu Kunst, Literatur und Massenmedien. Beigegeben ist ihm eine exemplarische Fallstudie über die Kärntner Minderheitenprobleme und das kirchliche Engagement in dieser Sache sowie eine Zusammenstellung von Meldungen über gesellschaftliche Aktivitäten der Kirche in den Jahren 1972 bis 1976.

Allerdings präsentiert sich der Fünfjahresbericht nicht als eine selbstgefällige Zusammenstellung von Leistungen, etwa der Diözesen, der katholischen Institutionen und Organisationen — obgleich manches, was über durchgeführte Unternehmungen berichtet wird, schon von den Zahlenangaben her recht eindrucksvoll klingt; eher ist er ein Problemkatalog, der deutlich macht, vor welchen Optionen die Kirche heute und in der nächsten Zeit steht: Wie soll sie sich in der Gesellschaft betätigen, wofür und in welche Richtung soll sie sich etwa kulturpolitisch oder im Bereich der sozialen Dienste oder im Felde parteipolitischer Kontroversen engagieren? Schließlich ist auch das Reservoir der Kirche an Kräften und an einsetzbaren Mitteln nicht unbegrenzt, und die Aufgaben und Herausforderungen sind vielfältig.

Vielleicht wird man dem Bericht kritisch entgegenhalten, er biete zwar viele Problemhinweise und Fragen, aber nicht immer auch klare Antworten — etwa zur Gefahr der „Integration" der Kirche in das System der gesellschaftlichen Interessen und Mächte, oder zur Frage der Gesamtschule, um nur Beispiele zu nennen. Aber es kann nicht Sache einer solchen Untersuchung von Fachleuten sein, grundlegende und „strategische" Entscheidungen vorwegzunehmen; vielmehr galt es aufzuzeigen, woraufhin solche Entscheidungen erforderlich sind oder bevorstehen werden, damit sie auf der Basis einer breiten und gewissenhaften Urteilsbildung innerhalb der

Kirche und im Wege einer verantwortlichen Willensbildung der dazu bestellten Amtsträger gefällt werden können.

Womöglich wird es Zeitgenossen geben, die verwundert sind, daß sich die Kirche dabei auch sozial- und politikwissenschaftlicher Analysen und Argumente bedient. Das freilich ist so neu nicht. Immerhin war die erste Einrichtung, die in Österreich für empirische Studien zur gesellschaftlichen Lage nach dem Kriege geschaffen wurde, das seinerzeit von Erzbischof Jachym initiierte „Institut für kirchliche Sozialforschung" (erst Jahre danach errichtete die Wiener Universität eine vergleichbare Forschungsstelle). Wenn nun und auch weiterhin die Kirche entsprechende Orientierungshilfen in Anspruch nimmt, so bedeutet dies nicht, daß Glaube durch Kalkulation, Theologie durch Soziologie, Überzeugung durch Taktik ersetzt würde — wohl aber, daß die Wirkungschancen der Kirche beim Vollzug ihres Auftrages in der Welt deutlicher in den Blick genommen werden, so daß das Nachdenken über das eigene Tun und das „Vor-Denken" dessen, was aufgegeben ist, erleichtert wird.

Heinrich Schneider

28. OKTOBER 1977

Kirche in einer pluralistischen Gesellschaft
Zu den Kapiteln A und B, Abschnitte 1—21

Im Fünfjahresbericht wird der „Pluralismus" der österreichischen Gesellschaft vorausgesetzt. So wird elementar festgestellt: „In Österreich gab es für lange Zeit eine ‚christliche Gesellschaft', die durch eine fast bruchlose Zweieinigkeit von weltlichen und religiösen Lebensdimensionen geprägt war (Thron und Altar, Schule und Kirche...); demgegenüber geraten kirchliche und ‚weltliche' Betrachtungsweisen und Stilformen des Denkens und Handelns zunehmend in Differenz" (Abschnitt 81). Gefragt wird von da aus nach den Konsequenzen des Pluralismus für die Menschen und das Tun der Kirche.

In diesem Zusammenhang wird der humanwissenschaftliche Begriff der Identitätskrise herangezogen. Durchaus einig mit der Wissenschaft vom Menschen wird gesehen, daß Menschen, die vor eine Vielzahl von Lebensmöglichkeiten gestellt sind, dies nicht allein als Ausweitung ihrer Freiheitschancen erfahren. Vielmehr werden zunehmend viele Menschen auch „krank". Es gelingt ihnen nicht mehr, eine tragfähige Identität aufzubauen: Sie wissen somit oft nicht, wer sie sind, wie sie sinnvoll und beglückt leben können, welcher Weg der bessere ist. Manche, so sieht es der Bericht, suchen in einer solchen „Hilfe-losen" gesellschaftlichen Situation das Heil in der Flucht: Überschaubare Ideologien bieten sich an, dem erfolglos Suchenden festen Boden zu geben. Positiv wird hier auch schon eine wichtige Aufgabe der Kirche genannt: Menschen zu helfen, aus der Mitte des christlichen Glaubens eine tragfähige Identität aufzubauen.

Diese Aufgabe der Kirche steht nun aber vor dem Problem, daß heutige Menschen (von bestimmten sozialen Gruppen abgesehen, die aber eher am Rande dieser heutigen Gesellschaft zu finden sind) durch eine Reihe von Lebensräumen wandern (Familie, Beruf, Kirche), die von unterschiedlichen Lebensvorstellungen geprägt sind. So kommt es, daß sich viele Menschen sehr flexibel verhalten, vor allem der Kirche gegenüber „auswählend" bleiben: Sie sind soweit „kirchlich", als sie damit nicht in anderen Bereichen des Lebens auf Konflikte stoßen. Vor allem kirchliche Aussagen zum Problem der Autorität, der Freiheit, besonders aber der Sexualität finden kaum Gefolgschaft.

Verstärkt wird diese distanzierte, aber grundsätzlich immer noch vorhandene Kirchlichkeit durch die heute gemeinhin anerkannte wissenschaftliche Skepsis gegenüber endgültigen „Wahrheiten". Auch Lebensweisheiten gelten vielen Zeitgenossen als vorläufig und als grundsätzlich veränderbar (Abschnitte 15/16).

Erschwert wird schließlich die Aufgabe der Kirche in der gegenwärtigen Gesellschaft, weil diese Spannung zwischen Lebenswissen, wie es im Raum der Kirche überliefert wird, und Lebenswissen, das außerhalb der Grenzen der Kirche geschichtlich gewachsen ist, auch viele Verantwortliche der Kirche unsicher macht. Die Polarisierung im Klerus, aber auch unter Kirchenmitgliedern ohne Amt geht fraglos auf die Grundfrage zurück, ob es nicht auch unnötige Spannungselemente zwischen „Kirche und Gesellschaft", genauer, kirchlicher und außerkirchlicher gesellschaftlicher Wirklichkeit gibt; diese müßten behoben werden, sei es durch eine Reform der Kirche in Richtung auf Welt (progressiv) oder der Gesellschaft in Richtung auf Kirche (integralistisch). Daß beide Positionen etwas Richtiges sehen, ist offenkundig. Beide Reformaufgaben stellen sich, sobald es der Kirche wirklich um sinnvolles und geglücktes Leben der Menschen in diesem Lande geht: Reform der Kirche ebenso wie Reform der Gesellschaft.

Wie soll nun aber die Kirche tatsächlich handeln, welches ist eine situationsgerechte (und dabei nach wie vor zielsichere) pastorale Grundausrichtung? Soll die Kirche Menschen für „ihr Lebenswissen" gewinnen, damit aus der Gesellschaft ghettohaft-sektoid absondern? Soll sie eine „Kontrastgesellschaft" aufrichten, oder aber in der Gesellschaft und ihren Einrichtungen mitarbeiten? Soll es eigene katholische Schulen geben oder sollen möglichst viele Christen in den staatlichen Schulen mitmachen? Ähnliches gilt auch für die Parteien, wobei im Bericht ausdrücklich gesagt wird, daß sich aus der Christlichen Soziallehre kein „für Christen evidentermaßen richtiges und daher verbindliches Regierungs- und Parteiprogramm formulieren und anbieten läßt" (Abschnitt 17). Grundsätzlich bleiben im Bericht diese Fragen offen, ob Kontrastgesellschaft oder Mitarbeit in gesellschaftlichen Einrichtungen. Zur Zeit werden beide Wege beschritten. Die Zukunft wird in diesen Belangen nicht zuletzt auch davon entschieden werden, ob die Bereitschaft auch wenig engagierter Kirchenmitglieder bestehen bleibt, aus der Distanz heraus die Aktivitäten der Kirche mitzufinanzieren.

Unbeschadet der Frage eigener „gesellschaftlicher" Einrichtungen in der Hand der Kirche, bleibt es aber unbestritten, daß die Kirche — auftragsgemäß — das in ihr überlieferte, von Jesus Christus herkommende „Lebenswissen" an die Menschen wirkungsvoll heranbringen muß. Dies geschieht nüchtern nur dann, wenn sie in die entscheidenden Vorgänge einsteigt, in denen Menschen ihr Lebenswissen annehmen und gestalten. Fachlich redet hier der Bericht von den Sozialisationsvorgängen und stellt die Frage, wie die Kirche in den vielfältigen Sozialisationsagenturen der heutigen Gesellschaft (Familie, Schule, Jugendgruppen, Massenmedien, Einrichtungen der Berufswelt) wirkungsvoll vertreten sein kann (Abschnitt 9).

Dazu wird auch erkannt, daß die „Sozialisationsagentur Öffentlichkeit" für das Tun der Kirche wichtig ist. Dies sowohl als innerkirchliche Öffentlichkeit wie auch als Beitrag der Kirche bei der Ausbildung der öffentlichen Meinung.

Solche Anstrengungen schließlich bauen darauf, daß christlich-kirchliches Lebenswissen glaubwürdig sei. Der Sache nach wird im Bericht zunächst „innere Glaubwürdigkeit" gemeint: „Kirchliche Aussagen werden also in einer solchen Gesellschaft in dem Maße gewürdigt werden, in dem sie auf Grund ihres argumentativen Gewichts, auf Grund der Glaubwürdigkeit der sprechenden und fordernden Institution Überzeugungskraft entwickeln" (Abschnitt 11).

Unterbewertet erscheint im Bericht hingegen die „äußere Glaubwürdigkeit": Das sind Menschen, Gruppen, christliche Gemeinden, Kirchenbereiche, in denen die Erfahrung da ist, daß man auch heute noch aus dem kirchlichen Lebenszusammenhang heraus christlich leben kann und dabei die Erfahrung macht, auf der Straße zu sinnvollem und geglücktem Leben unterwegs zu sein. Erst auf diesem Weg wird die Hoffnung des Berichts einer Verwirklichung näherkommen: Hilfe zum Glauben in der heutigen Gesellschaft als Hilfe zur Sinnorientierung ebenso wie zur Bewußtseinsbildung der Gesellschaft Österreichs zu leisten (Abschnitt 12).

Paul M. Zulehner

16. DEZEMBER 1977

Der Wohlstand muß auch seelisch bewältigt werden. Ist ein kirchlicher Beitrag zum Thema „Wirtschaft" möglich?

Zum Kapitel E, Abschnitte 42—47

Der moderne Wohlfahrtsstaat befindet sich in einem permanenten Entwicklungsprozeß, der durch die Steigerung der Wirtschaftskraft und durch die Veränderung der sozialen Rahmenbedingungen des Lebens der Menschen gekennzeichnet ist. Traditionelle Zielsetzungen christlicher Bewegungen für diese Bereiche sind längst zu selbstverständlichen Errungenschaften geworden, der Sozialstaat mit den ihn bewegenden Ideen und Kräften, die sich der katholischen Soziallehre immer weniger verbunden fühlen, wirft die grundsätzliche Frage auf, ob und wie die Kirche in den Bereichen von Wirtschaft und Arbeit wirksam werden kann.

Der Bericht geht vom bestehenden innerkirchlichen Pluralismus in Fragen der Wirtschaftsordnung und der sozialökonomischen

Situation aus und fordert, daß den Bemühungen um die innerkirchliche Konsensbildung mehr Sorge geschenkt werden solle. Tatsache ist, daß eine große Anzahl katholischer Organisationen und Gruppierungen sich mit den Fragen der Zeit auseinandersetzt, zum Teil völlig unterschiedliche Positionen bezieht und nach Unterstützung sucht, sehr oft außen und bei manchmal problematischen „Freunden". Die innerkirchliche Auseinandersetzung wird zum Teil gemieden („Nur nicht mit denen anstreifen!"), zum Teil über die Medien geführt („Wer macht mehr und auffallendere Schlagzeilen?") oder auf Personalia reduziert. Zuwenig erfolgt ein Prozeß gegenseitigen Überzeugen- oder zumindest Verstehenwollens.

Der innerkirchliche Pluralismus führt zu oft zu einem Stellungskrieg der Argumente und zu selten zu konzertierter Aktion. Freilich, was könnte selbst eine christlichere innerkirchliche Konsensfindungsprozedur bringen? Die Praxis zeigt hier eine deutliche Kluft zwischen jenen, die ein Höchstmaß an Konzepten erreichen wollen, und jenen, die sich mit einem Wenig an Aktion bereits zufriedengeben („Wir haben doch eben erst dafür gesammelt!").

Der Bericht zeigt eine durchaus realistische Einstellung, wenn er nicht nur feststellt, daß die Anteilnahme katholischer Gruppierungen an den Problemen nicht zur Ableitung eines klar konturierten Modells einer den österreichischen Gegebenheiten entsprechenden Wirtschafts- und Sozialverfassung geführt hat, sondern auch bezweifelt, ob selbst ein besserer Konsensbildungsprozeß zu einem abgerundeten operablen Leitmodell der Kirche für die sozialökonomische Ordnung in diesem Land führen kann und soll.

Dafür wird eindringlich der Appell formuliert, sich um „bestimmte konkrete Anliegen, die sich aus christlicher Sicht aufdrängen", zu kümmern und für ihre produktive Bewältigung einzutreten. Die beispielhaft genannten Probleme finden sich im Zielkatalog jeder sich zeitgemäß nennenden politischen Bewegung auch: Benachteiligte wie Pensionisten, Bergbauern, Gastarbeiter, Frauen, Arbeitslose; Humanisierung der Umwelt am Arbeitsplatz. Politisch interessant scheint der Hinweis zu sein, daß sich die Kirche hiebei um Probleme der Gruppen besonders annehmen sollte, die „im toten Winkel der organisierten Interessen" liegen.

Die Kirche ist heute auf allen Ebenen mit sozialen Problemen konfrontiert, vom Sozialausschuß eines Pfarrgemeinderates bis zu den gesamtösterreichischen Aktivitäten der Caritas. Was fehlt, ist eine systematische Auswertung der vorgefundenen Not- oder Übelstände, ihre Übernahme in eine konzeptive Politik der Abschaffung der Ursachen dieser Zustände durch Maßnahmen der wirtschaftlichen, sozialen oder geistigen Reform.

Die Kirche könnte die Erfahrungen vieler Sozialreferenten und engagierter katholischer Betriebsräte, um nur zwei besonders wichtige Kreise zu nennen, zu konkreten politischen Anliegen verdichten. Diese Art von Ausnutzung eines sozialen Fühlersystems scheint sehr wichtig zu sein. Denn erst dadurch kann man der nächsten Forderung des Berichtes, der Erkundung struktureller Ungerechtigkeitsfaktoren in der bestehenden Gesellschaft und einem aktiven Entgegentreten entsprechen. Auf diese Weise könnte auch vermieden werden, daß im Bereich katholischen Gesellschaftsengagements zu oft auf bereits fahrende Züge aufgesprungen wird.

Etwas mehr Selbstbewußtsein über die Zeitgemäßheit der katholischen Soziallehre ist dabei dringend erforderlich. Personalität, Solidarität und Subsidiarität tauchen, wenn auch unter anderen, plakativeren Titeln, immer häufiger auch bei anderen Gruppen als die Schlüssel zur Lösung gesellschaftlicher Fragen auf. Eine Auseinandersetzung mit den modernen Sozialenzykliken der Kirche ist notwendiger als das festschriftliche Ausschlachten alter Hüte.

Die Kirche, besser gesagt die Katholiken, werden von einer Reihe politischer Gruppen eingeladen, „ein Stück des Weges gemeinsam" zu gehen. Die europaweite Stunde der sozialliberalen Koalition scheint sich in dem Ausmaße ihrem Ende zuzuneigen, als es nichts mehr zu liberalisieren gibt und die Liberalen wegen der Betonung des Gleichheitsgrundsatzes als nächstem, besser zu verwirklichendem Ziel der Sozialreform um ihre Vorstellung von Freiheit zu bangen beginnen. Gibt es aber zur Gleichheitsfrage eine handfestere kirchliche Position als den grundsätzlichen Verweis auf den möglichen Konflikt mit dem Leistungsgedanken?

Die Verbindung konkreter Lebenserfahrung der Katholiken mit den konsequent auszulotenden grundsätzlichen Positionen wird die gesellschaftliche Wirksamkeit steigern. Dazu kommt freilich unabdingbar, daß die Kirche im eigenen Bereich soziale Modelle zu verwirklichen trachtet und nicht nur mit Ratschlägen zu Lasten Dritter auftritt. Wer erinnert sich heute noch an die diesbezüglichen Appelle des Österreichischen Synodalen Vorganges (Beschluß II 9.2.2)?

Die Kirche wird wenig dazu beitragen können, den faktischen materiellen Wohlstand der Menschen dieses Landes zu steigern. Sie kann und muß sehr vieles tun, um die Menschen diesen Wohlstand sowohl seelisch bewältigen als auch weltweit teilen zu lassen. Der erstgenannte Ansatzpunkt gesellschaftlicher Wirksamkeit in den Bereichen Wirtschaft und Arbeit fehlt in diesem Kapitel des vorliegenden Berichtes. Dafür ist allerdings die Forderung nach Überwindung des Provinzialismus im wirtschafts- und sozialpolitischen Weltbild deutlich in Zusammenhang mit den Problemen der Weltwirtschaftsordnung gestellt.

Die österreichischen Katholiken sind ungemein hilfsbereit, was Aktionen für die Entwicklungsländer anbelangt, sie gelten hier international als mustergültig. Es müßte allerdings noch erreicht werden, daß der weltweite Gestaltungsaspekt neben dem Hilfegedanken stärker entwickelt wird. Entwicklungshilfe in beiden Formen muß ein alle wichtigen Parteien dieses Landes interessierender Bereich werden. Das schwedische Beispiel, das nur zu oft negativ gebracht wird, sollte uns in dieser Hinsicht beschämen und anspornen.

Es ist zu hoffen, daß das beachtlich steigende Engagement der Katholiken in Fragen der Gesellschaftspolitik (gesellschaftspolitische Arbeitskreise und viele Spontangruppen sind ein erfreuliches Zeichen) auch in den Bereichen Wirtschaft und Arbeit zu Ergebnissen führt und dann der nächste Fünfjahresbericht neben grundsätzlichen Aspekten und Problemen auch konkrete Ein- und Auswirkungen kirchlichen Einsatzes vorweisen kann.

Johann Farnleitner

11. NOVEMBER 1977

Die Familie wird zum Motor einer zweiten Sozialreform

Zum Kapitel G, Abschnitte 54—61

Papst Paul VI. hob in seiner Ansprache an die österreichischen Bischöfe die Wichtigkeit der Familie besonders hervor:

„Das Engagement für Ehe und Familie zählt heute zu den hervorragendsten Aufgaben jeder lebensnahen Seelsorge; erblicken wir doch in der Familie nicht nur die Grundzelle der menschlichen Gemeinschaft, sondern der Kirche selbst."

Der Fünfjahresbericht gibt zuerst einen Überblick über die Lage der Familie in der heutigen Gesellschaft. Hier werden die familienfeindlichen Tendenzen aufgezählt, dann aber wird die Überzeugung hervorgehoben, daß die Familie der Motor einer zweiten Phase der Sozialreform sei, in der die Forderung nach Lebensqualität auf den Bereich der menschlichen Beziehungen appliziert werde. Es gehe darum, daß die Familie sich als problemlösende, für alle Mitglieder gratifizierende Einheit entwickelt, indem sie spontan Züge der Gruppe annimmt. „In solidarischer Sympathie- und Liebesbeziehung kann Schutz, Sicherheit, Abbau von Angst und Hilfe bei der Daseinsbewältigung gegeben werden."

Im Bericht heißt es, daß die Familie ihr Potential nur dann aktivieren könne, wenn sie sowohl erzieherisch als auch ökonomisch und politisch von der Gesellschaft ermutigt und unterstützt wird. Derzeit werde jedoch Politik zwar nicht gegen die Familie, aber doch über die Familie hinweg gemacht.

Die Kirche ist sich über die Aufgabe der Familie schon immer im klaren gewesen. Zuletzt hat das Zweite Vatikanische Konzil die Familie als eine Art „Hauskirche" bezeichnet, als eine Schule reich entfalteter Humanität und als Fundament der Gesellschaft. In diesen drei Bereichen unternimmt auch die Kirche in Österreich seit Jahrzehnten enorme Anstrengungen zur Unterstützung der Familie. Der Schwerpunkt dieser Bemühungen liegt in den Pfarren und in den kirchlichen Bildungseinrichtungen.

In der Pastoral wird vor allem bei den Initiationssakramenten (Taufe, Erstbeichte, Erstkommunion, Firmung) die Familie in die Vorbereitung einbezogen, um den Eltern Hilfen zu geben, die Glaubenserziehung zu unterstützen. Die „Taufgespräche" mit den Eltern der Taufkinder sind gleichzeitig eine „Elternschule" in pädagogischen Fragen. Der von der Österreich-Synode beschlossene Leitsatz, daß die Familie „ein Schwerpunkt der Seelsorge" sein soll, kommt in der Pfarrarbeit immer mehr zum Tragen. 1200 Familienrunden stellen eine wirksame Form ehebegleitender Bildung dar. Wenn diese Familien und Runden ihre christliche Haltung nicht nur für sich behalten, sondern in die Umgebung ausstrahlen, werden sie nicht mehr nur Objekt, sondern Subjekt der Pastoral.

Ehe- und Elternbildung ist ein besonderer Schwerpunkt katholischer Erwachsenenbildung, von der direkten Ehevorbereitung (Ehekurs, Eheseminar) vor der Trauung über die Ehebegleitung junger Ehepaare und die Elternbildung in Erziehungsfragen bis zur Hilfestellung für die Ehe im Alter. Die offiziellen Zahlen (etwa 4000 Veranstaltungen mit 160.000 Teilnehmern im Jahr) sind Mindestwerte; die tatsächlichen Zahlen liegen wesentlich höher.

Auch im Service für die Familien bietet die Kirche manches an: Familienhelferinnen, die einspringen, wenn die Mutter vorübergehend ausfällt; Ehe-, Familien- und Lebensberatung durch speziell ausgebildete Eheberater, Ärzte, Psychologen und Juristen; Familienerholung; pfarrlich organisierte Nachbarschaftshilfe.

Die Anstrengungen um die Familie in der Gesellschaft werden in drei Bereichen angestellt:

In der Familienrechtsreform wurde für die Stützung der Familie als Institution nach dem Grundsatz der partnerschaftlich geführten Ehe viel — wenn auch nicht alles — erreicht. Nur bei der geplanten Reform des Eherechts bahnt sich in der Frage der Ehescheidung ein ernster Konflikt an.

Die materielle Besserstellung der Familie gehört zum ständigen Programm der politischen Aktivitäten: Sinnvolle Verwaltung des Familienlastenausgleichsfonds, Abdeckung von 50 Prozent der Kinderkosten durch die Familienbeihilfe, familiengerechter Wohnbau.

Die Mitwirkung der Eltern am Schulgeschehen über Elternvereine und Schulgemeinschaftsausschüsse kommt seit Inkrafttreten des Schulunterrichtsgesetzes immer mehr in Fluß.

Alle diese Aufgaben werden von vielen kirchlichen Einrichtungen und Laienorganisationen erfüllt. Für Pastoral, Bildung, Apostolat sind die diözesanen Familienwerke und die Familienreferate der Pastoralämter zuständig. Die Koordination im Bund erfolgt im Katholischen Familienwerk Österreichs, einem Werk der KA. In den gesellschaftspolitischen Aktivitäten arbeiten die Organisationen im Österreichischen Laienrat zusammen. Die Federführung besorgt der Katholische Familienverband Österreichs.

Die Kirche will sich in einem „Jahr der Familie 1978" besonders um diese Thematik annehmen. Die Familie hat sich in ihrer

Struktur, ihren Aufgaben, im Rollenverständnis von Ehepartnern und Eltern stark gewandelt. Was meinen wir, wenn wir „Familie" sagen?

Ist es die Großfamilie (Eltern, viele Kinder, Großeltern und Verwandte), die in früheren Zeiten die Normalform gewesen sein soll und in der angeblich alles funktioniert hat?

Ist es die Kleinfamilie der Gegenwart (Eltern und ein oder zwei Kinder), die sich in allen Lebensäußerungen so verhält, wie Werbung und Politik es ihr vorschreiben?

Ist es die kranke oder gescheiterte Familie, die unfähig ist, ihren Aufgaben gerecht zu werden und die für Ehepartner und Kinder ein Anlaß zur Frustration, eine Quelle für Neurosen ist?

Oder ist es die Familie, die von der personalen Liebe geprägt ist, in der heutigen Gesellschaft ihren Weg sucht, dem einzelnen Geborgenheit gibt, ihm die Entfaltung seiner Persönlichkeit ermöglicht, für die er aber auch bereit ist, ein hohes Maß an persönlichem Engagement einzubringen, damit diese Gemeinschaft auf Dauer Bestand hat und Belastungen aushalten kann?

Es wäre wert, die Aufgaben, die die Familie in der Zukunft zu erfüllen hat, zu formulieren. Sie hat sicherlich manche Aufgaben an andere Institutionen abgegeben, dafür fallen ihr neue zu. Werden zu hohe Erwartungen in sie gesteckt, wird sie überfordert und dadurch mutlos? Wie viele Eltern resignieren schon bei der Erziehung ihrer Kinder, weil man von ihnen zuviel erwartet, ohne ihnen die entsprechende Hilfe zu geben?

Ist die Familie überflüssig geworden? Hat sie überhaupt noch Aufgaben zu erfüllen?

Trotzdem: Es gibt keine halbwegs gleichwertige Alternative! Alle Versuche (etwa in Kommunen) sind nach kurzer Zeit gescheitert. Im Gegenteil: Die Familie wird von immer mehr Seiten neu entdeckt und ihr Wert für die seelische Gesundheit des einzelnen und der Gesellschaft betont.

Soll das erreicht werden, wird es notwendig sein, ohne romantische Schwärmerei, unter Bedachtnahme auf die gesellschaftlichen Verhältnisse, ausgehend von der Botschaft des Evangeliums, die Aufgaben der Familie neu zu formulieren, ihr jene Aufgaben zuzuweisen, die ihr in Gegenwart und Zukunft zukommen und die sie auch zu erfüllen vermag. Dann aber muß sie auch von Staat, Gesellschaft und Kirche jene Stützung erfahren und alle Hilfen erhalten, die sie befähigen, diese Aufgaben zu erfüllen. Wenn Familien manche ihrer Aufgaben nicht oder nur unzureichend erfüllen können, sollen diese nicht zuerst von anderen Institutionen übernommen werden; man muß vielmehr Maßnahmen setzen, die die Familie selbst zur besseren Erfüllung ihrer Aufgaben befähigen.

Josef Petrik

9. DEZEMBER 1977

Christliche Jugendarbeit im neuen Selbstbewußtsein
Zum Kapitel H, Abschnitte 62—66

Zwischen 1971 und 1975 wurde der Höhepunkt der Krise der kirchlichen Jugendarbeit überwunden. Dies zeigt sich an einem steigenden Selbstbewußtsein, an den Regelungen durch den Österreichischen Synodalen Vorgang und am gezielten Angehen von Problemfeldern und Konflikten.

Die Österreich-Synode stellte fest, daß die Begriffe „Kirchliche Jugendarbeit" und „Jugendpastoral" im allgemeinen gleichgesetzt werden. Darunter wird dreierlei verstanden: 1. die Tätigkeit aller kirchlichen Jugendorganisationen, 2. die Arbeit der diözesanen und gesamtösterreichischen Dienststellen für Jugendpastoral und 3. die der Jugendzentren mit regionaler oder kategorialer Aufgabenstellung (Studenten, Arbeiterjugend). Die „Katholische Jugend" und ihre Gliederungen werden unter 1. miteinbezogen.

Gesellschaftlich relevante Aspekte der Jugendpastoral liegen in der gezielten Ausbildung haupt- und ehrenamtlicher Jugendleiter, beispielhaft für den Gesamtsektor der außerschulischen Jugendarbeit; in der intensiven Auseinandersetzung mit Trends in der jungen Genuäon (Emanzipation, gesellschaftspolitisches Engagement, Moralvorstellungen); in der Mitarbeit an jugendpolitischen Fragen (Bundesjugendring, Institut für Jugendkunde, überparteiliche und überkonfessionelle Institutionen); im Aufbau einer größeren Anzahl zum Teil bedeutender Jugendzentren; zusätzlich in der Intensivierung der politischen Bildung unter Jugendlichen sowie der Mitarbeit in der Entwicklungshilfe.

Der insgesamt optimistische, aber nüchterne Bericht der Bischöfe läßt allerdings nur in Ansätzen durchblicken, in welche Richtungen die Entwicklung der Jugendpastoral zumal in ihrer Wirksamkeit für die Gesellschaft verläuft:

Das *Einlassen auf den Pluralismus:* „Jugend" ist ein differenziertes und vielschichtiges Phänomen. Da gab und gibt es junge Leute, die in Kerngemeinden aufwachsen mit mehr oder minder kritischer Einstellung zum Vorgefundenen. Dann gibt es Jugendliche, die am Rand des kirchlichen Lebens stehen, die sich viel von dieser Kirche erwarten und sehr empfindlich sind gegen alles, was sie als „Vereinnahmung" empfinden. Schließlich gibt es viele Jugendliche, die völlig neben der Kirche leben, sei es konsumkonform oder als Außenseiter und „Randschichtler". Kirchliche Jugendarbeit wird sich der gesamten Bandbreite stellen müssen. Sie wird damit sowohl der Kirche als der Gesellschaft einen großen Dienst erweisen, weil sie es sich nicht einfach macht, sondern ständig auf Konflikte verweist (die sie auch selbst betreffen) und Modelle der Versöhnung schafft.

Die Entwicklung der Jugendpastoral wird weiters durch die Idee der *gewaltfreien Partnerschaft* bestimmt werden. Die Sensibilität vieler junger Menschen gegenüber allen Arten von Ungerechtigkeit und Unterdrückung, von Zwang und Gewalt wird als wertvoller Impuls in der Kirche wirksam und mit gleichgesinnten Kräften verbunden werden. Nach mancherlei Krisen hat man in der kirchlichen Jugendarbeit verstanden, daß es an einem selbst liegt, den ersten Schritt zu tun und nicht zu warten, daß sich andere verändern. Das wird sich nicht in Philosophie, sondern in reflektierter Aktion abspielen. (Als typische Beispiele seien nur das Bemühen um die Anerkennung des Zivildienstes als eines gleichwertigen Dienstes für die Sicherung und Einhaltung des Friedens sowie das Bemühen um Verständnis für die Lebensprobleme in der Dritten Welt genannt.)

Der *Abbau von Feindbildern* ist ein weiterer Markierungspunkt in der Entwicklung der Jugendpastoral. Der Grundgedanke der gewaltfreien Aktion wie auch der christlichen Tradition, nicht den Gegner, sondern das Unrecht, unter dem letztlich auch er leidet, zu überwinden, wird sich immer stärker durchsetzen. Vorurteile, Klischees, Diskriminierung werden als solche bezeichnet und durch differenziertes Verständnis ersetzt werden. Der Dienst kirchlicher Jugendarbeit wird zweifellos der sein, vorhandene Ängste zu vermeiden und offene Auseinandersetzung zu fördern.

Die politisch Verantwortlichen auf ihre Aufgaben in der *Jugendpolitik* hinzuweisen, wird ebenso eine Funktion der Jugendpastoral sein. Schule, Familie, Freizeitangebote genügen nicht, um jungen Menschen den nötigen Lebens- und Lernraum zu sichern. Das wird allerdings kein Ruf nach zentralistischer Jugendorganisierung nach dem Muster von Rechts- und Linksdiktaturen sein, sondern nach Wahrnehmung politischer Verantwortung und zugleich nach Änderung des politischen Stils überhaupt.

Die *Bildung* junger Menschen wird ein wichtiger Dienst der Pastoral an und mit jungen Menschen bleiben. Verbesserte Methoden, neue Modelle der Vermittlung werden in jenen Bildungsbereichen eingesetzt werden, in denen Defizite festgestellt werden. Das werden vor allem die Gebiete Theologie, Politik, Ideologiekritik, Geschichte, Kreativität, Partnerschaft, Medien und ähnliche sein.

Ein neues *christliches Selbstbewußtsein* wird es der kirchlichen Jugendarbeit ermöglichen, Kirche in dieser Welt glaubhaft zu leben. Dieses Selbstbewußtsein wird sich in zielorientiertem Arbeiten, in grundsätzlicher Bereitschaft zu partnerschaftlicher Kooperation, in aufnahmebereiten und offenen Gesprächen über die Grundlagen christlichen Lebens und Handelns, in einer zunehmenden Zahl von Vorschlägen für die Bewältigung von Problemen in verschiedenen pastoralen und gesellschaftlichen Bereichen, ja in einer Art neuen kirchlichen Stils zeigen, der sich aus der Kommunikation der verschiedenen Ansätze der kirchlichen Jugendarbeit miteinander ergeben wird. Was in Taizé und von Taizé aus außerhalb der eigentlich kirchlichen Strukturen modellhaft gelebt wird, wird „transformiert" ebenfalls im kirchlichen Organismus Eingang finden.

Ob diese Vorausschau so oder überhaupt zutreffend sein wird, hängt sicherlich von verschiedenen Faktoren ab, die nur zum Teil in der Hand der Jugendpastoral liegen. Unbestreitbar dürfte jedoch sein, daß der Impuls der Jugendarbeit, den jungen Menschen, seine Situation und seine Ideen ernst zu nehmen, kaum seine Wirksamkeit einbüßen wird. Im Gegenteil: Immer mehr Gruppen Jugendlicher versuchen einen alternativen und christlichen Stil zu leben, der wesentliche Grundwerte kirchlicher Tradition ernst nimmt, wenn er auch nicht immer gleich so verstanden wird. *Gerhard Lang*

6. JÄNNER 1978

Schule und Erziehung — Probleme von morgen
Zu den Kapiteln I, J und K, Abschnitte 67—86

Der Fünfjahresbericht gibt nicht nur in seiner inhaltlichen Aussage, sondern auch in seiner äußeren Form ein deutliches Bild von einem in den einzelnen Bereichen von Schule und Erziehung unterschiedlichen Engagement der Kirche als Ganzem bzw. ihrer Organisationen. Am auffälligsten ist dies im Bericht zur Situation des Schulwesens, in welchem keine bereits stattgefundenen Aktivitäten aufgezählt, sondern prospektiv, stichwortartig, zu bewältigende Probleme genannt werden.

Es ist heute allgemein bekannt, von welch großer Bedeutung die Jahre vor dem Schuleintritt für die Erziehung sind. Die Hauptsorge der meisten Eltern gelte aber, wie es in dem Bericht heißt, einem guten Schulstart ihrer Kinder. Ebenso wichtig ist jedoch das Emotionale, Soziale, Ethische und Religiöse. Besonders für die Erschließung dieser Werte leisten die Kindergärten in katholischer Trägerschaft wichtige Hilfe. Es ist zwar möglich, die Erziehungswissenschaft wertfrei zu betreiben, aber man kann nicht wertfrei erziehen — auch nicht (oder: besonders nicht) in einer pluralistischen Gesellschaft. Von den 6468 Kindergartengruppen in Österreich werden 1354 (mehr als 20 Prozent) in katholischer Trägerschaft geführt. Dieser hohe Prozentsatz und das Niveau der Aus- und Weiterbildung des Personals der katholischen Kindergärten rechtfertigen eine Förderung dieser Institutionen aus öffentlichen Mitteln und ein Mitspracherecht bei der Verteilung dieser Mittel.

Ebenso günstig zu beurteilen wie das katholische Kindergartenwesen selbst ist die Situation hinsichtlich der von den Orden erhaltenen Privatbildungsanstalten für Kindergärtnerinnen. Diese Anstalten sind wegen der angeschlossenen Internate sehr gefragt. Von der 23 Bildungsanstalten in Österreich sind 11 privat. Der Ausbildung der Kindergärtnerinnen kommt große Bedeutung zu: Sie wirken über die von ihnen zu betreuenden Kinder und deren Eltern als Multiplikatoren.

Vier Probleme stellen sich für die Zukunft:
Die Ausbildung der Kindergärtnerinnen sollte um ein fünftes

Jahr verlängert werden. (Abzulehnende Alternative: Akademie für Kindergärtnerinnen, mit Matura als Aufnahmebedingung.)

Allgemeiner Nulltarif für Kindergartenplätze. Derzeit wird der Personalaufwand aus der öffentlichen Hand bestritten. Für den Sachaufwand kommt (über den Elternbeitrag) der Kindergartenerhalter auf. Durch den Nulltarif käme mancher kirchliche Kindergarten in Schwierigkeiten.

Es sollte nicht versucht werden, von der Einschulung zurückgestellte Kinder in den Kindergarten einzugliedern.

Der Besuch des Kindergartens sollte nicht allgemein verpflichtend gemacht werden, es müßten jedoch Kindergartenplätze in ausreichendem Maße vorhanden sein.

Der „Bericht" über die Tätigkeit der Kirche auf dem Gebiet des Schulwesens erschöpft sich in der Anführung eines Problemkatalogs. Der Bericht hebt auch zu Recht hervor, daß von kirchlichen Stellen zwar immer wieder Stellungnahmen abgegeben werden, daß man aber den Eindruck gewinne, daß nur andere Vorschläge (wie solche der Regierung) kritisiert würden, eigene Initiativen jedoch fehlen. Der Bericht über diesen Bildungssektor schließt mit einem eindringlichen Hinweis auf die gesellschaftspolitische Bedeutung der Schul- und Bildungspolitik. Sicherlich sollten die beiden aktuellsten schulpolitischen Fragen stärker als bisher auch unter diesem Gesichtspunkt gesehen werden:

die Reform der Schule der Zehn- bis Vierzehnjährigen und
die Frage der Ganztagsschule.

Hiebei wird es allerdings nötig sein, kritisch darauf zu achten, daß nur solche Prinzipien als Argumente dienen, die für den gesamten Bildungs- und Erziehungsbereich gelten können. Der Wert der familialen Erziehung kann nicht absolut als Argument gegen die Ganztagsschule angeführt werden (es würde sonst auch gegen Heime in katholischer Trägerschaft gelten), sondern nur in Verbindung mit dem Subsidiaritätsprinzip — ein für den Bildungs- und Erziehungsbereich grundlegendes Prinzip, wenn man von einem Konzept des Menschen ausgeht, das den Menschen als ein auf Freiheit und Selbstbestimmung angelegtes Wesen sieht.

Der Bericht macht deutlich, daß innerhalb der letzten fünf Jahre hinsichtlich des Religionsunterrichtes von der Kirche viel getan wurde: Durch die Gründung von Religionspädagogischen Akademien wurde ein Abschluß der Neuordnung der Ausbildung von hauptamtlichen Laienkatecheten erreicht. In allen Diözesen werden Maßnahmen zur Weiterbildung der Religionslehrer getroffen. Ebenso in allen Diözesen ist der Einsatz von Laienkatecheten und Laientheologen angewachsen. Auch auf dem Sektor der Religionsbücher wurden in den letzten Jahren fruchtbare Initiativen gesetzt. Der 1970 gegründete interdiözesane katechetische Fonds erwirbt alle Rechte an den Schulbüchern für den Religionsunterricht. Auch in der Lehrplanarbeit hat man neue Wege beschritten und Methoden der „Curriculumforschung" angewendet. Der Religionsunterricht geht dadurch weniger von der theologischen Systematik aus und kann altersadäquat und damit effizient vermittelt werden.

Der Bericht hebt aber auch deutlich teils aktuelle und teils künftig wahrscheinlich noch auftretende Probleme hervor:

Die Kooperation zwischen den Religionslehrern an den Schulen und den Pfarren läßt oft zu wünschen übrig.

Die Einführung der Ganztagsschule würde die konkrete Praxis der außerschulischen Kinder- und Jugendarbeit wesentlich berühren.

Die katechetische Ausbildung der geistlichen Religionslehrer ist scharf zu kritisieren: Eine einzige Vorlesung im Ausmaß von nur zwei Wochenstunden ist für die pädagogisch-katechetische Ausbildung der geistlichen Religionslehrer vorgesehen. „Ohne je geübt zu haben, werden sie im Religionsunterricht eingesetzt, zum Nachteil der Schüler, des Image der Kirche und oft auch zum eigenen Nachteil des Katecheten."

Einen kurzen Absatz widmet der Bericht auch der Kritik und dem In-Frage-Stellen des Religionsunterrichtes seitens kleiner Gruppen innerhalb der SPÖ. Es wird auch erwähnt, daß sich die Parteispitze der SPÖ von solchen Agitationen distanziert hat. Eine vom Amt für Unterricht und Erziehung der Erzdiözese Wien soeben durchgeführte Erhebung zeigt die geringe Wirksamkeit solcher Agitationen und daß es richtig ist, sie in den katholischen Medien möglichst nicht, jedenfalls aber nicht zu breit zu erwähnen, um nicht dadurch erst — unfreiwillig — eine Propagandaplattform zu bieten. Jene Gruppen mit ihrem Mißerfolg allein zu lassen, zugleich aber Sinn, Aufgaben und Grenzen des Religionsunterrichtes gründlich zu reflektieren, ist vermutlich das zweckmäßigere Vorgehen.

Die Theologie hat an der während der beiden letzten Jahrzehnte stattgefundenen enormen Ausweitung der Universitäten zwar auch, jedoch nicht proportional teilgenommen. Bei der Zunahme der Hörerzahlen an den theologischen Fakultäten ist überdies zu bedenken, daß nur eine Minderheit der Theologiestudenten das Priesteramt anstrebt; die meisten werden „Laientheologen". Die äußere Situation der theologischen Fakultäten ist erfreulich: Sie sind im Verband der Universität voll anerkannt, sie finden volle Berücksichtigung bei der Wahl von akademischen Amtsträgern und ebenso volle Berücksichtigung bei der Antragstellung zum Budget. Der Bericht fragt jedoch auch kritisch, wie es um die geistige Präsenz der Theologie an der Universität bestellt sei.

Hinsichtlich der Nachwuchsförderung von katholischen Akademikern weist der Bericht auf den Kardinal-Innitzer-Studienfonds und auf die Stiftung „Pro Scientia" hin. Ferner werden die an allen Universitäten bestehenden Hochschulgemeinden erwähnt, die sich um ein Gottesdienstangebot und um ein Angebot eines Bildungsprogramms bemühen. Allerdings stellt der Bericht resignierend fest: „Nur eine Minderheit der Studierenden erweist sich als ansprechbar, und wiederum nur ein Teil dieser Minderheit ist zu einem intensiveren Engagement bereit." Auch die CV-Verbindungen werden in dem Bericht erwähnt. Aktive Mitglieder des ÖCV sind auch hochschulpolitisch tätig, als Funktionäre und Mandatare der studentischen Interessenvertretung. „Im ganzen muß man jedoch sagen, daß extreme Gruppen (insbesondere Linksgruppen..., neuerdings in Ansätzen auch Rechtsgruppen) auf Hochschulboden merklich intensiver agieren (und agitieren) als christliche Gruppierungen."

In einer so schwierigen Situation kommt jenen Organisationen, die sich hauptsächlich an den Absolventen der Universität, den Akademiker, wenden, umso größere Bedeutung zu. Der Bericht nennt als solche Institutionen die Wiener Katholische Akademie, den Katholischen Akademikerverband Österreichs, die Katholische Sozialakademie und die kirchlichen Einrichtungen der Erwachsenenbildung. Die gesellschaftliche Wirksamkeit solcher Institutionen läßt sich sicherlich nicht unmittelbar und ausschließlich an der Zahl der an diesen Institutionen aktiven Christen ablesen — sie sollte aber dennoch in irgendeiner Weise schließlich sichtbar werden! *Richard Olechowski*

30. DEZEMBER 1977

*Fünf Pädagogische Akademien werden von Diözesen geführt.
Sie sind Stätten moderner Jugendpastoral*
Zum Kapitel J, Abschnitt 73

Von den 14 Pädagogischen Akademien Österreichs haben neben der Stiftung in Eisenstadt fünf Akademien in Wien, Krems, Graz, Linz und Zams eine Diözese als Schulerhalter. Sie werden von rund 30 Prozent aller PA-Studenten besucht.

Welche Erwartungen sind es, die die Kirche so große Opfer bringen läßt, wie sie mit der Errichtung und Erhaltung ihrer Pädagogischen Akademien verbunden sind, auch wenn seit 1972 sämtliche Kosten des Lehrerpersonals vom Staat getragen werden? Zur Beantwortung dieser Frage seien drei Aspekte herausgegriffen:

Die kirchlichen Akademien sind Stätten moderner Jugendpastoral. Für die heute so schwierig gewordene Jugendarbeit stellen die Akademien eine große Adressatengruppe zur Verfügung, die täglich angesprochen werden kann und auch angesprochen wird. Die Palette der pastoralen Möglichkeiten ist umfangreich. Der charismatische Religionspädagoge führt, anknüpfend an die regulären Lehrveranstaltungen der Religionspädagogik, einzelne Studentengruppen an den Wochenenden zur Meditation zusammen und feiert mit ihnen Eucharistie. Viele Aktivitäten, für die bisher vom Laienapostolat eigene Referate aufgebaut worden sind, lassen sich in den „profanen" Disziplinen der Akademien abdecken, wenn die zuständigen Professoren von kirchlichen Denk- und Erlebnisformen durchdrungen sind. Die Beispiele reichen von der Arbeit am kirchlichen Gesangsbuch in der Musikerziehung über die Heranbildung späterer Trainer von Sportgruppen der Katholischen Jugend in Leibeserziehung bis zum Anwerben und Aufbauen zukünftiger Lehrer als Leiter von örtlichen Bildungswerken im Gegenstand Erwachsenenbildung.

Die Lehramtskandidaten strömen in einer Altersstufe in die Akademien, die einschlägige Statistiken normalerweise mit dem Beginn der größten Distanz zur Kirche gleichsetzen. Wenn sich die kirchlichen Akademien um ein entsprechend qualifiziertes Lehrerkollegium bemühen, vermögen sie den Entfremdungsprozeß nicht nur aufzuhalten, sondern vielleicht sogar ins Gegenteil zu verkehren. In vier bis sechs Semestern erfahren die jungen Menschen, wie die zur Kirche gehörigen, oder besser: die Kirche bildenden Menschen denken, handeln, ihren Beruf verstehen und wie sich kirchlich orientierte Menschen in der Gemeinschaft finden. Sie erproben insbesondere auch die Haltung der Kirche zur gesellschaftspolitischen Realität, wenn sie die einzelnen Programmpunkte der staatstragenden Parteien im Detail an den christlichen Normen prüfen und daher annehmen oder verwerfen.

Letztlich mag dieses von doktrinärem Klubzwang befreite Denken der jungen Menschen als Beitrag zur Verchristlichung der Öffentlichkeitsarbeit gedeutet werden. Es zielt darauf ab, das Freund-Feind-Schema, das die politische Szenerie kennzeichnet, zu paralysieren, um den Menschen in seiner Würde sehen zu lernen, die hüben und drüben dieselbe ist.

Die kirchlichen Akademien bereiten auf den katechetischen Unterricht vor. In dem Grundsatzprogramm, das sich die Pädagogischen Akademien der Kirche erarbeitet haben, heißt es: „Die kirchliche Lehrerbildung ist der Wissenschaft und damit den Sachgesetzlichkeiten verpflichtet. Sie klammert jedoch die existentiellen Fragen nicht aus, die in Bildung und Erziehung immer mitgegeben sind."

Sie will also Lehrer heranbilden, die bei der Führung des Auseinandersetzungsprozesses unserer Kinder mit der Kultur an den Grenzen des positiv Erfahrbaren nicht haltmachen, sondern bereit sind, die Sinnfrage zu stellen oder stellen zu lassen, und die ihre persönliche Antwort nicht verleugnen.

Die Gelegenheit im „profanen" Unterricht bietet sich häufiger, als der Skeptiker vermuten möchte. Es wären reizvolle Untersuchungen, empirisch nachzuweisen, wie oft weltanschaulich geprägte Denkformen den Unterricht bestimmen und Bilder und Vergleiche dem Arsenal des Lebenshintergrundes oder der Weltanschauung entnommen werden können. — Groteskerweise sind sich andere Weltanschauungsgruppen des „hidden curriculum", des geheimen Lehrplanes, heute viel besser bewußt als manche Kreise innerhalb der Kirche.

Das katechetische Argument zur Gründung der kirchlichen Pädagogischen Akademien ist von der Überzeugung getragen, daß die Fähigkeit zum Hören der Heilsbotschaft entfaltet und geschult werden muß wie beispielsweise die Erlebnisfähigkeit auf jedwedem

Kulturgebiet sonst. Daß sich dies nicht nur im eigentlichen Religionsunterricht, sondern ganz wesentlich auch in der Begegnung mit der geschaffenen Welt der Menschen und Dinge ereignen soll, ist in gleicher Weise evident wie die Überzeugung von der freiwilligen Entscheidung des Studierenden an der Akademie und seiner späteren Schüler.

Die kirchlichen Akademien verstehen sich als pädagogische Dienstleistungsbetriebe. Ohne es vielleicht in aller Bewußtheit anzustreben, ist die Kirche mit der Gründung ihrer Akademien in verstärktem Maße zum Mäzen der „freien" Schule geworden, deren gesellschaftspolitische Bedeutung im gegenwärtigen Zeitpunkt der österreichischen Schulentwicklung nicht gering ist. In einem vorwiegend zentralistisch gesteuerten Schulsystem gibt es noch wenig Raum für das, was in der internationalen Reformdiskussion mit „schulnaher Curriculum-Entwicklung" bezeichnet wird.

Die in das letzte Viertel des 20. Jahrhunderts eingetretene österreichische Schule wird sich mehr als bisher als Dienstleistungsbetrieb verstehen müssen. Der privaten Schule sollte gestattet werden, dieses Selbstverständnis zu kultivieren, denn das Strukturmerkmal der ständigen Rückkoppelung an die Vorstellungen der Elternschaft (als den „Konsumenten") von der zeitgemäßen Schule wäre ihr wesensgemäßes Bauprinzip. Die staatliche Schulverwaltung täte gut daran, ihr den Freiraum zum Experiment zuzugestehen. Sie könnte in pädagogisches Neuland vorstoßen, ohne daß der Staat das Risiko tragen müßte. Sie würde ihrerseits aber vorsichtig genug sein, das Angebot an der Nachfrage zu orientieren; arbeitet sie an den Interessen ihrer Partner vorbei, riskiert sie ihre Existenz.

Rupert Vierlinger

2. DEZEMBER 1977

Erwachsenenbildung für ein tieferes Gottesverständnis

Zum Kapitel L, Abschnitte 87—106

Im Fünfjahresbericht nimmt die Katholische Erwachsenenbildung einen wichtigen Platz im Rahmen des kirchlichen Erziehungs- und

Bildungswesens ein. Sie wird dargestellt als kirchliche Bildungsbemühung eigener Art; sie weiß sich aber auch eingebunden in die gesamte gesellschaftliche Wirksamkeit der Kirche.

Das heutige Verständnis Katholischer Erwachsenenbildung (KEB) ist die Frucht erfolgreicher Bildungsarbeit der von der Kirche getragenen Bildungsinstitutionen für Erwachsene. Das auf dem Zweiten Vatikanischen Konzil formulierte Bildungs- und Kulturverständnis der Kirche, das sich an der gesamtmenschlichen Entwicklungsfähigkeit, seiner Gestaltungskraft und der zur Freiheit führenden Bestimmung des Menschen orientierte, leitete in der KEB „die anthropologische Wende" ein. Festgelegte übernommene Bildungsgüter haben in den erwachsenenbildnerischen Veranstaltungen kaum einen Platz mehr. Katholische Erwachsenenbildung von heute weiß ihre Grenzen auch dort zu setzen, wo persönliches Bekenntnis oder eigenverantwortliche Aktion beginnt.

Betrachtet man die Situationsfaktoren der modernen Gesellschaft und die anthropologisch bestimmten Lebensphasen des Menschen, die beide in der Bildungsarbeit berücksichtigt werden müssen, dann wird man bemerken, daß sich die Katholische Erwachsenenbildung nicht in bisherige Pastoralformen der Kirche einbinden läßt. Die KEB ist auf dem Wege, sich genau so wie das kirchliche Schulwesen in seinem pluriformen Erscheinungsbild zu einem eigenen kirchlichen Tätigkeitsfeld besonderer Art zu entwikkeln. Man steht erst am Beginn dieses Entwicklungsprozesses, der erklärt, bei Mißverständnissen, Halbheiten und Teilkenntnissen in der Frage, welchen Beitrag die Kirche durch Erwachsenenbildung in der modernen Gesellschaft zu leisten hat, die Standortsuche mitzubestimmen.

Darüber muß man weder beunruhigt sein, noch soll man dem Schicksal seinen Lauf lassen. Das Ziel, den Menschen entsprechend seiner Würde und Freiheit ein Stück weit in seine Mündigkeit bildnerisch zu begleiten, ist so groß, daß sich vermutlich die Frage nach der Erreichbarkeit als ständige Herausforderung und Provokation für die Gestaltung kirchlicher Bildungsarbeit herausstellt. Katholische Erwachsenenbildung hebt sich ab vom unterhaltenden Freizeitbetrieb; sie will kein liturgischer Ersatz sein; Indoktrination und das gesamte Leben umfassende Verschulungstendenzen liegen ihr fern.

Katholische Erwachsenenbildung orientiert sich an zwei markanten Pfeilern.

Dazu befand der Österreichische Synodale Vorgang:

Zielorientiert: „Katholische Erwachsenenbildung zielt auf ein tieferes Welt-, Daseins- und Gottesverständnis auf der Basis von Wissenschaft und reflektiertem Glauben..." (6.3.1)

Problemorientiert: „Katholische Erwachsenenbildung will den Erwachsenen befähigen und motivieren, an der theoretischen und praktischen Lösung personeller, familiärer, beruflicher, kirchlicher und gesellschaftlicher Probleme zu arbeiten..." (6.4.1)

Die „Doppelbödigkeit" der Katholischen Erwachsenenbildung bringt große Chancen, aber auch etliche offene Fragen mit sich, die nicht selten zu Mißverständnissen führen. Eine ziel- und problemorientierte Erwachsenenbildung hat die Chance, durch ihre Bildungsveranstaltungen dem Erwachsenen mehr Lebensinhalt zu bieten, der sich dadurch ausdrückt, daß der Mensch befähigt wird, immer wieder neu seine Möglichkeit als Teilnehmer am Arbeitsprozeß, als Familienmitglied, als in der Lebenserfahrung wachsendes Individuum, als verantwortliches Glied von Kirche und Gesellschaft und als Staats- und Weltbürger klar zu erkennen und besser zu verwirklichen. Was in diesem Bildungsprozeß der Erwachsenenbildung spezifisch, relevant oder peripher ist, kann nur am einzelnen Bildungsinhalt mit den ihm bestimmten didaktischen Begleitumständen entschieden werden.

Unter der Voraussetzung der ziel- und problemorientierten Bildungsarbeit entscheidet sich der besondere Beitrag der KEB am Lernort, dort, wo die Bildungsveranstaltung durchgeführt wird. Diese Basisrelevanz führt zur offenen Frage hin, daß KEB nicht gleich Gemeindekatechese ist. Sie läßt sich auch nicht mit dem religiös-theologischen Bildungsbereich abdecken. Religiös-theologische Bildungsarbeit steht in der Katholischen Erwachsenenbildung an vorderster Stelle.

So wie man bemüht ist, die politische Bildung nicht nur als Bildungsinhalt, sondern als „didaktisches Prinzip" zu sehen — wobei man sagen muß, daß die Didaktik des didaktischen Prinzips in der Erwachsenenbildung noch nicht geschrieben ist —, wird man ähnliche Überlegungen im Rahmen der religiös-theologischen Erwachsenenbildung anstellen müssen.

Die Katholische Erwachsenenbildung wird dank ihres alle

Lebensbereiche umfassenden Aufgabenverständnisses als integraler Teil der Erwachsenenbildung in Gesellschaft und Staat anerkannt. In Koordination mit den Einrichtungen der österreichischen Erwachsenenbildung sucht sie ihren spezifischen Beitrag in der Bestimmung und Gestaltung der Lern- und Bildungsprozesse für Erwachsene zu finden und dadurch zur Entwicklung und Aufgabenerfüllung der gesamtösterreichischen Erwachsenenbildung beizutragen. *Karl Kalcics*

4. NOVEMBER 1977

Die Präsenz der Christen an den Universitäten
Zum Kapitel M, Abschnitte 107—113

Das Kapitel „Wissenschaft und Hochschulwesen" im Fünfjahresbericht ist auf eine unabweisbare Herausforderung hin zugespitzt. Nach einem sehr sachlichen Überblick über die quantitative Ausweitung des Universitätswesens, einer pointierten Beschreibung der neuen Universitätsorganisation als merkwürdige Mischung demokratischer inneruniversitärer Willensbildung mit einer erweiterten staatlichen oder ministeriellen Leitungskompetenz, nach einer Situationsskizze der theologischen Fakultäten sowie einer eher kursorischen Erwähnung kirchlicher Einrichtungen und Gruppierungen im Universitätsbereich (Kardinal-Innitzer-Studienfonds, Stiftung „Pro Scientia", Katholische Hochschulgemeinde, Katholische Hochschuljugend, Österreichischer Cartellverband) stellt der Fünfjahresbericht lapidar fest:

„Im ganzen muß man jedoch sagen, daß extreme Gruppen (insbesondere Linksgruppen wie Marxistisch Leninistische Studentenorganisation [MLS], Gruppe Revolutionärer Marxisten [GRM], Kommunistischer Studentenverband, neuerdings in Ansätzen auch Rechtsgruppen) auf Hochschulboden merklich intensiver agieren (und agitieren) als christliche Gruppierungen."

Die damit von den Autoren des Kapitels „Wissenschaft und Hochschulwesen" dokumentierte Enttäuschung oder — positiv formuliert — Erwartung erfordert eine nähere Erläuterung der Proportionen und Perspektiven. Wenn dies nun aus der Kenntnis der Katholischen Hochschulgemeinden Österreichs versucht wird, der Personalpfarren für alle katholischen Universitätsangehörigen der österreichischen Universitäten, so gelten die folgenden Feststellungen abgewandelt auch für die katholischen Studentenorganisationen.

Die Katholischen Hochschulgemeinden in Wien, Graz, Innsbruck, Salzburg, Linz und Leoben — Klagenfurt befindet sich erst im Aufbau — sind mit wechselnder Intensität und verschiedenen Schwerpunkten derzeit die einzigen lebendigen Begegnungszentren für Universitätsangehörige. Ihre Studentenhäuser — zugleich Wohn- und Bildungszentren — stehen keineswegs vor dem Problem einer geringen Frequenz. Im Gegenteil: Das im Fünfjahresbericht nur kurz notierte „reichhaltige und qualifizierte Bildungsprogramm" sowie die Mensen, Bibliotheken, Cafeterias, Lese- und Musikübungsräume bringen eine pastoral und vor allem personell kaum noch überschaubare Fluktuation von Studenten in die Hochschulgemeinden.

Ein paar Zahlen aus dem eigenen Tätigkeitsbericht mögen dies verdeutlichen: Die Katholische Hochschulgemeinde Graz hat im Studienjahr 1976/77 bei 70 Veranstaltungen (fast drei pro Vorlesungswoche!) insgesamt 9800 Teilnehmer zu verzeichnen und dabei etwa Begegnungen mit den Theologen Rahner und Balthasar, dem russischen Dissidenten Jewgenij Ternovsky, derzeit Schriftleiter der Zeitschrift „Kontinent" in Paris, ermöglicht. Den Eröffnungsgottesdienst für das laufende Studienjahr am 16. Oktober im Grazer Dom feierten rund 1000 Studenten mit.

In den anderen Hochschulgemeinden ist es im Prinzip nicht anders. Die gemeinsame Problematik liegt lediglich darin, daß alle diese Gemeinden eigentlich „nur" eine Art katholischer „Durchlauferhitzer" sind: jedes Jahr ist neu zu beginnen, ständig kommen neue Studenten mit unbekannten und zumeist unbestimmten Erwartungen, Gruppen sind zu bilden, die engsten und erfahrensten Mitarbeiter unter den Studenten schließen ihr Studium ab...

Innerhalb dieser Rahmenbedingungen ist dann freilich die eingangs erwähnte Herausforderung anzunehmen. Und dabei wären genauere Hoffnungen seitens der kirchlichen Öffentlichkeit und seitens jener, die eine relativ idyllische Studiensituation vor 10 oder 20 Jahren erlebt haben, nützlich. Denn eine dem Beispiel linker Minigrüppchen folgende, spektakulär und vordergründig die universitäre und außeruniversitäre Öffentlichkeit beschäftigende und schockierende Hochschulseelsorge wird man sich vernünftigerweise nicht wünschen können. Wo das versucht worden ist — etwa in bundesdeutschen Studentengemeinden —, hat sich sehr rasch eine absolute Reduzierung der Zahl der angesprochenen und mitarbeitenden Studenten und eine substantielle Aushöhlung von Gottesdienst, Gebet, Nächstenliebe ergeben.

Im Blick auf die Zukunft, die den Universitäten weiter zunehmende Hörerzahlen bei gleichzeitig zunehmender Akademikerarbeitslosigkeit bringen wird, sei abschließend ein nur scheinbar banales Rezept formuliert: Alle katholischen Universitätsangehörigen, Studenten, Assistenten und Professoren, werden sich in verstärktem Ausmaß als *Subjekte* der Universitätsseelsorge verstehen müssen, und zwar in den an ihrem jeweiligen Universitätsort existierenden Hochschulgemeinden oder katholischen Studentenorganisationen.
Harald Baloch

25. NOVEMBER 1977

Nicht nur „gute Nachricht"
Zum Kapitel N, Abschnitte 114—117

Wenn die Bischöfe in ihrem Fünfjahresbericht im Kapitel „Kunst und Literatur" die Frage stellen, ob es vertretbar sei, sich in einer Zeit des Terrors, der Kriegsgefahr, der Krisen ausgerechnet mit Kunst und Literatur einzulassen, so hat schon Friedrich Schiller in seinen Briefen zur ästhetischen Erziehung des Menschen gültig Stellung bezogen in einer nicht minder prekären Zeit, als die Französische Revolution vor der Tür stand. Die geschichtliche Entwicklung hat ihm recht gegeben.

Heute bezieht ausgerechnet ein Herbert Marcuse die gleiche Stellung, bereits früher in seinem Buch „Der eindimensionale Mensch" und nun jüngst in seinem Essay „Die Permanenz der Kunst". Dort sagt er Dinge, die sich ein Theologe kaum zu sagen getraut, die man aber aus seinem Mund hören sollte. Marcuse sagt auch, warum man vergeblich darauf wartet, von Theologen ähnliches zu hören, weil sie „den feierlichen Teil eines praktischen Behaviorismus zelebrieren", gerade im gottesdienstlichen Raum, der für die meisten Menschen der einzige Raum der Begegnung mit der Kirche ist. Ein seelsorgliches Nutzdenken, eine rationalistische „entsakralisierte" Praxis ist am Werken, die urteilslos und unterschiedslos alle zeitgemäßen Mittel einsetzt, wenn sie nur das Etikett „fortschrittlich" tragen und zu einer frommen Nutzanwendung führen.

Ebenso klar und eindeutig spricht der Soziologe Peter Berger in seinem Buch „Zur Dialektik von Religion und Gesellschaft" im zweiten Teil. Wer es also als „Luxusphänomen" betrachtet, sich mit Kunst und Literatur zu beschäftigen, kann hier bei einem Soziologen nachlesen, welche Aktualität die „ästhetischen Bereiche" des Menschen besitzen. Wenn sie allerdings „neben" dem Leben stehen, als Freizeitbeschäftigung, dann sind sie Luxus, doch die heutige Kunst und Literatur baut gerade diese Haltung ab und zeigt, wie sie qualitativ Mensch und Gesellschaft zu verändern, ja zu revolutionieren vermögen. Anschauungsmaterial liefert neben Marcuse Albert Camus in seinen Aufsätzen zu Zeitfragen oder auch Günter Romboldts Buch „Kunst, Protest und Verheißung".

Dichtung, allgemeiner: Literatur, bietet längst keine erholsame Unterhaltung mehr, kein gemütvolles Ornament, sie verändert, schockierend und faszinierend, das Bewußtsein, indem sie neu die Grundpositionen menschlicher Sinnfragen absteckt. Wer nur einigermaßen, aus Zeitungen, Fernseh- oder Theaterprogrammen, Namen wie Musil, Bachmann, Bernhard, Handke kennt, weiß, daß es hier um Existenz- und Glaubensfragen geht, auch im Angriff gegen jeden Glauben, von dem sie sich im Stich gelassen sehen. „Am letzten kann man heute wohl bei den Theologen Rat einholen, denn sie sind die Befangenen, zudem weithin in Rückzugsgefechte begriffen, in Kapitulation und Verhandlung mit dem Zeitgeist und seinen massiven Trabanten" (Ernst Jünger).

Wie kann man überhaupt noch existieren, überhaupt noch etwas glauben? sind die bestürzenden Fragen vieler Gegenwartsromane. Das geschieht auf einem Gebiet, das den Theologen eminent interessieren müßte: auf dem ureigensten Gebiet der Sprache selbst. Der „Jedermann" von heute ist Peter Handkes „Kaspar Hauser". Mit der Sprache baut er sich eine Welt auf, verbaut sie sich aber auch wieder. Verantwortung vor der Sprache ist Sache des Dichters und sollte auch Sache des Theologen sein, der sich dem Logos verpflichtet weiß. „Von Gott kann man nicht sprechen, wenn man nicht weiß, was Sprache ist. Tut man es dennoch, so zerstört man seinen Namen und erniedrigt ihn zur Propaganda-Formel" (Günter Eich).

In der Sprache wird sich der Mensch überhaupt erst seines Menschseins bewußt, gilt für Handkes „Kaspar Hauser" und einer ganzen Reihe neuerer Dichtungen. Sprache ist mehr als bloße Information, Weitergabe von Nachrichten, und mögen sie noch so „gute Nachrichten" sein.

In dieser platten Übersetzung des Evangeliums als „gute Nachricht" offenbart sich der ganze Unverstand. Entweder bedient man sich einer feierlichen Amtssprache oder, aus Fremdwörtern und Journalismus zusammengelesen, aufgepäppelter Gemeinplätze oder, wenn es hochkommt, eines Kunsthandwerk-Vokabulars und liturgischer Gebrauchslyrik. Mit dem Zeitgeist kokettierende Attraktivitätshascherei verrät den Logos und sündigt gegen das zweite Gebot: Du sollst den Namen Gottes nicht eitel nennen. Was jedem gerade an „guten" Gedanken einfällt, wird schon für würdig erachtet, beim Gottesdienst verwendet zu werden, bis in die Wandlungsworte hinein.

Ingeborg Bachmann nennt das eine „Gaunersprache", die man für alles und jedes parat hat, die mit Leerformeln alle Situationen meistert. Pastorale Redseligkeit überhandnehmender Funktionäre nennt das Edzard Schaper. „Dann spring noch einmal auf und reiß die schimpfliche Ordnung ein", ruft Ingeborg Bachmann, „damit die Welt die Richtung ändert. Keine neue Welt ohne neue Sprache." Was nützen Blätterverschleiß und Spruchbänder, das Sakrament kann nicht vollzogen werden. Besser verstummen als unglaubwürdiges Geschwätz.

Mit der Sprache versucht Paul Celan stockend und buchstabierend neue Orientierungszeichen zu setzen, „um mich zu erkunden, wo ich mich befand und wohin es mit mir wollte. Dichtung hält auf etwas Offenstehendes, Besetzbares zu, auf ein ansprechbares Du, auf eine ansprechbare Wirklichkeit." Sie ist nach Paul Celans wohl großartigster Definition „Unsterblichkeitsprechung von lauter Vergeblichkeit und Umsonst". Ist das nicht Logos im wahrsten Sinn? Nicht umsonst hat Christus seine Botschaft in Parabeln und Gleichnissen gefaßt — keineswegs als „gute Nachricht", weil sich Religion anders nicht ausdrücken läßt.

Von kontemplativer Vergewisserung des Wesentlichen spricht Karl Jaspers; und unser Altmeister Rudolf Henz in seiner „Kleinen

Apokalypse" nimmt die Sprache beim Wort, um von den ersten und letzten Dingen, um über Alpha und Omega wieder Bescheid zu wissen. Frisch, fromm, fröhlich, frei platzen die Theologen mit ihrem landessprachlichen Enthusiasmus in diese ernste und aufwühlende Problematik um die Sprache, wie der bekannte Elefant in den Porzellanladen. Synodentexte oder Jahresberichte verfassen, in denen auch Beschäftigung mit Literatur gefordert wird, hilft wenig, wenn die „emotionale und psychische Welt so wenig gebildet ist wie bei unserer Geistlichkeit; da kann man nicht erwarten, daß diese Gruppe in Kunst und Literatur Urteil und Gestaltungskraft zeigen wird" (H. Schade, Gestaltloses Christentum).

Um das „Gewissen der Worte" geht es, wie Canetti seine Aufzeichnungen nennt. Wenn wir heute das Wort im Wortgottesdienst, noch dazu in einer allen verständlichen, daher auch von allen kontrollierbaren Landessprache, so in die Öffentlichkeit stellen, müssen wir uns auch in besonderer Weise der Verpflichtung des Wortes bewußt bleiben: Du sollst den Namen Gottes nicht eitel nennen. Das ist der Sinn der Aneignung von, nicht bloß Beschäftigung mit Literatur. *Alfred Focke*

13. JÄNNER 1978

Die Kirche kann sich nicht der Kunst verweigern. Ein „Otto-Mauer-Preis" wäre ein hoffnungsvoller Neubeginn

Zum Kapitel N, Abschnitte 114—117

Die Entwicklung der Kunst, ihre Aufgabenstellung und ihre Aussage haben ein untrennbares Verhältnis zur Kirche. Die Gemeinsamkeit ist leicht herausgefunden: Kunst — und Literatur wird sehr wohl zu subsumieren sein — ringt um Ausdrucksformen des Menschen, ist ein Zeichen der Gestaltung. Die Kirche wieder hat den Gestaltungsauftrag des Menschen, sowohl in seiner weltlichen Form als auch in seiner transzendentalen Beziehung zu begleiten und zu bedeuten.

Dieser enorm geistige Vorgang verlangt Auseinandersetzung mit dem Geistigen. Kunst ist immer ein Spiegel der Zeit, in vielem eine Vorausahnung oder eine Warnung. Denken wir an die Literatur, die in ihren Utopien die Ohnmächtigkeit des Menschen gegenüber einer technisierten, totalen, vielfach sprachlosen Welt längst vorausgesagt hat.

Mag es nun George Orwells „1984" oder Aldous Huxleys „Brave New World" sein, die Zeichen der Zeit wurden hier von Künstlern ebenso gedeutet wie etwa in der Malerei oder in der bildenden Kunst, wo das Ringen um Form das Verlieren der Gestaltungskraft, das scheinbare Ausufern und Zerlegen, ja wie Abstraktion genau gezeigt haben, daß die Gebundenheit unseres Lebens verlorengegangen ist. Darin kann man Zeichen für Pluralität, aber auch für die Verwirrung der Geister sehen. Vielleicht mag uns das Spannungsfeld des Menschen in seiner Geschichtlichkeit, eingebunden in die Aussage des Evangeliums, eine Orientierungsmöglichkeit sein. Beim Turmbau zu Babel haben wir die „eine" Sprache verloren, die dem Menschen erst durch das Pfingsterlebnis wieder zuteil wird: ein jeder hörte den anderen in seiner Sprache reden.

Es ist außer Frage, daß wir diese Zeichen der Kunst nicht rechtzeitig gelesen haben noch heute mit dem nötigen Ernst lesen. Vor allem hat die Kirche noch nicht genügend verstanden, jene Zeichen, die sie selber setzt, den Menschen hinreichend zu erläutern. Der Mut der Kirche in Österreich ist anzuerkennen, eine Wotruba-Kirche gebaut oder — ehrlicherweise muß man sagen — zugelassen zu haben. Die Leistung mußte anerkannt werden, daß die Mehrzahl der bedeutenden architektonischen Leistungen nach 1945 von über die Grenzen unseres Landes bekannten Architekten gerade im Kirchenbau vollbracht wurden. Es darf auch nicht verkannt werden, daß in der Gestaltung des Sakralen bildende Künstler herangezogen wurden oder daß unter Otto Mauer die wesentlichsten Impulse der fünfziger und sechziger Jahre von der Galerie nächst St. Stephan ausgegangen sind.

Ob aber alle Charismen, die in der Kirche waren, von der Kirche genutzt wurden?

Was kann die Aufgabe der Zukunft sein?

Kunst ist gestaltende Freiheit; wenn die Kirche Anwalt der Freiheit sein will, muß sie aktiv die Entfaltung von Kunst ermöglichen und fördern. Dies vor allem zu einer Zeit, wo der Staat die Tendenz zeigt, die Kunst zu vereinnahmen.

Nicht alle Formen erfahren heute gleichermaßen Förderung durch die Öffentlichkeit. Der Staat ist aus naheliegenden politischen Erfolgsgründen sehr oft in der Gefahr, mehr der Gefälligkeit zu Diensten zu sein als der Qualität.

Da sich die Kirche in ihren Entscheidungen längerfristigen Gesichtspunkten zuwenden kann, soll sie die Funktion des Erahnens der Zukunft durch die Kunst ernst nehmen.

Die Ansätze sind gegeben, vor allem aber müssen weiterhin experimentelle und avantgardistische Strömungen gefördert werden, von denen sich auch der Zeitgenosse eben aufgrund der Funktion der Kunst noch gar kein endgültiges Urteil gebildet haben kann.

Wichtig ist aber nicht nur der Auftrag, sondern auch das Gespräch mit dem Künstler. Der Künstler muß die Chance erhalten, alle Fragen stellen zu können, die für ihn wichtig sind.

Gerade das Gespräch mit den Künstlern scheint noch nicht gelungen. Es gibt nur eine bescheidene Künstlerseelsorge, die weder institutionell ausgewiesen noch unterstützt ist.

Vor allem kann die Kirche, deren Rolle im Medienbereich nach wie vor nicht zu unterschätzen ist, auf einige Publikationsmöglichkeiten hinweisen. In Preßvereinen gibt es immer wieder erfreuliche Anläufe, der Kunst mehr Raum zu geben. Man könnte mehr erreichen, wenn alle Preßvereine gemeinsam die Kirche in ihrer Auseinandersetzung mit der Kunst stützten. Dabei muß immer wieder betont werden, daß in allen Bereichen, in der bildenden Kunst, in der Musik, in der Literatur, vielleicht am schwächsten in Film und Fernsehen, Menschen tätig sind, die über die Taufe hinaus kirchliche Kirche erfahren haben. Die Verantwortlichen der Pastoral mögen sich für Österreich gemeinsam die Frage stellen, ob diese Begabungen auch für die Kirche hinreichend genutzt wurden.

An einige praktische Möglichkeiten sei noch gedacht. Im reichen Pfarrbüchereiwesen könnten österreichische Autoren eine vorrangige Förderung erfahren, insbesondere da viele, die in ihrem Ringen um das Bild des Menschen Vorerfahrungen einer christlichen Existenzauffassung bieten können.

In Ergänzung dazu müssen mehr kulturelle Veranstaltungen wie Lesungen und Ausstellungen in Pfarrzentren und Jugendklubs geführt werden. Gerade das Erwachsenenbildungswesen der Kirche wäre in der Lage, mehr als bisher Verständnis für Kunst und das Ringen um die Existenz des Menschen darzustellen.

Im Zusammenhang sei besonders auf die Kunsterzieher verwiesen, die nicht zuletzt infolge des mangelnden Kontaktes der Kirche mit den Kunsthochschulen heute unter dem starken Einfluß kleiner radikal-marxistischer Gruppen an den Kunsthochschulen stehen, wie aus den Wahlergebnissen der Österreichischen Hochschülerschaft leicht ersichtlich ist.

Weiters sollte für kirchliche Aufträge der Grundsatz des Wettbewerbes und der Ausschreibung für Bau und Auftragsgestaltung gelten. Die Kirche soll von sich aus an namhafte Architekten und Künstler herantreten, um nicht nur im Sakralbau, sondern auch bei profanen Einrichtungen wie Pfarrzentren und Wohnungsbau beispielgebend zu sein.

Vielfach wurde die Qualität der Ruhe und der schöpferischen Muße in den österreichischen Klöstern von Künstlern schon erkannt. Die Schaffung von Gesprächsbasen mit Theologen und Philosophen, aber auch mit Männern der Pastoral ist bewußt auf dieser Ebene zu schaffen.

In gleicher Weise müssen hier Möglichkeiten in Publikationsorganen der Kirche und im kirchlichen Verlagsbereich noch mehr ausgeschöpft werden, wobei vielleicht auch an ein Zielpublikum zu denken wäre, das oft heute vergessen wird, wie es bei den älteren Menschen der Fall ist. Nicht zuletzt soll auch die Schaffung eines repräsentativen kirchlichen Kunstpreises angeregt werden.

Kunst muß in Verbindung zur Wissenschaft als einer der sensiblen Bereiche in Gegenwart und Zukunft verstanden werden. Die günstige Ausgangslage nach dem Zweiten Weltkrieg und die positive Entwicklung bis zu den sechziger Jahren in beiden Bereichen ist durch den starken ideologischen Einbruch der marxistisch orientierten Studentenrevolte und die Frankfurter Schule gestoppt worden. Die Auseinandersetzung mit diesem Phänomen verlangt einen starken Wertbezug der Kirche, nicht aber den Wunsch nach Behübschung durch die Kunst.

Aufregung über Kunst ist nur nach qualitativen Gesichtspunkten möglich, muß wertmäßig belegbar sein. Der Kunst verweigern können sich die Menschen und daher auch die Kirche nicht: „Kunst bleibt Kunst, auch wenn sie ethisch belangbar ist..." (Otto Mauer).

Das „Amt" dieses Mannes in der Kirche ist seit seinem Tod unbesetzt; niemand kann für ihn „erfunden" werden. Die Kirche aber kann die Auseinandersetzung dort fortführen, wo sie von Otto

Mauer für die Kirche jahrelang geführt wurde. Vielleicht wäre gerade die Schaffung eines Otto-Mauer-Kunstpreises ein verheißungsvoller neuer Beginn... *Erhard Busek*

20. JÄNNER 1978

Randexistenz oder Aufbruch? Kirche und Publizistik
Auch die neuen Medien verlangen besondere Berücksichtigung
Zum Kapitel O, Abschnitte 118—137

Es ist als ein gutes Zeichen zu deuten, daß sowohl in den Dokumenten des Österreichischen Synodalen Vorgangs (ÖSV) 1973/74 als auch in dem im Herbst 1977 abgeschlossenen Fünfjahresbericht über den Stand der gesellschaftlichen Wirksamkeit der Kirche in Österreich der Themenkreis „Kirche und Publizistik" breiten Raum einnimmt. War es vielleicht zum Zeitpunkt des ÖSV noch nicht absehbar, welche Bedeutung die Medienfrage in der gesellschaftlichen Entwicklung gewinnen wird, so war bei der Erstellung des Fünfjahresberichtes die medienpolitische Auseinandersetzung sowohl im grundsätzlichen als auch hinsichtlich der Medien im einzelnen — man denke nur an die Auseinandersetzungen rund um und nach der ORF-Reform — breit angelaufen. Der Abschnitt Kirche und Publizistik im Fünfjahresbericht gliedert sich in einen kurzen, wenige Punkte umfassenden, grundsätzlichen Teil und eine relativ breite Schilderung der Mediensituation in Österreich, letztere im wesentlichen eine Fortschreibung des Dokumentationsteiles zum Thema Kirche und Massenmedien in den Dokumenten des ÖSV, wenn auch mit einigen neuen Akzenten.

Grundthese des Berichtes ist, daß es im Berichtszeitraum zu einer Verschärfung des Meinungsklimas gekommen ist, vor allem „bei jenen ethischen Fragen (Abtreibung, vatikanische Erklärung zu einigen Fragen der Sexualethik), wo die kirchliche Position und das undifferenzierte ‚liberalistische' Bewußtsein der meisten Kommunikatoren einander diametral gegenüberstehen".

Der Bericht stellt dann die These auf, daß noch gefährlicher als die bewußte Frontstellung gegen die Kirche die Tendenz zum Verschweigen kirchlicher Nachrichten ist, die nur teilweise von Kirchenfeindschaft motiviert ist, zum größten Teil aber auf mangelnder Sachkenntnis vieler Journalisten beruht. Dadurch entsteht die Gefahr, daß die Weltsicht vieler Menschen auf die von den Medien vermittelte Realität beschränkt ist und die Kirche an den Rand gerückt wird. Dieses An-den-Rand-Rücken kommt auch noch in zwei weiteren Thesen zum Ausdruck, einerseits darin, daß die Kirche nicht als eigenständige Kraft zur Kenntnis genommen, sondern sofort der Versuch unternommen wird, sie einerseits als eigene Partei mißzuverstehen oder sie parteipolitisch zuzuordnen, anderseits dadurch, daß Randgruppen und Randfiguren des katholischen Raumes übermäßig viel Publizität erhalten. Diese Tendenz, die auch stark verbunden ist mit einer akzentuierten Abneigung gegen die „Amtskirche", sei — so stellt der Bericht fest — über den Bereich der laizistischen Publizistik hinaus bis tief in den Bereich des katholischen Journalismus verbreitet. Hand in Hand damit kann man sagen, daß die innerkirchliche Entwicklung seit dem Zweiten Vatikanum vor allem den laizistischen Journalisten weitgehend fremd geblieben ist, „Kirche" wird in der von ihnen hergestellten Öffentlichkeit nach wie vor mit „Hierarchie" identifiziert.

Welche Konsequenzen für die nächste Zukunft folgert der Bericht ansatzweise und welche lassen sich schlüssig aus dem Bericht ziehen?

Das Verhältnis der Kirche zur öffentlichen Meinung und vor allem zum Entstehen der öffentlichen Meinung ist nicht gelöst. Öffentliche Meinung in der Form der veröffentlichten Meinung in den Medien ist nicht mehr ausschließlich Berichterstattung über Geschehenes, sondern ist heute wesentlich Mitgestalten der politischen und gesellschaftlichen Entwicklung.

Aktion und Reaktion, nicht nur auf unmittelbarer politischer Ebene, sondern im Wege der öffentlichen Meinungsbildung, ist für die Kirche heute die wichtigste Chance, am politischen Prozeß mitzuwirken. Dabei darf es aber nicht zu einer Reduktion kirchlicher Aussagen auf Aussagen der Amtsträger kommen, sondern die Auffächerung der Aussagen in ein breites Spektrum von Vertretern von Organisationen, von Fachinstitutionen, von Publizisten ist erforderlich. Die Entwicklung in einer Reihe von Medien, seien es Druckmedien oder elektronische Medien, mit ihren Einladungen zu Gastkommentaren, zu Diskussionen (Club 2), bietet die Chance zu klar deklarierter kirchlicher Präsenz.

Dies setzt voraus und fordert als ständigen Begleitprozeß die Auseinandersetzung mit jenen, die öffentliche Meinung bilden, mit den Journalisten. Einerseits zur Verbesserung ihres Informationsstandes über Kirche, kirchliche Strukturen, kirchliche Inhalte, andererseits zur Heranbildung junger Journalisten, die sich der Kirche auch in ihrer Verantwortung für den journalistischen Beruf verpflichtet wissen. Ein ganz bedeutender Ansatz hiezu ist gerade in den letzten Wochen durch die Zustimmung der Bischofskonferenz zu einer kirchlichen Ausbildungsakademie geschaffen worden.

In Zusammenhang mit den Neuansätzen bei den meinungsbildenden katholischen Wochenzeitungen, „präsent" und „Furche", akzentuiert der Bericht die wiederfolgende Hinwendung zu eigenen, von kirchlichen Verlagen getragenen Medien. Es reicht nicht aus, die berühmten Einzelkämpfer in den neutralen Medien zu unterstützen. Zur unverfälschten Artikulation der Meinungen innerhalb der Kirche und auch als vermutlich hauptverantwortliche Träger eben der Ausbildungsgänge sind diese eigenen Medien zu sehen. Dabei ist auch ihre Bedeutung für die Artikulierung dessen, was wir den oder die „österreichischen Katholizismen" nennen können, nicht zu übersehen.

Was der ÖSV noch kaum, der Fünfjahresbericht bereits ansatzweise erwähnt, inzwischen aber mit Macht auf die Szene drängt, sind die Veränderungen im Bereich der elektronischen Medien. Die Entwicklung des Kabelfernsehens, der Bildkassette, der Bildschirmzeitung und verwandter Entwicklungen wird dem Publikum eine derartige Vielfalt an neuen Möglichkeiten bieten, daß die verstärkte Orientierungshilfe, die auch und gerade von der Kirche erwartet wird, ein Gebot der Stunde ist. Dabei wird man nicht auskommen können, einfach den kritischen Hörer und Seher schlechthin zu fordern, sondern eben diesem Entscheidungskriterien für sein kritisches Verhalten zu geben. Kritisches Verhalten in einer unübersehbaren und weithin schon total verseuchten Situation ist eine Überforderung, wenn nicht die Methodik zur Analyse mitgeliefert wird.

Künftige Kritik von Mediensendungen wird daher nicht mehr primär die einzelne Sendung betrachten dürfen, sondern an Hand einzelner Sendungen, gleichsam als Schulbeispiel, Kriterien für die Beurteilung des Zustandekommens und der Perspektive von Sendungen schlechthin mitzuliefern haben. Die nächste Überlegung wird dann vor allem die Auffächerung des Programmangebotes sein müssen und welche Programmangebote speziell auch von christlicher Seite geliefert werden sollen. Die Vorbereitung zu diesen letzteren Überlegungen liegen zwar auch noch im Berichtszeitraum des Fünfjahresberichtes, im Ansatz realisiert wurden sie aber erst in den letzten Wochen durch die Gründung des Vereines zur Förderung christlicher Medienarbeit. *Walter Schaffelhofer*

3. FEBRUAR 1978

Die Aufgaben der Kirche reichen über die Landesgrenzen hinaus:
Die Leistungen der Katholiken für die Entwicklungshilfe

Österreich liegt im Herzen Europas und hat von seiner Lage und seiner Geschichte immer eine gewisse Brückenfunktion gehabt und über sich selbst hinaus gedacht. Die Kirche in Österreich hat im weltweiten Bereich der Mission und Entwicklungshilfe ständig ihre Aufgaben wahrgenommen und gerade in den letzten 25 Jahren eine Impulsfunktion für die Anliegen der Dritten Welt wahrgenommen. Zugleich hat sie sich aber auch für die Brückenfunktion Österreichs nach dem Osten bewährt, und gerade die Kirche ist es, die für die Christen in so vielen Nachbarländern des Ostens eine geistige und materielle Hilfe leistet.

Die Österreichische Bischofskonferenz hat am 5. November 1970 den Beschluß gefaßt, einen *Europäischen Hilfsfonds* zu gründen und jedes Jahr einen Teil ihres gesamtösterreichisch verwalteten Budgets für die Anliegen der Kirche im Osten bereitzustellen. Zwischen drei und fünf Millionen Schilling sind offiziell jedes Jahr von der Bischofskonferenz für kirchliche Hilfsprojekte in verschiedenen Ländern, insbesondere im Osten, freigegeben worden. Es sollte dies ein Zeichen der Solidarität sein. Gerade jene Länder, die eine besonders schwierige Situation erfahren, sollten die Möglichkeit haben, vom Europäischen Hilfsfonds Gelder zu erhalten, sei es für die großen Aufbauwerke im Osten oder die Hilfe in Katastrophensituationen im Süden Europas bis hin zu den letzten großen Hilfsaktionen anläßlich der Erdbebenkatastrophe in Friaul. Eine eigene Kommission prüft die eingelangten Ansuchen und entscheidet, in welchem Ausmaß und für welches Projekt finanzielle Hilfe gegeben wird. Soweit es möglich ist, konnten die meisten der unterstützten Projekte auch direkt besichtigt und mit Freude konnte festgestellt werden, daß das Geld ein echter Bruderdienst der Kirche in Österreich an die Christen in den anderen Ländern Europas darstellt.

Es geht dabei nicht allein um die finanzielle Hilfe, die ärmeren Ländern zuteil wird oder Ländern, die eine besondere Katastrophe erlitten haben, sondern es geht auch darum, daß dadurch der Geist der Partnerschaft, der Brüderlichkeit, der inneren Zusammengehörigkeit ausgedrückt und lebendig dargestellt wird. Gerade dieses Denken über alle Grenzen hinweg und dieses Handeln ermöglichen uns eine neue Sicht, die im Geiste Christi eine echte Tat der Zusammengehörigkeit darstellt. Wenn heute Österreicher nach Nowa Huta in Polen fahren und dort einen österreichischen Kreuzweg finden oder in anderen Stationen ihrer Wallfahrt von der Hilfe Österreichs erfahren, so wissen sie, daß durch diese finanzielle Hilfen man einander die Hände gereicht hat.

Es ist Aufgabe der Christen, gerade den Geist der internationalen Zusammenarbeit über allen Rassismus und Nationalismus hinweg zu fördern und tatsächlich zu leben. Nach dem Zweiten Weltkrieg wurde in einer ganz neuen Form eine Initiative in der Kirche geboren, die vor allen Dingen auch in Österreich vielfältige Frucht getragen hat: die Einsatzaktionen der personellen und der finanziellen Entwicklungshilfe und der neuen Formen missionarischer Hilfe in aller Welt.

Für die Mission hat sich außer der fruchtbaren traditionellen Tätigkeit der Päpstlichen Missionswerke ganz besonders die Katholische Jungschar Österreichs mit ihrer bald weltweit bekannten Dreikönigsaktion eingesetzt, die seit ihrem Bestehen die ansehnliche Summe von 260 Millionen Schilling gesammelt und für die Anliegen der Kirche in der Dritten Welt zur Verfügung gestellt hat. Von 1955, als die Dreikönigsaktion gestartet wurde, bis heute, ist diese Aktion nicht nur eine Sammelaktion geworden, sondern hat eine weltweite Verbindung im Kirchenbereich wachgerufen, die mitgeholfen hat, das neue Verständnis christlicher Mission zu fördern und dem Auftrag der Bischofssynode von 1974 „Evangeli nuntiandi — Das Evangelium verkünden" zu entsprechen.

Hier reiht sich würdig die große Aktion der österreichischen

MIVA ein, die bisher 95 Millionen Schilling gesammelt hat und rund 2100 Fahrzeuge zur Verfügung stellen konnte. Das Wort „MIVA Österreich" oder „MIVA Austria" ist ein international bekannter Name geworden, und weit über die kirchlichen Kreise hinaus wissen in der Dritten Welt Menschen, daß es in Europa ein kleines Land gibt, wo man gerade mit den Transportmitteln die Anliegen der Mission, der Bildung, der Entwicklung fördern will.

Für die Entwicklungshilfe sind die großen Aktionen der Katholischen Männerbewegung durch „Bruder in Not" bekannt geworden und haben große Projektleistungen erbracht. Die Frauenbewegung hat seit 1958 190 Millionen Schilling, die Männerbewegung seit 1961 200 Millionen Schilling für Projekte in der Dritten Welt zur Verfügung gestellt.

Wenn wir heute die Hilfen, die in den letzten Jahrzehnten geleistet worden sind, zusammenrechnen, dürfen wir festhalten, daß 745 Millionen Schilling von den österreichischen Katholiken freiwillig gespendet und in kontrollierte und fruchtbar gewordene Projekte der Dritten Welt investiert worden sind.

Die „Koordinierungsstelle für Internationale Entwicklungsförderung der Österreichischen Bischofskonferenz" ist die kirchliche Stelle für Koordination und Kooperation. Sie ist der internationalen kirchlichen Koordination der CIDSE (Internationale Arbeitsgemeinschaft für sozioökonomische Entwicklung) angeschlossen. In den einzelnen Diözesen gibt es für die Koordination die diözesanen Arbeitsgemeinschaften für Weltkirche und Entwicklungsförderung.

Es darf hier festgehalten werden, daß alle Projekte vorher geprüft werden, daß jedes Ansuchen, das ankommt, kontrolliert wird und in entsprechender Weise Begutachter braucht. Wenn Projekte übernommen und finanziert werden, so ist die Eigenleistung seitens der Empfänger notwendig. Es wird darauf Wert gelegt, daß nicht nur Projekte von Österreich aus gebaut werden, sondern daß vor allen Dingen Einheimische mitarbeiten, mittun, ihren freiwilligen Beitrag leisten und somit diese Projekte für Entwicklungshilfe echte einheimische Projekte werden.

Ein besonderer Weg wurde in Österreich von der Katholischen Landjugend seit 1959/60 vorbereitet und schließlich gegründet: Der Personaleinsatz von Entwicklungshelfern und Experten. Es ist eine christliche Initiative, die hier aufgebrochen ist und gerade in der Jugend einen großartigen Widerhall gefunden hat. Sie hat sich konkretisiert in den Organisationen des Österreichischen Entwicklungsdienstes (ÖED) und des Institutes für internationale Zusammenarbeit (IIZ).

Wenn heute nicht nur das Wort „Entwicklungshilfe", sondern vor allen Dingen auch der „Entwicklungshelfereinsatz" zu einem der großen Worte geworden ist, so darf festgehalten werden, daß gerade im Leben der Katholischen Jugend, insbesondere der Landjugend, diese Form personeller Begegnung und Hilfeleistung geboren wurde und sich entwickelt hat. Die hier gefundene Form der intensiven Ausbildung für den dreijährigen Einsatz, des Vertragswesens, der geistigen und konkreten Zielsetzung hat in allen anderen Organisationen ähnlicher Art Eingang gefunden und ist wegweisend geworden.

Der Personaleinsatz ist nicht allein eine momentane Hilfsaktion, sondern ist aus einer neuen Geistigkeit geboren, die sich vor allem im Zweiten Vatikanischen Konzil und in den verschiedenen Rundschreiben der Päpste besonders gezeigt hat. Er stellt eine Erweiterung der missionarischen Personaleinsätze vor allem für Entwicklungshilfe dar. Wenn heute die große Enzyklika über den Fortschritt der Völker („Populorum progressio") in der Welt Anklang findet und als eigentliches Zukunftsmodell der Kirche für eine internationale Entwicklung der Welt bezeichnet werden kann, so darf festgehalten werden, daß die konkreten finanziellen und personellen Projekte der Kirche sich von diesen Prinzipien herleiten lassen. Die katholische Kirche in Österreich ist durch die genannten Hilfen in Europa und in der Dritten Welt ihrem Eigennamen „katholisch" treu, weil sie ihre Aufgabe international wahrnimmt.

Eine besonders gezielte Dienstleistung der Katholiken Österreichs für die Studenten aus Übersee, die an österreichischen Universitäten und Hochschulen studieren, leisten die Afro-Asiatischen Institute in Wien und in Graz, die zuständigen Kontaktstellen in den Hochschulgemeinden von Innsbruck, Salzburg und Linz. Die Afro-Asiatischen Institute sind eine Dienstleistung der Kirche, um den Studenten, die aus Übersee nach Österreich kommen, Informationen, Wegweisung, Hilfeleistung, Wohnungsvermittlung, Studienmöglichkeit, Begegnungsmöglichkeit zu schaffen. Sie werden von der Kirche und vom Staat unterstützt. Sie bieten durch ihre vielfältigen Formen der Beratung, Vermittlung von Kursen und Angeboten für zwanglose Zusammenkünfte und Arbeitsgemeinschaften einen Weg an, damit die Studenten aus Übersee sich in Österreich zurechtfinden. Diese Studenten sind einerseits Stipendiaten, die sowohl von kirchlichen als auch von staatlichen Stellen ihre Bewilligung erhalten haben, andererseits sind unter ihnen viele Studenten, die durch die Entsendung aus Übersee, sei es durch persönliche oder durch staatliche Mitteln gefördert, nach Österreich kommen.

Gerade die gezielte Form der Hilfe für Stipendiaten aus Übersee und die begleitende Betreuung, wie es die Afro-Asiatischen Institute versuchen, wirken sich besonders gut aus, damit die Studenten aus der Dritten Welt ihren Eingang in das Studium in der Universität finden, ihr Studium mit Erfolg durchführen und auch rechtzeitig abschließen. Ein besonderer Schwerpunkt für diese Studentenbegleitung und -betreuung ist es, den Studenten auch den Weg in die Heimat zurück wieder zu ebnen, denn die grundsätzliche Zielsetzung dieser Afro-Asiatischen Institute besteht darin, die Hilfeleistung in Österreich so zu gestalten, daß möglichst gut qualifizierte Akademiker in Österreich ausgebildet und für das eigene Heimatland in Übersee einsetzbar werden. Die bisherigen Befragungen haben gezeigt, daß überall dort, wo diese systematische Begleitung und Betreuung der Studenten gelingt, ein hoher Prozentsatz der Studenten tatsächlich in die Heimat zurückkehrt und entscheidende Aufgaben in der Gesamtentwicklung in Übersee einnimmt.

Alois Wagner

27. Jänner 1978

Der Minderheit beim Bewahren ihrer Eigenart helfen

Zum Anhang: Bericht über die Situation der Volksgruppen in der Kirche Kärntens

Gerade der Vorwurf aus Kreisen der deutschen Bevölkerungsmehrheit Kärntens, die Kirche hätte sich aus dem Nationalitätenstreit in diesem Lande herauszuhalten gehabt, denn es handle sich um politische Probleme, unterstreicht die Notwendigkeit der Befassung mit diesen menschenverfeindenden Schwierigkeiten durch eine Kirche, die sich allen zwischenmenschlichen Nöten pflichtgemäß zuzuwenden hat. „Kirche für den Menschen" hieß vor nicht langem ein erstaunlicher kirchlicher Slogan (dessen Erstaunlichkeit wegen ich auch das Fremdwort wähle), erstaunlich deswegen, weil es ja gar keine andere Kirche als eine solche für Menschen geben kann. Aber für Vergeßliche oder Unwissende, innerhalb und außerhalb der eigenen Reihen, ist es nützlich, das Selbstverständlichste immer wieder zu wiederholen.

Die Kärntner Synode hatte sich eingehend mit den nationalen innerkirchlichen Problemen beschäftigt. Der Österreichische Synodale Vorgang zeigte sich glücklich und dankbar für die beispielhaften, zukunftsweisenden Arbeitsergebnisse der Kirche in Kärnten. In seiner zweiten Sitzungsperiode 1973 ging der Österreichische Synodale Vorgang auf das Grundsätzliche der Minderheitenfrage ein und stellte weit über den innerkirchlichen Bereich hinausweisende Leitsätze auf, so etwa den Aufruf an die Mehrheit, nicht etwa bloß die Minderheit zu tolerieren, sondern ihr bei der Bewahrung ihrer ethnischen Eigenart zu helfen.

In dem „Fünfjahresbericht über den Stand der gesellschaftlichen Wirksamkeit der Kirche in Österreich", den die österreichischen Bischöfe anläßlich ihres jüngsten Ad-limina-Besuches in die Hände des Papstes legten, konnte daher ein Bericht zur Minderheitenfrage in Kärnten nicht fehlen. Er bildet einen besonders herausgehobenen Teil des Gesamtberichtes, beschränkt sich aber trotz einiger grundsätzlicher Hinweise auf das Verhältnis der Kirche zur Politik doch vornehmlich auf die innerkirchliche Lage. Aufschlußreich sind vor allem das Kapitel 2 „Problematik aus der Sicht der slowenischen Volksgruppen" und das Kapitel 3 „Problematik aus der Sicht der deutschen Katholiken". Im Kapitel 2 kommt zum Ausdruck, daß für die Kirche die sprachliche Struktur der Pfarre, die in den Familien gesprochene Sprache für die Liturgie, die Seelsorge und die Zusammensetzung des Pfarrgemeinderates maßgeblich sein müssen. An anderer Stelle des Berichtes wird darauf verwiesen, daß hier das sprachliche Problem auf die Schwierigkeiten auftreffe, die in den genannten kirchlichen Bereichen auch national einheitlichen Pfarren und Diözesen zu schaffen machen.

Das 3. Kapitel bemüht sich um die Frage der „nationalen Selbstinterpretation des Menschen" und verweist hiebei auf die Lage jener vielen Kärntner, die ihre Zugehörigkeit zur slowenischen Volksgruppe „abgestreift" haben. Dürfen solche in ihrem

Selbstverständnis in Unsicherheit Geratene und damit auch in ihrem seelischen Befinden Bedrohte „ohne Rücksicht auf ihr Muttervolk" auch über ihre Kinder entscheiden? Das ist ganz offenkundig eine Frage, die streitverfangen ist. Anscheinend sind jene unsicher Gewordenen die hauptsächlichsten Problemerreger in der kirchlichen Arbeit geworden, auch in den Pfarrgemeinderäten.

„Kirche für alle, vor allem aber für die Bedrohten", ist daher der Titel und das Thema des 4. Kapitels. So wenden sich die Diözesan-, die Dekanats- und die Pfarrbemühungen besonders den sich bedrückt fühlenden Minderheitsangehörigen wie den aus dem objektiv stets schwierigen Minderheitenschicksal „Hinausdrängenden" zu — ohne den pastoralen Auftrag den ob ihrer Zahl nicht etwa schon seelisch gefestigten Mehrheitsangehörigen gegenüber aus dem Auge zu lassen —, weil eben die Angehörigen der Minderheit und die „Menschen zwischen den Volksgruppen" schon durch die objektiven Umstände und nicht erst durch allfällige Dummheits- oder Bosheitsakte von Widersachern in ihrem menschlichem Befinden Bedrohte sind. Aber die Berichterstatter wissen es: „Will man — und man muß es wollen — beiden Anforderungen genügen, dann muß man unweigerlich mit den nationalen Extremgruppen beider Seiten in Konflikt kommen, und so steht die Kirche in Kärnten gleichzeitig als ‚größter Germanisator' und als ‚einseitiger Förderer nationalslowenischer Interessen' unter einem doppelten Angriff."

Trotz dieser Angriffe sind paritätische Vermittlungsinstanzen in den Dekanaten, ein diözesaner Koordinationsausschuß, ein slowenischer Pastoralausschuß und eine offizielle Vertretung der slowenischen Volksgruppe beim Ordinariat, die Publikationsreihe „Das gemeinsame Kärnten — Skupna Koroška" und verschiedene andere personale und informative Institutionen bemüht, auf dem in der Kärntner Synode und durch den Österreichischen Synodalen Vorgang gewiesenen Weg mutig voranzuschreiten.

Mit Recht benennt der Bericht auch seine Verfasser. Es sind dies Dr. *Valentin Inzko* von der slowenischen und Dr. *Ernst Waldstein* von der deutschen Seite. Nicht nur die Kirche, auch alle rechtlich und politisch sauber denkenden Österreicher sind diesen gemeinsamen Vorsitzenden des diözesanen Deutsch-Slowenischen Koordinationsausschusses zu Dank verpflichtet. *Theodor Piffl-Perčević*

FORDERUNGEN FÜR DIE ZUKUNFT

Grundlegende Veränderungen innerhalb der Gesellschaft machen eine Neubestimmung des Standortes der Kirche bzw. ihrer Funktionen notwendig. Viele — vor allem soziale — Aufgaben, die lange Zeit hindurch beinahe ausschließlich oder zumindest in Zusammenarbeit mit übrigen Institutionen von der Kirche erfüllt wurden, sind heute durch ein ausgedehntes Netz der sozialen Sicherheit — zumindest oberflächlich — abgedeckt. Dadurch wurde die Kirche frei für eine Klärung ihrer Funktionen, d. h., sie konnte sich von ihrer Bestimmung her darauf besinnen, worin ihr spezifischer Beitrag zur Gestaltung der österreichischen Gesellschaft liegen könnte. Hier seien lediglich zwei Aspekte einer neuen Standortbestimmung erläutert.

Kirche und Wirtschaftsordnung:
Von Parteienvertretern werden Stellungnahmen der Kirche zu Fragen der Wirtschaftsordnung mit besonderer Aufmerksamkeit verfolgt. Die Entwicklung der letzten Jahre läßt sich in diesem Bereich als zunehmende Entpolitisierung der Kirche und ebenso als Entkirchlichung der Politik beschreiben. Dieser Vorgang beruht nur zum Teil auf taktischen Überlegungen, im wesentlichen hat er tiefere Ursachen. Immer mehr setzt sich die Überzeugung durch, daß es kein Wirtschafts- und Gesellschaftssystem gibt, welches allein als das „katholische" bezeichnet werden kann. Die Kirche kann aus ihrem endzeitlichen Auftrag und auch aus ihren praktischen Erfahrungen nur sehr allgemeine Richtlinien formulieren, die konkrete Ausgestaltung bzw. Beurteilung ist von spezifischen Faktoren abhängig. Daraus kann jedoch nicht abgeleitet werden, daß die Kirche den verschiedenen Wirtschaftssystemen indifferent

gegenübersteht, vor allem in der Realität zwingt die Sorge um bzw. der Dienst am Menschen zu sehr klaren Stellungnahmen gegenüber bestimmten wirtschaftlichen Entwicklungen.

Kirche und die soziale Aufgabe:
Der endzeitliche Auftrag der Kirche enthebt diese nicht von der Verpflichtung, strukturelle Ungerechtigkeiten in der Gesellschaft zu erforschen und ihnen aktiv entgegenzutreten. Dabei sind zwei Aktionsebenen zu unterscheiden: zum einen eine nationale, zum anderen eine internationale. Innerhalb Österreichs geht es im wesentlichen darum, jene Gruppen verstärkt zu vertreten bzw. zu unterstützen, die von den diversen Interessenverbänden nicht erfaßt werden bzw. die vom stark ausgebauten, aber nach dem Gießkannenprinzip organisierten Sozialsystem nicht erfaßt werden. Die Unterstützung kann dabei allgemein, durch Schaffung eines entsprechenden Sozialklimas bzw. punktuell durch Einzelaktionen erfolgen. Zu überlegen ist u. E. auch, ob nicht bestimmte Aufgaben — vor allem im Sozialbereich — (Krankenhäuser, Kindergärten, Altersheime usw.), die heute weitgehend öffentlich durchgeführt werden, wieder von kirchlichen Gemeinschaften bzw. Aktionsgruppen zumindest mitgestaltet werden könnten.

Der Mangel an finanziellen Möglichkeiten in der Kirche würde dabei ein spezielles Finanzierungssystem erfordern. Der grundsätzliche Auftrag des Staates, für eine entsprechende infrastrukturelle Ausstattung zu sorgen, würde ein System staatlicher Zuschüsse, welche an bestimmte objektive Kriterien gebunden sind, rechtfertigen. Durchaus plausible Effizienzsteigerungen, die sich in einer finanziellen Entlastung manifestieren, wären nur ein Nebenaspekt einer solchen Umstrukturierung. Hauptansatzpunkte wären jedoch die Hebung des Gefühls der Verantwortung und eine intensivere — weil persönlicher ausgestaltete — Pflege und Betreuung. Abzuklären wäre dabei aber die Frage einer ideologischen Einflußnahme.

Sehr deutlich erkannt wurde im Rahmen des Sozialberichts die spezielle Aufgabe der Kirche im Rahmen der Neustrukturierung der Weltwirtschaftsordnung bzw. im Zusammenhang mit Problemen der Entwicklungsländer. Die primäre Aufgabe besteht dabei nicht in kurzfristigen Hilfsaktionen, deren Wert aber keineswegs geleugnet werden soll, sondern in einer entsprechenden Bewußtseinsbildung der Öffentlichkeit. Dadurch soll jenes geistige Klima geschaffen werden, das es ermöglicht, im Zusammenhang mit nationalen und internationalen Organisationen wirksame und sinnvolle Hilfe zu leisten. Die Notwendigkeit einer solchen Bewußtseinsbildung muß hier u. E. nicht eigens betont werden. Die Kirche darf dabei jedoch nicht in den Fehler verfallen, einer sozialromantischen Utopie das Wort zu reden, sondern sie muß sich voll und ganz den Gesetzen der Wirtschaft unterwerfen.

Clemens-August Andreae/Engelbert Theurl

Ich finde es sehr verdienstvoll, daß überhaupt, und wie der vorliegende Bericht erstellt wurde, auch daß diese Art von Bilanz, aus der sich Handlungsziele ableiten lassen, zur Institution werden soll, denn natürlich muß eine solche Erhebung des Ist-Standes jeder Aktivität vorausgehen. Genau besehen ist eine solche Feststellung von Tatsachen und Fakten sogar bereits mehr als eine bloße Registrierung, sie stellt vielmehr schon so etwas wie ein Aufarbeiten und teilweises Bewältigen dar. Mich hat die Lektüre des Berichtes sehr nachdenklich gemacht. Nun ist der Abschied von Illusionen sicher dringend wünschenswert, so wie andererseits die praktikablen Hinweise auf Wirkungsmöglichkeiten dem Decouragieren steuern sollen. Die Kirche kann ohne die Hoffnung eben nicht leben.

Ich habe mich nach der Lektüre des Ganzen eklektisch vor allem den beiden Punkten zugewandt, die mich von meinem Beruf her am meisten betreffen, dem Kapitel M (Wissenschaft und Hochschulwesen) und dem Kapitel N (Kunst und Literatur). Leider aber ist der Bericht gerade an diesen beiden Stellen sehr lückenhaft. Man muß selbstverständlich vermeiden, umgebungsblind nur noch den eigenen Kram wichtig zu nehmen, aber das Kapitel „Literatur" ist eine große Fehlanzeige. Auch über die Hochschulgemeinden und die Hochschuljugend findet sich wenig. Vielleicht steht hinter der Sprödigkeit des Berichtes an dieser Stelle die (mir durchaus richtig scheinende) Ansicht, daß solche auf Standesäquivalenzen gegründeten Gemeinden oder Gemeinschaften nicht unbedingt sinnvoll sind und daß es besser sei, wenn etwa der Student im natürlichen Verband einer „normalen" Pfarrgemeinde mit Alten und Jungen,

Gescheiten und Dummen usw. bleibt? Dann müßte dies freilich formuliert werden.

Ich habe an mir die Erfahrung gemacht, daß meine Adhäsion an die Kirche jeweils an den Zäsuren, beim Beginn des Studiums (Umzug vom Land in die Stadt), nach seinem Abschluß und dem Weggehen und Übersiedeln nach Deutschland usw. gelitten hat. Im übrigen möchte ich hier gar nichts „bekennen". Ich glaube nur, daß Menschen etwa mit solchen und ähnlichen Erfahrungen über einen Gegenstand wie diesen, den standesgemeinschaftlichen, landsmännischen, berufsständischen Gesichtspunkt kirchlicher Kommunitäten, nachdenken und arbeiten könnten.

In der Einleitung des Berichtes ist die Rede von Beobachtergruppen. Ich würde gerade im Hinblick auf das Schulkapitel und das Kapitel über die Literatur ganz heftig zustimmen wollen, wenn nicht eine solche Affirmation von einem, der nicht unbedingt bereit ist, dann in einem solchen Gremium mitzuarbeiten, ein wenig billig und auch schizophren wäre. Aber es sollte meiner Meinung nach der Kirchenkritik und vor allem der Religionslosigkeit in der Literatur nachgegangen werden. Man kann nahezu jedes Werk der modernen Literatur, vor allem auch der österreichischen, aufschlagen und man findet jede Menge kirchenfeindliches, antiklerikales, irreligiöses und areligiöses Material. Nun soll einerseits natürlich und selbstverständlich die Kunst frei sein, wie andererseits die Hierarchie nicht per Dekret eine christliche Dichtung in Gang bringen kann, das Ausbleiben aber jeglicher Reaktion ist beängstigend. Es kommt keine Diskussion mehr in Gang. Es ist zu hoffen, daß sich in der neuen „Furche" ähnlich wie es einmal war, ein solches publizistisches Forum installieren wird. Sonst wird zugleich auch die Chance, die derartige literarische Invektiven bieten, vertan sein. Noch schreiben Autoren, die sich Gott sei Dank über die Kirche ärgern. Darüber hinaus sollte auch das literarische Niveau der Veröffentlichungen in den der Kirche nahestehenden Verlagen unter die Lupe genommen werden. Ästhetisch gesehen ist manches, was dort erscheint, keine läßliche Sünde mehr.

Alois Brandstetter

Ich freue mich schon deswegen besonders, zum „Fünfjahresbericht über den Stand der gesellschaftlichen Wirksamkeit der Kirche in Österreich" Stellung nehmen zu dürfen, weil damit die Herausgeber zeigen, daß sie bestrebt sind, Katholiken in allen politischen Lagern zu befragen und nicht nur jene, die einer bestimmten politischen Partei angehören.

16 Jahre bereits befinde ich mich im Ausland. Meine Besuche in der Heimat sind selten, so daß meine Stellungnahme vielleicht oberflächlich sein wird, was ich zu entschuldigen bitte.

Man bittet auch um Forderungen hinsichtlich der weiteren Wirksamkeit der katholischen Kirche in Österreich, die mit dem Wort „Kirche" etwas verallgemeinernd bezeichnet wird. Gewiß, die katholische Kirche, und für einen überzeugten Katholiken nicht zu Unrecht, empfindet sich als *die* Religionsgemeinschaft.

Man wird jedoch objektivermaßen eine Stellungnahme abzugeben haben, die auch die Wirksamkeit der Organisationen anderer politischer Bekenntnisse betrifft. Ich habe etwa in der Bundesrepublik seinerzeit die griechisch-orthodoxe Kirche unterstützt und mitgeholfen, ihr dort Rechtswirksamkeit zu verschaffen. Der Nuntius selbst und andere bedeutende hohe katholische Geistliche unterstützten diese meine Linie. In dem ehrwürdigen Dom Karls des Großen im Oktogon zu Aachen nahm gemeinsam mit vier katholischen Bischöfen auch der griechisch-orthodoxe Metropolit Iraeneos an der Messe teil, ein persönlicher Freund von mir, ein bedeutender Bischof zu Kreta, in das er nun als Pensionist zurückkehren wird. Bei seiner Inthronisierung im katholischen Münster zu Bonn waren die höchste katholische und evangelische Geistlichkeit anwesend. Er selbst ist ein intensiver Vorkämpfer der ökumenischen Idee auf der gleichen Linie wie sein Patriarch im Phanar, übrigens wie bekannt eine Linie, die nicht unbestritten in der griechisch-orthodoxen Kirche ist. Ich erinnere mich einer Ostermesse in West-Kreta, wo seine Geistlichen in sechs europäischen Sprachen abwechselnd laut beteten vor Tausenden Gläubigen aus Kreta und einigen wenigen Ausländern, darunter ich und meine Frau.

Warum ich dies so breit schildere? Weil ich glaube, daß etwa in der Bundesrepublik die fast 400.000 griechischen Arbeiter vor allem in der Zeit der Oberstendiktatur sonst ein Opfer der kommunistischen Agitation geworden wären.

In der Verteidigung der freiheitlich demokratischen Gedankenwelt des europäischen Westens und der europäischen Mitte haben auch die Kirchen ihre Aufgabe. Besonders meine eigene — die katholische. Sie wird aber diesen Aufgaben nur gewachsen sein, wenn sie weiterhin ökumenisch arbeitet, im engen Einvernehmen vor allem mit den anderen christlichen Kirchen, wohl aber auch mit den anderen nichtchristlichen Konfessionen in der Welt. Ich denke hier an die Äußerungen eines evangelischen Geistlichen noch vor dem Selbstmord seiner anarchistischen Tochter im Gefängnis, in denen er bemüht war, Mord an Unschuldigen mit gesellschaftspolitischen Motiven zu erklären, ja zu entschuldigen. Ich denke auch an ähnlich orientierte Sendungen im österreichischen Fernsehen.

Hier erwächst den Kirchen und *der Kirche* eine Aufgabe. Sozialkritik dort, wo sie angebracht ist, aber schärfste Zurückweisung anarchistischer Taten, wo immer sie in der Welt geschehen, schärfste Zurückweisung des Terrors an Unschuldigen.

Dies wäre eine Forderung an die weitere Wirksamkeit meiner Kirche in Österreich und darüber hinaus.

Wenn der Bericht in Punkt 5 erwähnt, die Kirche müßte imstande sein, die gesellschaftliche Entwicklung ständig zu beobachten, und sich bemühen, für die Zukunft vorsehbare Aufgaben zu erkennen, zu bewerten und daraus Folgerungen abzuleiten, so ist dies ein höchst richtiger Gedanke. Die Katholische Aktion, die „Furche" der ersten Nachkriegsjahre haben dieses Ziel im Auge gehabt. Vielleicht ist es später doch ein wenig eingeschlafen, vielleicht sehe ich als ein so lange meiner Heimat Ferner ein wenig falsch. Aber die Forderung nach Erfüllung dieses im Bericht geäußerten Wunsches sei deutlich unterstrichen.

Freilich im gleichen Punkt wird das Wort „rückwärtsgewandt" verwendet. Ist aber der heutige Gebrauch des Wortes progressiv wirklich richtig? Gibt es nicht manchen Fortschritt, der geradewegs in die Erscheinung der Steinzeit zurückführt? Ich bin hier in Peking, wenigstens theoretisch, mitbeglaubigt im demokratischen Kampuchea, vormals Kambodscha genannt. Ich will nicht über die Massenmorde an der eigenen Bevölkerung sprechen, zumal dies kürzlich von der neuen Staatsführung in Phnom Penh bestritten wurde. Ich will aber daran erinnern, daß man dort das Geld abgeschafft hat — mit dem Hinweis, dies wäre kommunistische Progressivität. Man hat auch die Apotheken zerstört und die

Heilmittel vernichtet — unter dem gleichen Aspekt. Da bin ich schon lieber rückwärtsgewandt als *so* progressiv. Mein älterer Schulkollege Heinrich Drimmel hat darüber klug geschrieben, man halte sich — dies abermals eine Forderung auch in *der* Kirche — an seine Worte.

Weiter heißt es, die gesellschaftliche Präsenz wäre für unsere Kirche in neuer Weise zum Problem geworden. Dies stimmt sicher. Ich hatte eine Auseinandersetzung mit katholischen Sektierern, die klangvolle Namen im Lager der Katholiken führen — bedeutender als ich. Als ich die Schrift zitierte, die Kirche sei ein Fels, gab es wütende Kritik. Am besten, die Kirche würde sich in kleine, intensive Arbeitsgruppen aufspalten... Welch falscher Standpunkt: Entstehen würden Tausende, nach einiger Zeit unterschiedliche Sekten, denn natürlich würde jeder Personenkreis, und vor allem Intellektuelle, andere Folgerungen ziehen. Die Kirche braucht auch in der Zukunft einen starken Steuermann, eine klare Führung, ein sicheres Wort. Auch in der Zukunft wird es Verängstigte und Unsichere geben, ja im heutigen Staat der Bevormundung, des überzogenen Wohlfahrtsstaates, gibt es fast nur mehr Anlehnungsbedürftige und keine Stützen. Nächste Forderung: Die Kirche möchte die Leistung, sie möchte die Tüchtigen, sie fördere die Selbstverantwortung solcher Demokratisierung. Aber darunter soll man nicht die Summierung leistungsunwilliger Bürger finden. Gerade die Tüchtigen werden als Rollenträger in der Kirche nicht überfordert sein. Die aktiven Menschen sind selten nur Sonntagvormittagschristen. Sie sind geistige Bekenner, man unterstütze sie. Ich habe auch nichts gegen eine gewisse Bejahung der kirchlichen Autorität selbst in Fragen der Gesellschaftsgestaltung. Nur behalte ich mir dazu das Recht meiner eigenen Meinung durchaus vor.

Dies gilt etwa auch auf dem Gebiet der Neugestaltung des Eherechtes. Wer wie ich als junger Richteramtsanwärter fast zweihundert Ehescheidungsprozesse am Landesgericht Wien miterlebte, bejaht im neuen Eherecht manches, was Katholische Aktion wie Amtskirche verneint haben. Man erlaube dem Katholiken dazu jene Gesinnungsfreiheit, die schon Schiller in „Don Carlos" so richtig als Ziel einer modernen Gesellschaftsordnung angestrebt hat.

Wie wahr, daß Würde, Selbstbestimmung, Entfaltungschancen

der Person die Aufgaben des Christen sind. Ich stehe hinter dieser Erkenntnis des ausgearbeiteten Papiers, ich halte die rechtzeitige Erteilung von Studienaufträgen für sinnvoll, aber auch hier lasse man Leute mitarbeiten, die nicht, man verzeihe mir in diesem Rahmen das offene Wort, als Bigotte, als Ultramontane gelten. Von diesen Gruppen ist nicht nur der Kirche oft breiter Schaden zugefügt worden.

Das Papier distanziert sich vom Liberalismus — wir Liberalen von heute sind aber weit von Manchester entfernt. Wir wissen um die Notwendigkeit des Dialoges, ja einer notwendigen Zusammenarbeit, vielleicht sogar Arbeitsteilung mit *der Kirche,* mit den Kirchen.

In Wahrheit sind wir Verbündete. Die modernen Katholiken, die modernen katholisch überzeugten Liberalen. Wir wollen beide nicht manipuliert verwaltete Menschen, wir wollen Selbstbestimmung, bewußte Staatsbürger.

Ich komme zum Schluß. Auf der gleichen Seite wird von einer Entkoppelung vom staatlichen Recht gesprochen. Ein gutes Wort. Viel besser als der oft fehlverstandene Wunsch auf „Trennung von Staat und Kirche". Entkoppelung gewiß, aber Weiterführung der Verantwortung für die gesellschaftliche Gestaltung in der Zukunft, Anteilnahme an den generellen Problemen, Anteilnahme für individuelle Notfälle. Im Papier heißt es — Anwalt der Senioren. Sehr richtig. Anwalt der Familien, jener, die gehandikapt sind, die ins Unglück kamen, der älteren Menschen nicht zuletzt.

All das erfordert eine aktive moderne Kirche mit Mitverantwortung im Staat, mit Offenheit gegenüber den Problemen von heute und morgen, mit dem Willen zur Zusammenarbeit mit allen jenen, die eine solche mit Entschiedenheit bejahen. *Wilfried Gredler*

Als Schriftsteller erlaube ich mir, zuerst auf die dringende Notwendigkeit hinzuweisen, daß die Persönlichkeiten der Kirche so genau wie möglich auf ihre Sprache achten. Ob es sich um Predigten oder Betrachtungsminuten in Kirchen oder Massenmedien handelt, in der überwiegenden Mehrheit erliegen die Redner der gutgemeinten Phrase. Diese Tatsache läßt erkennen, daß die Zuhörer unterschätzt werden. Auch die Bauern sind keine Bauern im früheren Sinn mehr, sogar die Kinder nicht mehr die Kinder von einst, sie haben gestern abend vielleicht im Fernsehen Max Frisch oder Hans Küng gehört. Die Kirche kann sich gar nicht deutlich genug bewußt werden, daß das intellektuelle Niveau der Menschen — auch wenn oft das Gegenteil behauptet wird — erheblich angestiegen ist. Der Kreuzzug gegen die Phrase müßte von der Kirche im eigenen Bereich mit Strenge geführt werden.

Überhaupt sollte die Kirche sich mehr als bisher um die Intellektuellen kümmern. Es ist vollkommen falsch und kurzsichtig, die Intellektuellen dadurch abzustoßen, daß schon diese Bezeichnung abwertend verwendet wird. Der Begriff *intellectus* wurde von Thomas von Aquin im Sinn des göttlichen Geistes, der den Menschen gegeben ist, aufgefaßt, und es läge im Interesse der Kirche, bei dieser Auffassung zu bleiben. Man soll Worte nicht unterschätzen und sie nicht leichtfertig Gegnern überlassen. Alle jene, die vorwiegend mit dem Geist, mit geistiger Tätigkeit, mit ihrer Intelligenz also, ihren Beruf ausüben, sollten an diese Tradition erinnert werden. Die Kirche könnte es sich zur Aufgabe machen, die Intellektuellen an den ursprünglichen Inhalt des Begriffes intellectus heranzuführen.

Dazu hätte sie den Kontakt mit den Intellektuellen zu suchen, und zwar in einer gemeinsamen Sprache. Als ich vor einiger Zeit in Polen war, erzählten mir befreundete Schriftsteller, daß sie von Zeit zu Zeit im Rahmen einer Aktion in Kirchen aus ihren Werken lesen. Darunter befanden sich ein religiös indifferenter Schriftsteller und ein gläubiger Jude. Dies ist nur ein untergeordnetes Beispiel. Es wäre unrealistisch, nicht erkennen zu wollen, daß die Kirche wiederum Menschen gewinnen, sie überzeugen muß, soll ihre Geltung nicht weiterhin schwinden. Da unsere gesamte Kultur und Zivilisation auf den Grundgedanken des Christentums aufgebaut sind und sie enthält — trotz allen Mißdeutungen und Verirrungen —, könnte dies leichterfallen, als manche befürchten. Wenn allerdings die Kirche von der eigenen Tradition des intellectus, des geistigen Lichts, des Wortes, das im Anfang war, also der geistigen Erneuerung, ängstlich abrückt, gibt sie ihre Zukunft auf. Sie schaltet sich gleichzeitig damit aus der Entwicklung unserer Kultur aus.

Warum kann die Kirche nicht weit mehr als bisher ihre Bereiche den Wissenschaftlern, Schriftstellern, Journalisten, Künstlern, auch den Organisatoren öffnen? Gewiß müßte sie ihnen Möglichkeiten einräumen, zu sprechen, zu schaffen. Im Gegensatz zu historischen Epochen hat die Kirche die Nähe zu den Künstlern, Philosophen, Schriftstellern verloren, die doch heute im Zeitalter der Massenmedien mehr als je zuvor die Stimmung einer Gesellschaft und damit ihre Entwicklung beeinflussen. Die Sympathie, die Mitwirkung der Multiplikatoren muß wiedergewonnen werden, und man braucht nur bei einigen Päpsten und Kardinälen der Vergangenheit nachzusehen, wie das zu machen ist.

Gerade die Chaotik und Ratlosigkeit der meisten Menschen von heute öffnet der Kirche eine große Chance. Die allgemeine Verwirrung in den Antworten auf die Wertfrage und Sinnfrage, sogar die Ergebnisse der Naturwissenschaften, führen an die Grenzen der Ratio (von der sich der Begriff intellectus deutlich absetzt) und an den Anfang der Religion. Die Kirche kann aber ihre Aufgabe versäumen, wenn sie den Anspruch der heutigen Menschen unterschätzt. Sie wird mehr als bisher zu einer Kirche werden müssen, die zu den Ungläubigen im eigenen Land hingeht und nicht wartet, bis sie kommen. Sie wird ein solches Vorhaben aber nicht ohne die Hilfe der Multiplikatoren durchführen können. Und auch hier ist zu sagen: Die intellektuellen Zentren sind wichtig, die bedeutenden Gedanken, die Erfindungen, die Impulse für die Zukunft kommen nicht aus der Boulevardpresse. Dort werden sie später einmal nachgeredet. *Wolfgang Kraus*

In einem abgewogenen Essay über das Werk Wilhelm Röpkes schreibt der Historiker Golo Mann: „Die tiefsten Gefahren, die unserem Seelenheil im Massenzeitalter drohen, kann kein Finanzminister beheben." Anders gesagt, und das erkennen auch immer mehr Menschen, die führend in der Wirtschaft tätig sind (vielleicht oft nur im Unterbewußtsein): Wirtschaft(en) ist nicht, kann niemals Sinn des Lebens sein.

Aber hören wir dazu auch Thomas von Aquin, der allgemeingültig formuliert hat: „Wer vor Hunger stirbt, muß eher gespeist als belehrt werden, wie es für den Notleidenden ‚besser ist, zu Besitz zu kommen, als zu philosophieren' (Aristoteles), obwohl dieses an sich höheren Wertes ist." Das will sagen: Wirtschaft ist wichtig und unverzichtbar, auch für das menschliche Wohlbefinden und die Weiterentwicklung der Menschheit, ganz abgesehen von ihrer aktuellen Bedeutung für den sozialen Frieden im nationalen wie im internationalen Rahmen (Entwicklungsländer!). Allzu Progressiven sei in diesem Zusammenhang geraten, die Werke des Nestors der katholischen Soziallehre, des in seinem wissenschaftlichen Rang ebenso großen wie menschlich und priesterlich bescheidenen Johannes Messner, zu studieren.

Im folgenden ein kurzer Katalog von Wünschen des in der Wirtschaft oder für sie leitend Tätigen an die Kirche, an ihre geistlichen ebenso wie an ihre wissenschaftlichen Exponenten.

Zum ersten wünscht er sich mehr Verständnis für die ökonomischen Realitäten des ausklingenden 20. Jahrhunderts. Kirchliche Sozialaussagen mögen nicht von einem Liberalismus-Syndrom, auch nicht von den von südamerikanischen Erlebnissen beeinflußten Schreckensbildern von Sozialtheoretikern, wie Herwig Büchele, bestimmt werden. Der Kapitalismus, wie er in manchen Hirnen noch immer herumspukt, gehört, in unseren Breiten jedenfalls, der Vergangenheit an. Dafür sorgen, wenn schon nicht immer die Unternehmer selbst, so doch die mächtigen Gewerkschaften. Aber es sei auch vor Visionen eines „industriellen Jammertals" gewarnt, wie sie etwa verschiedene Millendorfer-Studien, denen gewiß beste Absicht unterstellt werden soll, produzieren. Was man ganz allgemein an der Kirche und ihren sozialökonomischen Aussagen so oft beklagen muß, ist deren Realitätsdefizit.

Ein Zweites: Mögen auch die Sozialexponenten der Kirche in ihren Verkündigungen die unternehmerische Tätigkeit als festes Datum akzeptieren. Denn Dezentralisierung der wirtschaftlichen Macht in einem System geordneten Wettbewerbs ist notwendig auch für die Erhaltung und Entfaltung der geistigen, damit der religiösen Freiheit. Insofern erhält die Unternehmerfunktion einen über das Ökonomische weit hinausreichenden gesellschaftspolitischen, ja geistigen Rang.

Drittens: Seien wir vorsichtig mit einer verallgemeinernden und unüberlegten Verteufelung von Technik und Wachstum an sich. Man lese auch in diesem Zusammenhang bei Johannes Messner nach, wie wichtig Wachstum und Produktivitätssteigerung auch für das Anstreben eines Zustandes internationaler sozialer Gerechtigkeit sind.

Viertens: Hüten wir uns überhaupt vor der in Österreich so beliebten Klassifizierung des Wirtschaftlichen als eines Bereiches niedriger Ordnung. Auch Wirtschaft ist nämlich ein Bestandteil der menschlichen Kultur.

Ein Fünftes: Die Realität in den Betrieben sieht meist anders aus als die Vorstellungen, die sich insbesondere viele Kleriker machen. Ohne einer Renaissance — zum Teil verunglückter — Experimente mit Arbeiterpriestern das Wort zu reden, sei doch für mehr Wirklichkeitsbezogenheit vor allem in der Ausbildung des Priesternachwuchses plädiert. In Österreichs Unternehmungen wird in sozialer Hinsicht wesentlich fortschrittlicher, damit auch menschlicher gehandelt, als nach mancher kirchlichen Verkündigung angenommen werden dürfte. Die Menschenführung im modernen Betrieb ist allein schon aus Gründen der ökonomischen Rationalität gezwungen, der menschlichen Dimension größtes Augenmerk zuzuwenden.

Ein Letztes: Bitte auch um mehr Realismus in der kirchlichen Einstellung zum „Problem des Jahrtausends", der Verringerung des Gefälles zwischen industrialisierter Welt und Entwicklungsländern. Was wir auf diesem Gebiet — im Interesse der Betroffenen! — brauchen, ist weniger eine „politische Theologie" der Revolution, sondern ernste, zähe, auch Rückschläge hinnehmende Arbeit, die von Kenntnissen der Wirklichkeit, nicht aber von Agitationsschriften bestimmt wird.

Auch die in der Wirtschaft führend Tätigen erkennen, sofern sie nicht kalte Technokraten sind oder von der Tagesroutine überwältigt werden, daß diese Welt einen großen, ungestillten Bedarf an Spiritualität hat. Der Rationalität, die in ihrer Bedeutung nicht herabgesetzt werden soll, ist schon oft des Guten zu viel getan worden. So sind Hohlräume entstanden, die auch der Existenz und Funktionsfähigkeit eines marktwirtschaftlichen Systems gefährlich werden können. Was von der Kirche erwartet wird, ist, daß sie sich nicht als soziologischen Selbstbedienungsladen betrachte, sondern als eine geistig-moralische Institution, die die Zeiten überdauert.

Herbert Krejci

Der vorliegende Fünfjahresbericht lädt zu einer grundsätzlichen Besinnung auf die Situation des österreichischen Katholizismus ein und regt im Anschluß an die in ihm enthaltenen Ausführungen dazu an, diese Situation zu charakterisieren und historisch zu lokalisieren. Wenn im folgenden in aller gebotenen Kürze ein solcher Versuch unternommen werden soll, so aus der Sicht eines Katholiken, der bei aller Loyalität zur Kirche auch in einer laizistisch ausgerichteten Partei verankert ist und daher gezwungen ist, das Verhältnis dieser Partei zur Kirche besonders zu reflektieren und in den allgemeinen Zusammenhang der politischen und geistigen Entwicklung zu stellen.

Der Widerspruch, der im Bewußtsein vieler Katholiken in einem solchen doppelten Engagement für die Kirche und für eine Partei, die ein traditionell belastetes Verhältnis zu ihr besitzt, liegt, führt gleich mitten in die Problematik, die mir zentral zu sein scheint: Der österreichische Katholizismus ist heute mit den Folgen und Ausläufern einer Säkularisierungstendenz konfrontiert, die seit zweihundert Jahren in den verschiedensten Formen im Vormarsch begriffen ist, heute aber mehr denn je als Bedrohung der Kirche und der von ihr gehüteten religiösen Werte empfunden wird. In der Vergangenheit entschädigte die trotz aller Eingriffe in die gesellschaftliche Macht der Kirche intakt gebliebene Bündnissituation zwischen Thron und Altar, in der Zwischenkriegszeit die zwischen einer bestimmten politischen Partei und der Kirche für sonstige Verluste oder täuschte doch über sie hinweg. Was sich heute vollzieht, ist die Problematisierung der verbliebenen staatskirchlichen Restbestände durch politische Kräfte, die, wie einst der Liberalismus, für eine Trennung der kirchlichen und der staatlichen Belange eintreten und diesen Rückzug kirchlichen Denkens auch in Bereichen des Straf- und Zivilrechtes, die bisher auf den Wertvorstellungen der Kirche basierten, befürworten. Angesichts dieser Situation ist es naheliegend, die Regierungspartei, die Trägerin dieses historischen Prozesses, der nicht von ihr eingeleitet wurde, wohl aber von ihr fortgesetzt wird, für diese Zurückdrängung kirchlichen Einflusses verantwortlich zu machen und in ihr die eigentliche Gefahr für den gesicherten Bestand des österreichischen Katholizismus zu sehen. Besonders im österreichischen Verbändekatholizismus ist die Tendenz unverkennbar, ein solches Feindbild zu stilisieren und sich eine parteipolitisch motivierte Änderung dieser Lage zu wünschen.

Diese vereinfachende Argumentation übersieht aber, daß die von der Regierungspartei geförderten Tendenzen nur die logische Konsequenz einer Säkularisierung sind, die grundsätzlich nicht mehr rückgängig gemacht werden kann und von der es gar nicht feststeht, ob sie der Kirche langfristig wirklich so sehr schadet, wie befürchtet wird. Außerdem verleitet die Tatsache, daß die von uns allen beklagten Abbröckelungserscheinungen im Rahmen der Kirche, die von Paul Zulehner „Verdunstung der Kirchlichkeit" genannte Fülle von Erscheinungen, mit gesetzgeberischen Maßnahmen, die in traditionelle Domänen der Kirche eingreifen, parallel verlaufen, dazu, sich die Gewissenserforschung über die tieferen Gründe der aktuellen Glaubenskrise zu ersparen und den äußeren Parallelerscheinungen, die für die beklagten Übel keineswegs kausal, sondern höchstens symptomatisch im Sinne einer allgemeinen Zeittendenz sind, die Schuld an der mangelnden Fähigkeit zur Durchsetzung im Rahmen der pluralistischen Gesellschaft zu geben. Der Prozeß der schmerzlichen Loslösung vom Staatskirchentum und -protektionismus kann nicht dadurch bewältigt werden, daß man die Aufgabe, sich geistig und moralisch gegenüber konkurrierenden Angeboten durchzusetzen, von sich weist und den traditionellen Mechanismen vertraut oder nachweint bzw. äußeren Ursachen zur Last legt, wenn die eigene Überzeugungskraft zu gering ist. Nun kann aber keine politische Kraft der katholischen Kirche die Bewährung durch die Überzeugung der Menschen abnehmen, die Kirche muß zufrieden sein, wenn ihr die Erfüllung dieser Aufgabe durch eine politische Partei nicht erschwert wird. Was die Kirche in einer freien Gesellschaft, in deren Mitte sie nach dem Motto des Mariazeller Katholikentages 1952 als freie Kirche leben will, verlangen kann, ist die Schaffung und Erhaltung von Rahmenbedingungen, die ihr die Möglichkeit geben, die Botschaft des Evangeliums an die Menschen heranzubringen, die Sakramente zu spenden und ihre Einrichtungen lebensfähig zu erhalten.

Wenn man diese Bedingungen der Ausübung der kirchlichen Grundfunktionen im Auge behält, wird man entgegen anderslautenden Versionen nicht guten Gewissens behaupten können, daß sich die Rahmenbedingungen für das Wirken der Kirche in der Ära Kreisky verschlechtert haben. Die durch das Konkordat, aber auch den erklärten Willen der zuständigen Gremien der Sozialistischen Partei garantierte Beibehaltung des Religionsunterrichtes und die großzügige Subvention katholischer Privatschulen und anderer kirchlicher Einrichtungen zeugen dafür, daß es bei der Regierungspartei nicht an gutem Willen fehlt, dort, wo sie ihr gesellschaftspolitisches Engagement und die laizistische Grundeinstellung ihrer Anhänger und Wähler nicht zu partiellen Kollisionen mit offiziellen kirchlichen Stellungnahmen zwingt, der Kirche entgegenzukommen. Man sollte dieses Entgegenkommen nicht als bloßen Opportunismus qualifizieren, sondern auch als Ausdruck der Toleranz, ja auch der Ratlosigkeit angesichts der prinzipiellen Unfähigkeit, letzte Werte selbst begründen zu können, und andererseits der Notwendigkeit, auf solche von den eigenen Voraussetzungen her nicht näher begründbare Werte zurückgreifen zu müssen, ansehen. Was die Kirche in der Regierungspartei oft mit Recht vermißt, ist das Verständnis für religiöse Probleme als solche, doch die Politisierung dieser Werte ist wiederum nicht geeignet, das traditionell gestörte Verständnis zu erwecken. Trotzdem ist auch in dieser Beziehung langfristig Optimismus am Platz, weil Kirche und Sozialismus, ja alle verantwortungsbewußten gesellschaftlichen Kräfte heute in einer gemeinsamen Abwehr gegen den ethischen Materialismus stehen sollten und mehr und mehr auch stehen werden, wenn ihnen das Ausmaß des Unterlaufens offizieller Zielsetzungen durch Verfall ethischer Standards zum Bewußtsein kommt.

Norbert Leser

Die Frage der gesellschaftlichen Wirksamkeit der Kirche ist vor dem Hintergrund der Spannung zwischen Organisation und Charisma zu sehen.

Als Organisation ist sie „Welt" mit allen zur Welt gehörigen Problemen der Macht, der materiellen Mittel, des Images usw. Als Ort des Charismas ist sie „Himmel", mystischer Leib unseres Herrn, Volk Gottes, Gemeinschaft der Brüder in dem einen Herrn. Die gesellschaftliche Wirksamkeit der Kirche hat sich im Verlauf der Geschichte zwischen diesen beiden Polen abgespielt, einmal mehr dem einen und einmal mehr dem anderen zugewendet. Die Urkirche hat gewirkt als Ort des Charismas, in dem Gläubige zugerüstet wurden, um in der Welt als Personen zu wirken.

Jahrhunderte der europäischen Geschichte hingegen waren geprägt durch eine kirchliche Organisation als Träger der Macht. Die Spannung zwischen dieser Macht und der weltlichen Macht der Kaiser und der Fürsten hat nicht nur tragische Konflikte geschaffen, sondern auch einen Freiraum zwischen diesen beiden Polen geschaffen, innerhalb dessen sich der abendländische Freiheitsbegriff entfalten konnte. In der Gegenwart spiegelt sich die Spannung zwischen den beiden Polen Charisma und Organisation in dem Unterschied zwischen den Begriffen „Glauben" und „Kirchlichkeit".

Der Grundgedanke der folgenden Überlegungen der gesellschaftlichen Wirksamkeit der Kirche in Österreich ist, daß das Himmelreich in uns, der Glauben, über die Jahrhunderte der gleiche ist, während Kirchlichkeit, verstanden im Rahmen der jeweiligen geschichtlichen Organisationsform der Kirche, wandelbar ist und wandelbar sein muß. Viele der sogenannten Glaubensprobleme unserer Zeit sind, wenn man genauer hinsieht, eigentlich Kirchlichkeitsprobleme. Und viele der Kirchlichkeitsprobleme, d. h. der Fragen nach dem Standort der gesellschaftlichen Organisation von Kirche, sind nur deswegen so schwierig, weil in ihnen bewußt oder unbewußt die Unwandelbarkeit vorausgesetzt wird, die allein dem Glauben zusteht.

Von einem festen und unerschütterlichen Standpunkt des Glaubens aus ist es möglich, eine „bewahrende Progressivität" zu entwickeln, d. h. Veränderungen in der geschichtlichen Realisierung der Organisationsform der Kirche mit dem Ziel der Unveränderlichkeit des Glaubens anzustreben. Auf eine einfache Formel gebracht heißt dies, „konservativ im Glauben, progressiv in der Kirchlichkeit".

Was bedeutet das nun konkret? Im Fünfjahresbericht der Bischöfe wird nüchtern festgestellt, daß das Wort der Kirche abnehmende Bedeutung bei der politischen Macht besitzt. Bedeutet dies nun, daß die Kirche als Institution in Zukunft immer weniger gesellschaftliche Wirksamkeit besitzen und nur mehr durch Personen wirken wird wie im Urchristentum? Sicherlich bedeutet es, daß die Zeit vorüber ist, in der man Kirche als Machtträger im Sinne der vergangenen Jahrhunderte verstehen kann. Aber könnte nicht eine völlig neue gesellschaftliche Wirksamkeit erreicht werden, wenn wir eine Vision einer neuen gesellschaftlichen Aufgabe der Kirche hätten? Eine solche Vision könnte sein, daß die Kirche als eine Art Infrastruktur zu verstehen sei für einen gesellschaftlichen Lernprozeß, der letztlich über Personen wirkungsmächtig wird.

Unsere gegenwärtige Situation schreit nach Antworten und nach Lösungen, bei denen die ganze Spannung zwischen Himmel und Welt, in der die Kirche selbst steht, zu überbrücken ist. Wir erkennen in zunehmendem Maße, daß die materiellen Probleme nicht zu lösen sind, wenn wir nicht über diese Probleme hinaus auch die Frage nach dem Sinn und die Frage nach den Werten stellen, und wir erkennen andererseits aber auch, daß die Frage nach dem Sinn und die Frage nach den Werten blutleer wird, wenn sie sich nicht mit der konkreten materiellen Verwirklichung befaßt. Die Kirche könnte der Ort sein, in dem sich nüchternste Sachkenntnis mit der Frage nach dem höchsten und letzten Sinn verbindet. Die Fähigkeit, die modernsten Methoden der Wissenschaft zu verwenden, um sich mit den Problemen unserer Zeit auseinanderzusetzen, muß verbunden sein mit der Fähigkeit, über die Sachkenntnisse hinaus die Frage nach dem Sinn nicht nur zu stellen, sondern ihre Antwort auch zu leben. Um es in einem modernen Begriffsinstrumentarium auszudrücken, wäre die Kirche die ökologische Nische, in der sich eine neue Spezies entwickelt, nämlich jener Menschentyp, der um die Bewältigung dieser Spannung zwischen Welt und Himmel ringt. In dieser Infrastruktur hätten auch Menschen Platz, die noch nicht den vollen Weg zum Glauben gefunden haben, die aber nach diesem Glauben Sehnsucht haben. Sozusagen „Noch-Atheisten", die von einer profunden Sachkenntnis her die Problematik unserer Zeit erkennen, die über das Materielle hinausreicht. Kennzeichen dieser Infrastruktur wären mehr Sachverstand und Glauben als Taktik und Strategie. Wenn überzeugende Lösungen als Visionen einer menschenwürdigeren Gesellschaft in dieser Infrastruktur entstehen, dann werden sich diese Lösungen auch ohne perfekte Taktik und Strategie durchsetzen können. Wenn wir das prophetische Amt der Kirche vor dem Hintergrund der Propheten sehen, erkennen wir, daß auch diese Zukunftsvisionen hatten und nicht taktische Rezepte. Der Ort, in dem heute Zukunftsvisionen entstehen könnten, wären beispielsweise die vielen Bildungseinrichtungen der Kirche, wären aber auch die Klöster, die darin eine neue, aber eigentlich uralte Aufgabe finden könnten, die Vision des neuen Jerusalem — die letztlich hinter ihrer geschichtlichen Existenz steht — in unserer Zeit wieder neu zu entwickeln.

Kirche als Infrastruktur für eine Bewegung der Zukunftshoffnung! In jüngster Zeit hat die Kirche in Deutschland, aber auch in Österreich, Schritte in dieser Richtung getan, und wo sie getan wurden, zeigte sich, daß die Kirche keineswegs am Ende ihrer gesellschaftlichen Wirksamkeit steht, sondern am Anfang einer neuen Epoche dieser Wirksamkeit. Freilich ist dabei unerläßlich, daß auch bei diesem neuen Verständnis der Aufgaben der geschichtlichen Realisierung von Kirche als Organisation, d. h. als „Welt", nicht der Bogen zum anderen Pol „Himmel" zerbricht. Dazu ist es notwendig, Kirche noch tiefer als Gemeinschaft der Brüder in dem einen Herrn zu verstehen, noch tiefer als den Ort, in dem Gott bei den Menschen wohnt, bei seinem Volk. Noch mehr als den Ort der Verkündigung einer Frohbotschaft, die vor allem eine persönliche Heilsbotschaft ist, bei der das Himmelreich zuerst in uns ist.

Sicherlich ist es schwer, zwischen Scylla und Charybdis, zwischen dem Mißverständnis von Kirche als ausschließlich jenseitsorientiertem Ghetto der Weltflucht und dem Mißverständnis von Kirche als welt-immanentem Apparat zur Verbesserung der Gesellschaft hindurchzusteuern. Wenn uns aber diese Spannung bewußt wird und wir erkennen, daß wir sie aus eigener Kraft nicht meistern können, dann haben wir den Zustand erreicht, in dem wir aus der Schwachheit stark sein können, jenen Zustand, in dem aus der Ohnmacht der Kirche jene Kraft wird, die die Welt verändert hat und verändern wird. Die Kirche wird die Welt in dem Maße neu machen, in dem die Menschen in ihr neu werden, aus der persönlichen Erfahrung mit jenem, der sie gegründet hat, aus der Erfahrung mit Jesus Christus. *Johann Millendorfer*

Auch in der gegenwärtigen demokratischen Rechtsordnung unseres Landes ist die staatliche Gewalt übermächtig geworden. Die Kirche muß daher in noch viel stärkerem Maße als bisher eine Kirche der Gemeinde werden, um gestützt auf die Gläubigen, notfalls auch ohne staatliche Finanzen und behördliche Hilfe bestehen und tätig sein zu können.

Die Alternative — hie staatliche Finanzen — da eine zahme Kirche oder eine „dankbare" Kirche, wie es heute vielleicht auch von einzelnen kirchlichen Würdenträgern zart ausgedrückt wird — darf es nicht geben.

Jede Benachteiligung einer Gruppe von Menschen in unserer Gesellschaft, jedes Unrecht gegen einzelne Menschen, jeder Totalitätsanspruch muß unnachsichtig und ohne Ansehung der Person bekämpft werden. In Österreich zeichnet sich in den letzten Jahren eine Entwicklung ab, die Gefahren in sich birgt. Öffentliche Subventionen für Kunst und Kultur gab es immer und sind zu bejahen. Soweit die öffentlichen Gelder nicht immer stärker für eine Manipulation auch auf diesem Gebiet benützt werden.

Die staatliche Finanzhilfe wurde ausgedehnt auf Zeitungen, die politischen Parteien, die parlamentarischen Vertretungen der politischen Parteien, auf die Bildungseinrichtungen der politischen Parteien, auf die parteimäßig ausgerichteten Verbände der Gemeindevertreter, auf eine Unzahl von Vereinen, Klubs, Verbänden und Organisationen aller Art.

Klar gesagt: Alles und alle werden abhängig vom Staat und dessen Organen, von der jeweiligen Regierung und ihrer parlamentarischen Mehrheit. Das Geld, das vorher den Staatsbürgern durch Steuern abgenommen wird, verteilt dann eine „öffentliche Hand" als Subvention, vielleicht als Ausdruck des Wohlwollens, vielleicht manchmal für Wohlverhalten!

Mit angeblicher Demokratisierung wird eine „Gesinnung der Dankbarkeit" geschaffen.

Der rasche Ausbau des Laiendienstes im kirchlichen Rahmen wird zu einer Lebensfrage für die Betreuung priesterloser Gemeinden und der Gläubigen. Der Weg für die Weihe verheirateter, erprobter Männer für das Priesteramt wird ebenso beschritten werden müssen, ohne deswegen die Weihe von Priestern, die sich für die Ehelosigkeit entscheiden, aufzugeben.

Die stärkere Heranziehung der Frauen in der Gemeinde soll vor allem in der Betreuung der Familien, der sozialen Tätigkeit, in der Ehe- und Jugendberatung erfolgen. Ohne die Streitfrage einer Priesterweihe von Frauen weiterzuführen, sollen die Frauen volle Gleichberechtigung in der kirchlichen Gemeinschaft haben.

Mit Nachdruck muß die Notwendigkeit wiederholt werden, das kirchliche Ghetto für Geschiedene und Wiederverheiratete — von sehr begründeten Ausnahmen abgesehen — zu beenden und diese Menschen in die kirchliche Gemeinschaft zurückzuführen. Eine echte Prüfung der Ursachen bzw. Anlässe für die zahlreichen Kirchenaustritte wird ergeben, daß die beliebte und bis jetzt gehandhabte Schönfärberei unhaltbar ist. Es geht in dieser Frage nicht darum, allein vom Standpunkt bürokratischer Bequemlichkeit den kirchlichen Oberen nach dem Munde zu reden. Vorschreibung und Art der Eintreibung des Kirchenbeitrages sind vielfach letzter Anstoß zum Kirchenaustritt. Frage: Muß es aber so weit kommen? Ist es für die Kirche wünschenswert, durch Aufrechterhaltung des gegenwärtigen Standpunktes Jahr für Jahr an Zahl und damit an Wirkungsgrad zu verlieren? Ist es das Ziel, innerhalb des eigenen Landes zur Minderheitskirche zu werden? Ein offenes Gespräch mit Betriebsbelegschaften, mit Arbeitern und Angestellten, wird hier sehr leicht Klarheit schaffen.

Ohne Emotion und Voreingenommenheit muß die Frage geprüft werden, ob die derzeitige Art und Form, wie die katholischen Christen dieses Landes zu wesentlichen Fragen des öffentlichen Lebens Stellung nehmen, ihre Meinungen zur Geltung bringen, noch den heutigen Erfordernissen entspricht. Bischofskonferenz, Priester, katholische Organisationen, die Gläubigen in Gesamtheit sollten bei aller Toleranz und Meinungsfreiheit in den Lebensfragen der Gesellschaft mit einer Zunge sprechen und mit Nachdruck.

Die österreichischen Katholiken sollen die Bestrebungen für die Einheit aller Christen auch im eigenen Bereich der Verwirklichung näher bringen.
Franz Olah

Credo quia absurdum:
Untersuchungen über die gesellschaftliche Wirksamkeit der Kirche müssen notwendigerweise Vergangenes erfassen. Sie geben ein Bild der Lage; dieses Bild aber ist veränderlich, ist im Augenblick seiner Aufzeichnung bereits einigermaßen veraltet. Das heißt: Um gesellschaftliche Wirklichkeit zu fassen, muß Zukünftiges in Betracht gezogen werden.

Zukünftiges aber steht zum Gegenwärtigen in Gegensatz. Es ist seinem Wesen nach *anders*. Daraus folgt, daß die gesellschaftliche Wirksamkeit der Kirche durch eine totale Anpassung an die

Gegenwart nicht vertieft werden kann, daß zwischen Kirche und Gesellschaft vielmehr ein fruchtbares Spannungsverhältnis bestehen sollte. Die Kirche muß, um wirksam zu werden, den in die Zukunft gerichteten Hoffnungen entsprechen: dem Bedürfnis, das Gegenwärtige zu überwinden. Diese Überwindung ist in der Vision möglich, in der Hoffnung, in der ahnungsvollen Beschäftigung mit einer Utopie. Das heißt: Gegenwart wird sublimiert, einer neuen Qualität zugeführt.

Die Mechanik der Wirksamkeit (um den Vorgang vereinfachend so zu nennen) ist also paradox. Je größer die Anpassung an die Gegenwart, umso geringer die Wirksamkeit. Je stärker die in die Zukunft gerichtete Antithese, umso kräftiger die Wirkung.

Diese Auffassung des Geschehens entspricht dem Wesen der Kirche ohnehin. Sie ist Geist, ist Verkündigung, ist die Hoffnung auf Heil. Sie hat tätig zu werden, um das Metaphysische zum erlebbaren Ausdruck zu bringen. Man könnte auch sagen: Sie ist der kompromißlose Ausdruck des Kreatürlichen und betreibt seit zwei Jahrtausenden schöpferische Tiefenpsychologie, indem sie die verdrängten menschlichen Wünsche mit der Hilfe von Symbolen oder unmittelbar in der Sprache zum Ausdruck bringt, ohne Rücksicht auf die augenblicklichen Verhältnisse der Gegenwart. Kein Wunder, wenn der Erneuerer der Poesie in diesem Jahrhundert, Guillaume Apollinaire, die Zeilen niederschreibt: „Sogar die Automobile sehn hier veraltet aus / Die Religion nur ist neu geblieben die Religion / Ist einfach geblieben wie die Flughafen-Hangars / Nur du in Europa bist nicht altertümlich o Christentum / Der modernste Europäer bist du Papst Pius X. / Und dich den die Fenster belauern dich hält die Scham nur zurück / Heut morgen in eine Kirche zu gehen und zu beichten" (1913).

Wenn wir nun das alles in Betracht ziehen, so müssen wir zur Überzeugung kommen: Die Kirche entspricht der menschlichen Existenz in der Wohlstandsgesellschaft der entwickelten Industrieländer umso mehr, je weniger sie der Gegenwart dieser Existenz entspricht. Die Wirksamkeit der Kirche wird gesteigert durch die Treue zu sich selbst, also durch ihre geistige Möglichkeit, die in den Hoffnungen liegende Zukunft zum Ausdruck zu bringen.

Diese Zukunft aber steht im Zeichen des neuen Spiritualismus. Denn entweder führt die gegenwärtige Wirtschaftspolitik des unbeschränkten Wachstums zur Katastrophe und folglich zum Zwang, sich auf die elementaren Werte des Lebens zu besinnen, oder aber werden die materiellen Bedürfnisse des Menschen nach und nach tatsächlich erfüllt, so daß sich seine Phantasie, nach einer wohl notwendigen Epoche des Prassens, anderen, mit Geld nicht bezahlbaren Dingen, hinwenden kann. Die pessimistische und die optimistische Prognose aber haben eines gemeinsam: Sie signalisieren das Ende der gegenwärtigen gesellschaftlichen Atmosphäre, deren Werturteile übrigens immer noch das schlichte positivistische Weltbild des vorigen Jahrhunderts widerspiegeln. Daß dieses Weltbild durch die Naturwissenschaften unserer Zeit längst überwunden worden ist, sei nur nebstbei gesagt. Das gesellschaftliche Bewußtsein folgt dem tatsächlichen Weltgeschehen nur langsam, wie wir es — um ein allgemein bekanntes Beispiel zu nennen — am Verhalten der Theaterbesucher erkennen können: Zur Zeit Ibsens kommt das Publikum bei Schiller an; zur Zeit Samuel Becketts erfaßt es dann endlich auch Ibsen.

Wie also kann die Kirche in Österreich gesellschaftlich wirksam werden? Indem sie sich zwar mit den bestehenden Institutionen, Gruppen, Tendenzen und Personen befaßt, jedoch im Bewußtsein ihrer Vergänglichkeit. Das „credo quia absurdum" des Tertullian ist der Ausdruck jener heiteren Kühnheit des Denkens und Fühlens, die sich mit der Gegenwart nur beschäftigt, um in ihr das Zukünftige zu entdecken und sich diesem nur im Geiste vorhandenen Zustand zuzuwenden. *György Sebestyén*

Marginalien, nicht mehr
Seit Augustinus weiß die Kirche um die Fragwürdigkeit einer „theologia politiké" im Sinne direkter Theologisierung von Staats- und Gesellschaftsformen. Heute, nach dem Zweiten Vatikanischen Konzil, lehnt sie mit gutem Grund sowohl das Schlagwort von der „politisierenden" wie von der „unpolitischen" Kirche ab, nimmt sie die Verheißung der Schrift, die Visionen von Gewaltlosigkeit und Versöhnung auch in ihrer gesellschaftlich-politischen Dimension ernst und weiß zugleich aus geschichtlicher Erfahrung um die Verletzlichkeit von Hoffnungen.

Spätestens seit Max Webers Aufsätzen zur Relgionssoziologie zwischen 1904 und 1920 beschäftigt das Phänomen „Religion" bzw. „Kirche" auch die Sozialwissenschaften. Heute, nach Frankfurter Schule und Positivismusstreit, nach den Diskussionen um die Logik der Sozialwissenschaften, um Erkenntnis und Interesse, Hermeneutik und Ideologiekritik, mag die Frage, ob eine Brücke aus der philosophia perennis in die Welt der Kybernetik und Systemtheorie führt, überholt scheinen; das Verdikt A. Burghardts allerdings über einen „Soziologismus, der das Katholische nur in sozialen und psychologischen Kategorien zu fassen und die Grenzen des Nicht-Empirischen kaum zu übersteigen vermag", dürfte da doch ein echtes Problem anzeigen, stellt freilich zugleich auch die Frage, welche analogia entis oder was sonst immer jenes „Übersteigen" methodisch abzusichern vermag.

Die komprimierte Dialektik des Hinweises von H. Küng, daß Emanzipation sich nicht durch Erlösung, Erlösung aber auch nicht durch Emanzipation ersetzen lasse, bestimmt jedenfalls als (selbst-) kritisches Vorzeichen die folgenden, notwendigerweise etwa aphoristischen Überlegungen.

Weder die Kirche Österreichs noch Gesellschaft und Staat stehen zur Weltkirche und zur Weltgesellschaft exterritorial. Was hier sich abzeichnet, sind spezifische Formen allgemeiner Probleme.

A. *Verkündigung,* wesentliche Aufgabe der Kirche nach wie vor, ist, wahrscheinlich vor allem anderen, eine Frage der

a) *Praxis:* Zeugnis ablegen, wie es traditionell heißt; für die Institution Kirche bedeutet es, das neue Selbstverständnis (Vaticanum II) zu leben, „Demokratisierung", „Mitbestimmung", „Pluralismus"; mit der Gefahr fertig werden, daß „eine ausdifferenzierte Großorganisation, wie Großkirchen sie darstellen, für jede Initiative erdrückend werden kann" (F. W. Menne), und dabei die Kontinuität nicht verlieren. Wahrscheinlich heißt die Chance der Zukunft: „lebendige Gemeinden" (Weihbischof Krätzl).

Die „franziskanische Antwort", Hinweis auf Praxis allein, genügt nicht:

b) *Theorie* (Theologie) ist nicht suspendierbar. Gesellschaftlich gefährlich ist aber nicht etwa eine „Krise des Naturrechts", falls es die gibt, sondern Irrationalismus: Hegel wußte, daß Negation der Vernunft immer gleichbedeutend ist mit der Gefahr, die Humanität mit Füßen zu treten. Wahrscheinlich haben die von Kardinal König beklagte Entstehung obskurer Sekten und ähnliche Phänomene hier eine Wurzel.

c) Die *Sprache* der Kirche wird ihre „gesellschaftliche Wirksamkeit" mitentscheiden; ihr Vorzug liegt in ihren „appellativen und metakommunikativen Qualitäten" (J. Habermas), ihre Gefahr in der Erstarrung zu Formeln, in denen Hoffnungen und Sehnsüchte bloß noch „mitgeschleift" werden; unabtrennbar ist diese Frage natürlich von der nach dem Priester, seiner Ausbildung, Weiterbildung, seinem Rollenbild in Kirche und Gesellschaft, zumal ja die „Verifikations- und Falsifikationsstelle" für Hoffnungen und Sehnsüchte nicht der „logische", sondern der „praktische" Diskurs ist (H. E. Bahr).

d) *Jugend,* heute vielfach Synonym für Identitätssuche, hat es sicher nicht leicht in einer Zeit, von der ein Marx verpflichteter Soziologe feststellt, der „Zerfall des religiösen Bewußtseins" drohe zum erstenmal, auch in der Masse der Bevölkerung, die „fundamentalen Schichten der Identitätssicherung" zu erschüttern (J. Habermas). Wenn diese Identität nur im „Glück, auch für andere nützlich zu sein" (H. E. Bahr) gefunden werden kann, stellt sich für Jugendarbeit im christlichen Sinn eine wesentliche Aufgabe: Sensibilisierung für das Leid anderer.

B. *Politik:* Das Verhältnis der katholischen Kirche zu den politischen Parteien in Österreich und zu ihren Programmen wird so breit diskutiert, daß ich hier Gängiges nicht wiederholen möchte. Nur zwei Aspekte seien herausgehoben.

a) *Konservativismus:* Die Religionswissenschaft unterscheidet zwischen einer mythisch rückwärtsgewandten und einer messianisch zukunftsbezogenen Form von Religion. Von jener bezieht Konservativismus als Ausdruck der „Identitätssuche des Menschen durch Ursprungsvergewisserung" (H. E. Bahr) seinen Sinn. Daß „ein weit höherer Anteil aktiver Katholiken" (Fünfjahresbericht) in der ÖVP als in der SPÖ politisch beheimatet ist, könnte in diesem Kontext einen neuen Stellenwert bekommen: als Indiz nämlich dafür, daß vielen Menschen die Kirche nach der Seite des „Rückwärtsgewandten" überlastig erscheint; beispielhaft seien die chronischen „Sorgen" mit KSÖ oder der KAJ angeführt.

b) *Sozialdemokratie:* Unbefangenheit wäre wünschenswert:

mehr Unbefangenheit der Art, wie sie aus der Bemerkung von H. Küng spricht, man möge bei dem Wort „Marxismus" nicht immer gleich nach Moskau oder Peking schielen. Es ist nämlich sehr die Frage, ob Religion und Marxismus einander wirklich so anathema sind, wie ängstliche Orthodoxe jedweder Provenienz sich und einander einreden wollen.

C. *Gesellschaft:* Wenn heute die Soziologie feststellt, daß die „Ressource Sinn" in der Gesellschaft immer knapper wird, und es doch wohl von jeher zum „Proprium" des christlichen Glaubens gehört hat, Quelle von Sinn in so eminenter Weise zu sein, daß sogar dem Tod der Stachel der Sinnlosigkeit genommen wird, dann ist damit ein Spannungsfeld von Widersprüchlichkeit so weit umschrieben, daß daraus sich sowohl Schwierigkeiten als Chancen für Religion und Kirche in der Gesellschaft von heute ablesen lassen.

Engagement der Kirche in der Gesellschaft, zu dem sie heute sich bekennt, verlangt ihr, will sie sich selbst treu bleiben, Widerstand ab: Widerstand dagegen,
— daß Religion, auch wenn sie ihren „Kern in Wertfragen" hat (Kardinal König), sich auf Ethik „reduziert" (T. Koch),
— daß „Engagement im Diesseits" zur „Destruktion des Jenseits" (J. Habermas) wird,
— daß Religion zum „gesellschaftlichen Kitt" (Adorno) verkommt,
— daß Religion in der Gesellschaft „bloß als eines der Subsysteme zugelassen" wird, wie H. E. Bahr es der Systemtheorie vorwirft.

Widerstandskraft erwächst aus „authentischem Leben", aus der Übereinstimmung von Überzeugung und Handeln. Auch das kann bedroht sein:
— durch die Attitüde des „Moralvirtuosen" (N. Luhmann), der die Frohbotschaft in eine „Drohbotschaft" (H. Küng) verwandelt, vielleicht infolge einer
— „Entwertung und Abwertung der Kreatur" (K. Rahner) und ihrem Leid am Maßstab des Absoluten,
— durch ein zwiespältiges Selbstverständnis, welches einerseits beklagt, daß man „gegen die Kirche" Politik machen kann, andererseits aber mit gutem Grund auf jene 87 Prozent Österreicher verweist, die doch diese Kirche als „Volk Gottes"

sein müßten, ein Selbstverständnis, welches sich gefährlich fortsetzt in jener
— Hybris, die sich in dem Wort „Randfiguren der Kirche" ausspricht.

Strenggenommen steht alles, was die Kirche tut, unter dem Anspruch, Institutionalisierung von Liebe zu sein. Verspielt wäre dieser Anspruch, wenn er, wie es in der Geschichte oft geschehen ist, sich reduzierte auf den interpersonalen Bereich der Ich-Du-Beziehung. Dann müßte man mit Adorno sagen, daß der „Versuch scheiterte; wohl darum, weil er nicht an die gesellschaftliche Ordnung rührte".

Zu dieser Frage, die ich für die wesentliche halte, wäre so viel zu sagen, daß ich abbreche.

Wer, selber ratlos genug, sich anmaßte, Ratschläge zu geben, wäre zu leicht in der Situation dessen, der die Probleme von oben beurteilt und sie damit in Wahrheit unterbietet. Das war nicht der Sinn dieser etwas atemlosen Überlegungen; sie sind keine empirische Untersuchung, bloß Hypothesen, aus einer bescheidenen Kenntnis heraus, die sich auf Erfahrung, Lektüre und jene „Sympathie für die christliche Botschaft" gründet, von der das sozialistische Parteiprogramm spricht: Marginalien eben.

Franz Slawik

> Die Demokratie ist der Mutterboden, auf dem wir leben. Hüten wir sie gegen alle Versuche, sie umzufunktionieren, sie auszuhöhlen, sie zu untergraben. Die Gewerkschaftsbewegung ist eine der Säulen dieses Staates. Sie wird auch ein Wächter der Demokratie sein.
> (Zitat aus dem „Mariazeller Manifest")

Um die Beziehungen zwischen Kirche und Gewerkschaftsbewegung war es in der Vergangenheit nicht zum besten bestellt. Inzwischen sind die Zeiten, in denen sich Kirche und Gewerkschaften feindlich, zumindest aber vorsichtig abwartend, mißtrauisch oder mit gemischten Gefühlen gegenüberstanden, endgültig vorbei. Dieser Durchbruch ist vor allem zwei Männern zu danken:

Kardinal Dr. Franz König und dem Präsidenten des Österreichischen Gewerkschaftsbundes, Anton Benya, die das 1945 begonnene Gespräch und das Bemühen um eine Verständigung fortsetzten. Diese Annäherung stützte sich unter anderem auch auf Ideen und Vorstellungen der großen Enzykliken „Rerum novarum" (1891), „Quadragesimo anno" (1931), „Mater et Magistra" (1961) und „Populorum progressio" (1967), in denen die soziale Lehre der Päpste und damit der Kirche verkündet wurde. Den Grundstein zu dieser Entwicklung legte die Enzyklika „Rerum novarum" von Leo XIII., wo es heißt, daß man den unteren Volksschichten schnell und wirksam helfen muß, da sie größtenteils in tiefer Verelendung ein menschenunwürdiges Dasein führen. Dem vorbehaltlosen Bekenntnis Leos XIII. zur Koalitionsfreiheit kam bahnbrechende Wirkung zu. In der Enzyklika „Quadragesimo anno" von Pius XI. wurde zur Auseinandersetzung der Klassen wie folgt Stellung genommen: In Zukunft darf sich die neugeschaffene Güterfülle nur in einem billigen Verhältnis bei den besitzenden Kreisen anhäufen, dagegen muß sie in breitem Strom der Lohnarbeiterschaft zufließen.

Die Enzykliken „Mater et Magistra" und „Populorum progressio" legten den Standpunkt der Kirche zur Mitbestimmung der Arbeiter und zur gesellschaftlichen Situation dar.

Der große Wandel im Verhältnis zwischen Kirche und der Arbeiter- und Gewerkschaftsbewegung setzte aber erst in der nationalsozialistischen Ära ein. Die alten Gegensätze wurden angesichts der gemeinsam erlittenen Unterdrückung unbedeutend.

Im Jahre 1945 zeigen beide Seiten den ehrlichen Willen, neu zu beginnen. Zur wesentlichen Klimaverbesserung kam es, als sich Arbeiter, Angestellte und Beamte aller Weltanschauungen in einem gemeinsamen, überparteilichen Gewerkschaftsbund zusammenfanden. Die Kirche achtete fortan die Bemühungen des Österreichischen Gewerkschaftsbundes, die soziale Lage der Arbeiter zu verbessern. Sie anerkennt die österreichische Gewerkschaftsbewegung als einen Faktor, der den Arbeitnehmern nicht nur hilft, ihren Lebensstandard zu verbessern, sondern ihnen auch einen gleichberechtigten Platz in der Gesellschaft geben will.

Das entspannte Verhältnis zwischen Kirche und Gewerkschaftsbewegung kam in einem Artikel des Kardinals Dr. Franz König zum Ausdruck, der im Dezember 1957 in der „Solidarität", dem

Zentralorgan des ÖGB, veröffentlicht wurde. Darin hieß es unter anderem:

„Daß im Laufe der letzten Jahrzehnte vieles besser geworden ist, geht in erster Linie auf die auf Solidarität aufgebaute Arbeit der Gewerkschaften zurück. Der einzelne wird von ihr getragen und zum Erfolg geführt. Gewerkschaftsarbeit ist Arbeit für das Recht des Individuums auf den gerechten Anteil am Sozialprodukt, auf echte Gleichberechtigung als gleichberechtigter Partner. Damit sind aber auch Taten christlicher Handlung gesetzt."

Partnerschaft zwischen Kirche und Gewerkschaft:
Die Signalwirkung dieser Worte blieb nicht ohne Widerhall. Es gibt heute leider nur wenige Staaten, in denen es, wie in Österreich, möglich ist, daß der oberste Repräsentant der Kirche — der Kardinal — seit zwei Jahrzehnten an den Eröffnungsfeierlichkeiten der alle vier Jahre stattfindenden Gewerkschaftskongresse teilnimmt und der — wie im Jahre 1973 — vor dem Bundesvorstand, dem Spitzengremium des ÖGB, einen Vortrag hält, in dem er grundsätzlich zu den neuen Beziehungen zwischen Kirche und Gewerkschaften Stellung nimmt.

Dieses Referat fand im In- und Ausland starke Beachtung. Dabei erklärte der Kardinal, die Kirche in Österreich habe aus den Fehlern der Vergangenheit gelernt und sich aus der Parteipolitik zurückgezogen. Als Christ könne man seiner politischen Überzeugung in verschiedenen politischen Gruppierungen Ausdruck geben.

Die Kirche maße sich nicht den Sachverstand an, zu entscheiden, was ein Christ in jeder konkreten Situation und in jeder Frage tun darf. Wie Kardinal König weiter erklärte, suche die Kirche in vielen praktischen Fragen auch die Partnerschaft einer so bewährten und verantwortungsbewußten Institution wie des Gewerkschaftsbundes. Der Kardinal verwies vor allem auf die Erwachsenenbildung, die Entwicklungshilfe und die Hilfe für die Gastarbeiter. Schließlich führte er aus, haben die Arbeiter, Angestellten und Beamten, die in den Betrieben beweisen, daß sie fähig sind, Verantwortung zu tragen, auch das Recht auf Mitbestimmung.

Dieser historischen Begegnung zwischen Kirche und Gewerkschaft, die unter dem Motto „Die gemeinsame Basis ist der Mensch" stand, liegt mehr als fünf Jahre zurück. Dieses Ziel hat für beide Seiten nichts an Aktualität eingebüßt. Präsident Benya hat die

Bereitschaft des ÖGB zur Zusammenarbeit und Kooperation nachdrücklich betont:

„Nach den bittern Erfahrungen der Vergangenheit wird man uns immer auf der Brücke des Gesprächs finden im Interesse Österreichs, im Interesse der Menschen dieses Landes, denen wir alle, die Kirche wie auch die Gewerkschaften, dienen wollen."

In dieser Ansicht weiß sich Präsident Benya eins mit der überwiegenden Mehrheit der Mitglieder des Österreichischen Gewerkschaftsbundes. *Alfred Stroër*

Wilhelm Zauner

KIRCHE IN ÖSTERREICH

Überlegungen zu einem Entwurf

„Was tun Sie", wurde Herr K. gefragt, „wenn Sie einen Menschen lieben?"

„Ich mache einen Entwurf von ihm", sagte Herr K., „und sorge, daß er ihm ähnlich wird."

„Wer? Der Entwurf?"

„Nein", sagte Herr K., „der Mensch."

So Bertolt Brecht in seinen „Geschichten vom Herrn Keuner."[1] Die Lektüre des „Fünfjahresberichtes über den Stand der gesellschaftlichen Wirksamkeit der Kirche in Österreich" drängt von selbst die Frage auf: Wie geht es weiter? Wer kann sich ein Bild davon machen, wie diese Kirche in einigen Jahren aussehen wird, beim nächsten oder übernächsten Fünfjahresbericht? Doch nein — kein Bild. Nur einen Entwurf. Das zweite Gebot Gottes gilt auch für die Kirche: „Du sollst dir kein Bild machen." Ein Bild ist etwas Fixes, Fertiges. Es zeigt, was ist und was gewesen ist. Es kann daher genau sein, ins Detail gehen. Ein Entwurf zeigt Umrisse, läßt vieles offen. Er verbaut nicht die Zukunft, rechnet mit Faktoren, die sich noch nicht berechnen lassen. Er hat aber auch eine Absicht: So könnte, sollte es werden.

Wie kommen wir zu einem Entwurf? Er muß sich aus der Geschichte und der Situation ergeben, aus dem Bedenken der Mentalität und des Charakters jener, die hier Kirche bilden, aus der Rückfrage auf die Imperative, die der Kirche mitgegeben sind. Es ist also die Frage: Welche Linien der Vergangenheit sind weiter zu verfolgen, vielleicht stärker nachzuziehen; welche Korrekturen sind anzubringen?

Der Jahresbericht verleitet zu der Fragestellung: Wie kann die

Wirksamkeit der Kirche im gesellschaftlichen Bereich erhöht werden? Wie muß die Kirche in Österreich aufgebaut und organisiert werden, daß sie in ihren Forderungen nicht überhört, übergangen oder hintergangen werden kann? Wie kann die Kirche auf Politik und Wirtschaft, auf Familien, Jugend, Bildungswesen, Kunst, Literatur und Publizistik einen Einfluß nehmen, mit dem man rechnen muß?

Eine so geplante Kirche würde sich in eine Reihe mit den verschiedenen anderen gesellschaftspolitischen Kräften stellen und in einen Konkurrenzkampf geraten, den sie letztlich nur verlieren könnte. Wer in der Kirche machtpolitisch denkt, wird Ohnmacht erfahren. „Die das Schwert ergreifen, kommen durch das Schwert um" (Mt 26,52) — weil sie Mittel anwenden, die ihnen nicht zukommen.

Bei einer Planung der Kirche für das nächste Jahrzehnt ist vielmehr zunächst die Verwirklichung des Christlichen in den einzelnen Menschen ins Auge zu fassen, das ist Glaube, Hoffnung und Liebe. Das Leben der Kirche selbst, die Entwicklung der kirchlichen Gemeinschaften bleiben die erste Sorge der Kirche. Sie hat ihr eigenes Haus zuerst zu bestellen, dann werden sich schon Menschen finden, die genug Phantasie, moralische Kraft, Denkintensität und Durchsetzungsvermögen aufbringen, um in den verschiedenen gesellschaftlichen Bereichen wirksam zu werden, als einzelne oder als apostolische Gruppen. Das unverfälschte Christentum bedarf nicht der Bestätigung oder Aufrechnung von sozialen, politischen oder kulturellen Leistungen. Diese werden sich durch die Aufnahme des unverkürzten Evangeliums und die Umsetzung in Kirchlichkeit von selbst ergeben. Wird jedoch eine dieser Auswirkungen unmittelbar als Einflußnahme gedacht oder geplant, ist sie im Innersten verdorben. Die Gesellschaft als Integration und Zusammenordnung der verschiedenen Menschengruppen, Kräfte und Trends läßt sich wohl eine Einwirkung von Ideen, von ethischen und religiösen Kräften gefallen, aber keine Manipulation. Eine Kirche als „pressure group" ist keinesfalls gewünscht. Bei Kultur, Kunst, Wissenschaft, Forschung und Hochschule ist ein geplanter, strategisch entworfener und direkter Einfluß von Kirche und kirchlichen Kreisen fatal und kann nur auf Ablehnung stoßen. Das Zweite Vatikanum hat die Autonomie der weltlichen Sachbereiche anerkannt. Es hat damit nichts aus der

Hand gegeben. Diese Anerkennung war vielmehr die Frucht einer jahrhundertelangen Erfahrung: Wo immer christlicher Glaube intensiv gelebt wurde, wo immer sich die Kirche und die einzelnen Christen ganz auf das eingelassen haben, was Sinn, Auftrag und Methode der Kirche ist, ergab sich als Frucht das, was man christliche Kultur, christliches Abendland und dergleichen nennt. Diese Frucht war als solche nicht geplant, sondern sie war geschenkt. Politiker mit Virulenz, Menschen mit Kultur geben der Kirche Raum. Sie erwarten sich von ihr Anregungen und eine Herausforderung. Sie lieben die Atmosphäre, in der Christen leben. Sie lassen sich von den Christen und der Kirche etwas — wenn auch nicht alles — sagen. Aber einen „Papacäsarismus" im Sinne Bonifaz' VIII. gibt es nicht.

Natürlich können Christentum und kirchliches Leben nicht getrennt von der Welt entwickelt und gelebt werden. Es bedarf dazu immer eines Dreischrittes:

1. Der Erkenntnis der Conditio humana: Als was sieht und erlebt sich der Mensch, was sagen über ihn Dichter und Philosophen der Zeit? Wie erlebt sich der Mensch in Stadt und Land als Arzt, Bauer, Lehrer, Mann und Frau, Arbeitgeber und Arbeitnehmer? Wie analysieren die Wissenschaften den Menschen heute, wie interpretieren ihn die Künstler?

2. Der Erkenntnis des Evangeliums einschließlich seiner gültigen Interpretationen in Kult und Kunst, Gebet, Dogma, Verkündigung und Brauchtum.

3. Einer Konfrontation von Conditio humana und Evangelium für alle Christen und kirchlichen Gemeinschaften, um die heutige christliche Verwirklichung, Theorie und Praxis zu finden.

I. DREI DENKFELDER: DAS KIRCHLICHE, DAS KATHOLISCHE, DAS ÖSTERREICHISCHE

Das Thema „Katholische Kirche in Österreich" gibt uns vorerst drei Denkfelder auf: Die Kirchlichkeit der Kirche in Österreich, die Katholizität dieser Kirche und das österreichische Element in dieser Kirche.

1. Das Kirchliche

Unter Kirchlichkeit versteht man Identifikation mit der Kirche. Wie weit identifiziert sich also der Österreicher mit der Kirche, wie weit sieht er in der Kirche ein Stück Österreich, findet er sich selbst, seine Identität kirchlich eingefärbt vor? Wie weit verteidigt er auch die Kirche mit, wenn er sich als Österreicher darstellt und verteidigt? Ein Blick auf die Statistik scheint nicht gerade ermutigend zu wirken. „Wie kommen wir aus der Krise?" fragt Paul Michael Zulehner in einem Buch, in dem er die kirchliche Statistik Österreichs 1945—1975 erläutert.[2] Man findet dort in exakten Zahlen vorgerechnet und in anschaulichen Graphiken nachgezeichnet, was im Fünfjahresbericht fehlt und so etwas wie eine ergänzende, privat nachgereichte Hintergrundinformation darstellt. Einen „Schwanengesang in Zahlen" nennt eine Rezension die Statistiken, die Zulehner vorlegt.[3] Es ist klar: Die gesellschaftliche Wirksamkeit der Kirche in Österreich nimmt ab, weil die Beteiligung am kirchlichen Leben abnimmt. Tatsächlich ist ein Blick auf die Zahlen bedrückend: Über 20.000 Österreicher treten seit 1974 jährlich aus der Kirche aus, nur ein Drittel der durch Kirchengebot Verpflichteten nimmt an den Sonntagsmessen teil, der Mitgliederstand katholischer Organisationen sinkt, die Priester- und Ordensberufe gehen zurück. Was ist dem Österreicher die Kirche wert? Wird die Kirche in der Lage sein, diesen Trend abzufangen?

Zulehner weist selbst darauf hin, daß es keinen schicksalhaften Trend gibt.[4] Die Kraft der Kirche kann nicht nur an Zahlen gemessen werden. Würde man die Geschichte der öffentlichen Tätigkeit Jesu mit Statistiken verfolgen, so ergäbe sich ein Trend, der mit Sicherheit nachweisen könnte, daß seine Sache verloren war. Was die Statistik nur als absoluten Niedergang und Ende hätte ausweisen können, das hat sich theologisch als Anfang, als Mittel- und Höhepunkt erwiesen: Tod und Auferstehung Jesu waren nicht nur der Sieg seiner Sache, sondern auch die Geburt der Kirche. Der Theologe sieht darin nicht nur ein einmaliges Ereignis, sondern eine bleibende Struktur: Die Kraft der Kirche kommt nicht aus der Zahl der Mitglieder, der Teilnehmer an Gottesdiensten oder anderen kirchlichen Vorgängen, sondern aus der Kraft Gottes und der Richtigkeit ihres Weges.

Eine solche Parallele darf freilich kein billiger Versuch zur Rationalisierung eines Debakels sein. Sie stellt vielmehr die Kirche vor die nüchterne Frage nach der Kraft ihres Glaubens, nach der Bereitschaft, den Weg Jesu zu gehen. Vor aller Frage nach neuen Seelsorgsmethoden, die der Kirche wieder eine regere Beteiligung der Gläubigen am kirchlichen Leben sichern könnten, muß die Frage nach tiefen gemeinsamen Überzeugungen stehen — und die Frage, wie viele Katholiken bereit sind, dafür einzustehen und auch Nachteile in Kauf zu nehmen. Die Zukunft der Kirche in Österreich wird sicher nicht zunächst davon abhängen, wie viele Personen mehr sich in den nächsten Jahren an kirchlichen Vorgängen beteiligen. Sie wird vielmehr zunächst von der Radikalität und Reinheit des Glaubens bestimmt sein, mit dem einzelne und Gruppen den Weg Jesu in der Kirche gehen und mit dem die Kirche in Österreich als ganze ihren Weg geht.

Freilich ist das nur die eine Seite, wenn mir auch scheint, daß es die wichtigste ist. Gerade aus einer tiefen Glaubensüberzeugung heraus kann sich die Kirche nicht auf das Wirken weniger verlassen, sondern muß sie immer das Heil aller im Auge haben, und das heißt wohl auch die Beteiligung möglichst vieler am Leben der Kirche. Daß dies erreicht wird, bedarf es wohl zunächst eines umfassenden Lernprozesses der Kirche selbst. Sie muß schlicht und einfach den Umgang mit Zahlen lernen. Bisher lagen für eine geplante Seelsorge ja nur geschätzte oder wenig verwertbare Zahlen vor. Wenn es durch die moderne Soziologie möglich ist, immer genauere Untersuchungen auf den Tisch zu bekommen, so sollen deren Ergebnisse bei den Verantwortlichen der Kirche keine Aggressionen wecken. Sie sollen in den Statistiken auch nicht die Versuchung des David sehen, seine Mannen zu zählen.[5] Sie müssen vielmehr in Gelassenheit aufgrund des Situationsberichtes und einer sorgfältigen Analyse lernen, eine Art pastorale Strategie zu entwickeln. Wenn sich auch die Forderung nach einer solchen pastoralen Strategie immer lauter erhebt, so muß doch auch ehrlich und nüchtern festgestellt werden, daß die ersten Ansätze dazu nicht allzuviel gebracht haben. Die Pastoralkommission Österreichs hat in sehr intensiven Diskussionen versucht, einen Pastoralplan zu entwickeln, der auch von der Bischofskonferenz angenommen wurde.[6] Er wurde jedoch in der Öffentlichkeit nicht bekannt und auch nicht mit Elan durchgesetzt. Das mag vielleicht auch am Plan selbst liegen, an mangelnder Griffigkeit und Konkretheit. Es muß jedoch weitergearbeitet werden, um aufgrund einer immer vollkommener werdenden Diagnose auch zu entsprechenden Reaktionen der Kirche zu kommen.

Es besteht natürlich die Versuchung, den eingefahrenen und laufenden Betrieb weiterzumachen und mit vermehrter Anstrengung aufrechtzuerhalten. Zulehner stellt jedoch einige Anzeichen fest, die Mut machen: „Es gibt im weiten institutionellen Rahmen der Großkirche alte und neue lebendige Gruppen, Gemeinden, engagierte einzelne. Kirchliches Leben ist — bei aller Verdunstung von Kirchlichkeit — von der Mitte der Kirche her auch reicher und vielfältiger geworden. Hier liegt der große Gewinn der jüngsten Phase des kirchlichen Lebens, in der Liturgie, im Laienapostolat, in der Wiederentdeckung der Gemeindeidee, in einem Neuerwachen der Kirchenidee."[7] Das Entscheidende wird wohl die Erfahrung und Überzeugung sein, daß Kirche als Gemeinde nahekommen und in der Gemeinde erlebt werden muß.[8] In dem Maß, als Christengemeinden zusammenfinden werden, wird sich auch die Kirchlichkeit der Kirche halten und heben lassen.

2. Das Katholische

In Österreich besteht kaum die Gefahr einer Nationalkirche. Die Offenheit der Kirche in Österreich auf die Weltkirche hin, das Bewußtsein, Teil eines größeren Ganzen zu sein, gehört zu ihren besten Eigenschaften.

Katholizität nach außen

Man könnte wohl noch viel besser die Kontakte nützen, die die Kirche in Österreich als Teil der Weltkirche besitzt. Man könnte noch viel mehr das sein, was man in Österreich gerne sein möchte, nämlich Brücke oder Drehscheibe. Man könnte noch viel mehr bei den großen Entwicklungen der Weltkirche mitwirken. Die Internationalität als eine Seite der Katholizität ist eine bedeutende Chance. Österreich müßte dort vertreten sein, wo geistige und religiöse Aufbrüche stattfinden. Geistige Bewegungen kommen ja für gewöhnlich erst mit einer Verzögerung von fünf bis zehn Jahren, meist von Amerika über die Bundesrepublik Deutschland ins Land. Sie wirken sich hier oft nur mehr gedämpft und in Form von

Ausläufern aus, wie man dies zum Beispiel bei der charismatischen Bewegung wieder erlebt hat.

Eine besondere Bedeutung kommt der Kirche in Österreich vor allem für die östlichen Länder zu. Die Kontakte zu den dortigen Kirchen, ein entsprechender Reise- und Briefverkehr, menschliche und geistliche Hilfe und gegenseitige Anregung ergeben sich wie von selbst aus der geographischen Lage wie aus den geschichtlichen Gegebenheiten. Das hier verborgene Potential wurde jedoch noch keineswegs in ausreichendem Maße genützt. Man reist natürlich bequemer in die westlichen Länder. Nur einzelne nützen ihren Reisepaß, um Christen und Gemeinden im Osten zu besuchen.

Der von Kardinal König auf Anregung Otto Mauers ins Leben gerufenen Stiftung „Pro Oriente" kommt ein besonderer Platz zu. Hier werden die geographische Lage und die Tradition Wiens zu regelmäßigen, institutionalisierten Kontakten mit den Kirchen des Ostens genützt. Katholizität über die Grenzen der katholischen Kirche hinaus! — Vielleicht waren auch die Lage und Tradition Wiens ein Grund, den Wiener Erzbischof mit der Leitung des Sekretariates für die Nichtglaubenden (in West und Ost) zu betrauen. Katholizität als Öffnung, als Blick auf den ganzen und auf alle Menschen! Merk's Wien, merk's Österreich!

Auch die kirchliche Entwicklungshilfe ist so etwas wie „Katholizität nach außen", noch dazu eine sehr griffige und konkrete Form. Die Leistungen des kleinen Österreich auf diesem Gebiet sind enorm. Die Entwicklungshilfe müßte jedoch noch mehr von den Gemeinden als solchen getragen und verstanden werden und darf nicht als eine exotische Form von Caritas oder gar als Hobby einzelner Christen mit Fernweh eingeschätzt werden.

Katholizität nach innen

Es gibt aber wohl auch eine Katholizität nach innen zu bewahren. Nach einer Phase enger Zusammenarbeit der österreichischen Diözesen scheint eine Phase der Ermüdung eingetreten zu sein. Die kirchenrechtliche Eigenständigkeit der Diözesen wurde wieder in Erinnerung gebracht, die gesamtösterreichischen kirchlichen Institutionen wurden — wenn auch scheinbar nur im Zusammenhang mit organisatorischen Belangen — in Frage gestellt. Es ist natürlich richtig, daß das Wirken der Bischöfe sich nicht im Rahmen der Bischofskonferenz erschöpfen darf und die Farbigkeit diözesaner

Einrichtungen nicht durch zentrale Institutionen ersetzt werden kann. Jedoch scheinen Kooperation und Koordination einfach auch andere Worte für Katholizität zu sein. Das Offenhalten der eigenen Gemeinde für die anderen Gemeinden, der eigenen Organisation für andere Organisationen, einer Diözese für die andere bedarf einer geistigen Anstrengung, die sich gerade die katholische Kirche nicht ersparen darf. Wenn wir auch keine österreichische (National-)Kirche wollen, so wollen wir doch *eine* Kirche in Österreich. In einer Zeit immer größerer Verflechtung der Wirtschaft und Politik, der Wissenschaft und der Freizeitbereiche kann es sich die Kirche nicht leisten, daß einzelne Diözesen und Organisationen nach der Mentalität „my home is my country" leben. Die freiwillige teilweise Aufgabe von Souveränität ist wohl um der Katholizität willen gefordert.

3. Das Österreichische

Österreich ist für die Kirche dieses Landes nicht nur ein vorgegebener Lebensraum, der das kirchliche Leben beeinflußt, sondern auch ein Kulturbereich, der wesentlich durch die katholische Kirche mitgestaltet wurde. Es ist sozusagen der lokale Kairos, der der Kirche gegeben ist. Es gibt ohne Zweifel einen österreichischen Katholizismus und den österreichischen Katholiken. Es fehlt auch nicht an Versuchen, den Typus des österreichischen Katholiken zu schildern.[9] Der österreichische Katholizismus hat zum Teil eine Eigenständigkeit erlangt, die an den polnischen Katholizismus erinnert. Auf die Frage, ob es auch in Polen Religiosität ohne Kirchlichkeit gäbe, antwortete mir ein Theologe: „Bei uns gibt es eher Kirchlichkeit ohne Religiosität." Das erinnert an den Ausspruch eines prominenten Österreichers: „Ich bin zwar kein gläubiger, aber ein begeisterter Katholik." So bleibt wohl auch noch allerhand österreichischer Katholizismus in jenen, die sich am kirchlichen Leben nicht beteiligen, ja sogar aus der Kirche austreten — wenn nicht gar bei einigen der Kirchenaustritt eine Folge ihres österreichischen Katholizismus ist, der die Kirchenzugehörigkeit nicht so hoch ansetzt wie eine gewisse allgemeine Gläubigkeit und den bloßen Respekt vor der Kirche.[10]

Eine der Ursachen für die beklagte Verdunstung von Kirchlichkeit ist sicher auch das Verblassen des Katholizismus in Österreich.

Wie das Christentum der Kirchlichkeit bedarf, so bedarf die Kirchlichkeit der Einbettung in einen Katholizismus. Man versteht darunter die Einfärbung des kirchlichen Lebens von der Kultur, von der Folklore und vom Brauchtum eines Volkes her. Ohne Zweifel hat in den letzten zwanzig Jahren die Pflege des katholischen Brauchtums und der Folklore sehr stark nachgelassen. Ja sie wurde sogar als bloße Äußerlichkeit belächelt und abgetan. Der religiöse Schmuck der Wohnungen, religiöse Feiern in den Familien, die Pflege von Bildstöcken und Kapellen, die Teilnahme an den Prozessionen u. dgl. sind stark zurückgegangen. Die Ursachen liegen sowohl im gesellschaftlichen Wandel als auch in der großen konziliaren Kirchenreform, die sich vor allem mit den kirchlichen Grundvorgängen befaßt hat und befassen mußte. Die (notwendigen) reformerischen Eingriffe des Konzils ins kirchliche Leben haben auf jede Gemeinde wie eine schwere Operation gewirkt. Manche meinen, man habe allzutief geschnitten, andere, man sei zu barmherzig vorgegangen. Jedenfalls befinden sich die Gemeinden jetzt in Rekonvaleszenz. Kreislauf und Blutdruck stimmen noch nicht, Antriebsschwäche hemmt die Unternehmungslust. Der „Patient" ist auf Ruhe und Schonung aus. Es muß sich erst alles wieder einpendeln.

Hier liegt natürlich auch eine wichtige Ursache für den Rückgang des kirchlichen Lebens. Viele wurden durch die Veränderungen irritiert und der Kirche entfremdet. Das erneuerte theologische Denken, die neue Liturgie und die neuen Ausdrucksformen kirchlichen Lebens müssen erst wieder ins Volk wachsen, das Herz erheben, die Seele anrühren, die Mitte treffen. Die Einfärbung ins Österreichische muß erst beginnen.

Das wird nicht so leicht sein. Das Gute kann hier leicht der Feind des Besseren sein: Wir haben erstmals ein gemeinsames Gebet- und Gesangbuch für den ganzen deutschen Sprachraum — mit Österreich-„Anhang". Bei allzu rigoroser Durchführung der Einheitlichkeit könnte das bodenständige Liedgut zu kurz kommen. Wir haben neue Rituale für den ganzen deutschen Sprachraum, aber erstmals keine Diözesanrituale mehr. Es ist ein gemeinsames Benediktionale, ein Buch für Segnungen, herausgekommen. Viele diözesane Gebete, Bräuche und Segnungen werden damit entweder abgeschafft oder doch einfach nicht mehr verwendet werden. Man kann sich auch daran begeistern, daß man nun im ganzen deutschen

Sprachgebiet gleich singt, betet, segnet — die Farben des Lebens jedoch sind bunt. Der Österreicher, der dem deutschen Urlauber zuliebe schon auf sein Obers, seine Erdäpfel und Paradeiser verzichtet, soll nicht auch noch im kirchlichen Leben Schlagsahne, Kartoffeln und Tomaten singen, sagen und segnen müssen. So sehr wir Internationalität als eine Form von Katholizität begrüßen, so wenig bringt uns und anderen die geistlose Anpassung und Gleichmacherei, der Verzicht auf die eigenen Farben zugunsten einer Einheitsfarbe.

Noch einmal: Nach den notwendigen Verpflanzungen kommt alles darauf an, daß die Bäume wieder einwurzeln, Laub tragen und einige zusätzliche Triebe ansetzen können. Auch das „Unterholz" wird sich erst wieder bilden müssen, die nicht verordneten und nicht offiziellen kirchlichen Vorgänge, die aus den Traditionen, der Mentalität und Phantasie des Volkes erwachsen. Erst wenn das offizielle Kleid des kirchlichen Lebens wieder die österreichischen Farben trägt, wird man sich wieder gerne damit sehen lassen.

Es ist also nun darüber nachzudenken, was aus dem Volkscharakter und der Geschichte heraus für unser Land charakteristisch ist, welche Linien nachgezogen und welche Elemente betont werden müßten.

II. DREI ELEMENTE: DAS SCHÖNE, DAS INTELLEKTUELLE UND DAS PÄDAGOGISCHE

1. *Das Schöne*

„Bleibt die Kirche ein Ort des Schönen?" fragt der Grazer Hochschulseelsorger Egon Kapellari in der *Furche*. Er zeigt auf, daß das Schöne eine Kategorie des Katholischen ist und daß in dieser Kirche auch alle scheinbare Abwendung von dieser Kategorie immer wieder ins Schöne geriet. Kapellari stellt fest: „Gewiß hat beispielsweise in Österreich keine andere Institution so viel an Schönem in nicht museal gewordenem ‚Besitz' und ‚Gebrauch' wie die katholische Kirche mit Kirchenhaus, Kloster, Gemälde, Skulptur und geistlicher Musik. Nur ein geringer Teil von alldem entstammt freilich der jüngsten Zeit. Das meiste ist altes Erbe und als solches doppelwertig, ebenso Geschenk wie Last."[11]

Die Vernachlässigung des Schönen wirkt sich in Österreich auf besondere Weise aus, ist doch das Schöne die Kategorie, unter der der Österreicher vor allem das Gute und Wahre begreift.[12] Der Österreicher ist eben kein Dogmatiker, dem es auf pedantische Richtigkeit ankommt. Nur was schön ist, überzeugt ihn wirklich. Pulchrum et verum convertuntur.

In den letzten Jahren wurden viele Klöster renoviert und mit neuem Leben erfüllt. Viele Menschen haben das Bedürfnis, sich aus der unschönen, überall auf der Welt gleichen und normierten Wohnarchitektur der neuen Stadtviertel in ein Gebäude zu begeben, das nicht nach Kategorien der bloßen Zweckmäßigkeit und Wirtschaftlichkeit, sondern vor allem nach der Kategorie des Schönen errichtet worden ist. Sie strömen in Scharen zu Konzerten in die renovierten Stiftssäle, zur Besichtigung von Ausstellungen und Kunstsammlungen. Sie lassen auch gerne wieder die Erhabenheit und Länge klösterlicher Liturgie auf sich wirken. Die Bedeutung der Klöster für das Erlebnis von Kirche in den nächsten Jahren kann wohl kaum überschätzt werden.

Ebenso scheint sich die Kirche im Lande wieder mehr des immensen Schatzes bewußt zu werden, den sie in der Kirchenmusik besitzt, angefangen vom Gregorianischen Choral bis zur Wiener Klassik und der ungebrochenen Tradition österreichischer Kirchenmusik bis ins 20. Jahrhundert. In diesem Zusammenhang muß auch auf die Bedeutung der Kirchenchöre verwiesen werden. Manche haben durch die Liturgiereform das Gefühl der Überflüssigkeit bekommen und sich zum Service für die „Altgläuber" degradieren lassen. Es ist jedoch für jede Gemeinde von Bedeutung, wenigstens an den hohen Feiertagen mit einem wohlvorbereiteten, auch musikalisch schönen Gottesdienst rechnen zu dürfen. Der Rückgriff auf die lateinische Kirchenmusik kann das Bewußtsein vermitteln, daß die Kirche aus alten und wertvollen Quellen schöpft, die sich als durchaus lebendig erweisen. Die gesamte Liturgie müßte wieder mehr die Kategorie des Schönen gewinnen. Man hat diese aus dem berechtigten Anliegen nach mehr Spontaneität und Lebensnähe, aber auch unter dem Druck eines größeren gottesdienstlichen Angebotes bei sinkender Priesterzahl vernachlässigt. Es ist jedoch auch Aufgabe des Gottesdienstes, aus der Gewöhnlichkeit des Tages und des Alltags herauszuführen. Das ist nicht möglich, wenn er den Eindruck der Routine, des schnell

Improvisierten macht und den Anspruch des ruhig Schönen gar nicht mehr erhebt.

Ein Ort des Schönen müßte die Kirche aber auch in bezug auf die Sprache sein. Gerade in einer Zeit, in der die Sprache zum Konsumartikel geworden ist, kann der behutsame und verantwortungsvolle Umgang mit der Sprache auf besondere Weise überzeugen. Die Kirche besitzt nicht nur in ihren Gebeten, Hymnen und Lehraussagen einen bedeutenden Sprachschatz. Sie muß sich durch den aktuellen Umgang mit der Sprache und durch ihr Sprachniveau ausweisen. Das betrifft nicht nur die liturgischen Texte und ihre Übersetzungen, nicht nur die Predigten, sondern den gesamten Sprachstil, in dem sich die Kirche in der Öffentlichkeit artikuliert. „Deine Sprache verrät dich ja", hat die Magd zu Petrus gesagt. Sie verrät durch Phrasen, Schlampigkeit, binnenkirchliche Wendungen ohne Inhalt. Zur Gewissenserforschung seien die Mitarbeiter an Hirtenworten ebenso eingeladen wie die Verfasser von Fürbitten, die Prediger ebenso wie die Kirchenzeitungen.

Die Frage nach dem Umgang mit der Sprache stellt natürlich auch die Frage nach dem Verhältnis der Kirche zur Literatur. Die Kirche hat heute keine großen Autoren, keine mitreißenden Bücher wie noch vor einigen Jahrzehnten. Damals hatte jeder die Bücher von Bernanos, Péguy, Graham Greene, Léon Bloy u. a. gelesen. Junge Menschen lasen Saint-Exupéry, Larigaudy, das Volk seinen Reimmichl. Wir haben in diesem Sinne keine katholischen Autoren mehr. Es gibt aber eine ganze Reihe von Autoren, die sich mit der Kirche auseinandersetzen und von ihr anregen lassen, etwa Alois Brandstätter und — wenn auch sehr kritisch — Thomas Bernhard.

Man wird nicht sagen dürfen, die Kirche habe die Künstler verloren. Sie soll ja die Künstler gar nicht „haben", in Dienst nehmen, von sich abhängig machen durch Aufträge oder Zensuren. Die Kirche als Ganzes stellt jedoch nach wie vor eine Herausforderung für die Künste dar und umgekehrt. In einem Vortrag über das Thema „Moderne Kunst als pastorales Problem" hat Otto Mauer gesagt: „So wie die Kirche seit den Tagen der Apologeten gelernt hat, sich mit der Philosophie zu beschäftigen, so wie sie sich ständig mit dem Politischen auseinandergesetzt hat, wie sie sich ständig mit jenen Wirklichkeiten befaßt hat, die sie betroffen haben im wahrsten Sinne des Wortes, so muß sie sich auch permanent in einen Dialog mit der Kunst einlassen (um dieses allzuoft gebrauchte

Wort trotzdem zu gebrauchen). Wenn man den abbricht, kommt man in die böse Isolierung. Das heißt also: nicht nur in Alexandrien bleiben, sondern nach Athen gehen: So wie die Kappadokier es begriffen haben, daß man nach Athen gehen muß, in die Metropole der heidnischen Philosophie, und nicht nur in der Katechetenschule in Alexandrien bleiben darf. Theologisieren und philosophieren kann man nur aufgrund eines unausgesetzten Kontaktes mit der Wissenschaft und Kunst seiner Zeit."[13] Mauer selbst hat sich mit ganzer Leidenschaft dieser Aufgabe gestellt. Er war als Theologe und Kunstkritiker in Auseinandersetzung mit Kubin, Boeckl, Wotruba; er hat Prachensky, Rainer, Fuchs und viele andere gefördert, hat Ausstellungen gemacht und Aufträge vermittelt. Viele Künstler haben durch ihn das religiöse Anliegen entdeckt und in ihrer Kunst religiöse Aussagen gemacht. Die Kirche (und die Künstler) können ihm dafür dankbar sein. Es ist auch kein Zufall, daß sich führende Künstler mit dem Problem der Transzendenz in der Kunst auseinandersetzen, wie die Zeitschrift „Kunst und Kirche" beweist.[14]

Otto Mauer hat in seinen letzten Lebensjahren immer wieder davon gesprochen, daß die Kirche wieder mehr Eros, mehr Sinnenhaftigkeit brauchen würde. Das erotische Element in der Kirche sei einem pseudo-intellektualistischen gewichen, dem das Faszinierende, das Mitreißende fehle und kirchliche Vorgänge langweilig und fade mache. Zu diesem Anliegen gehört wohl auch die Frage nach einer Kultur der Emotion. Viele denken nur an eine rasche Absättigung aufkommender Gefühle, an die Abreaktion von Aggressionen oder an die Notwendigkeit, das Geschäftsleben von Gefühlen freizuhalten. Der emotionale Bereich des Menschen bedarf des ordnenden, kultivierenden Eingriffs, der als Befreiung und Erleichterung erlebt wird. Für den Bereich der Ehe und des vorehelichen Verhaltens etwa ist eine Kultur der Zärtlichkeit von größter Bedeutung. Für den gesamten Bereich des Zusammenlebens der Menschen bedeutet die Kultivierung der Emotion eine Voraussetzung für Toleranz, für den sozialen Frieden, für egoseitige Bereicherung. Die Kirche soll bei all ihren Zusammenkünften ein Ort sein, an dem Emotion angesprochen und gezeigt werden darf und zugleich geordnet wird, um nicht in sektiererische Ekstase oder in kurzatmige Befriedigung zu verfallen.

„Bleibt die Kirche ein Ort des Schönen?" — so kann wohl auch nach dem modernen Kirchenbau gefragt werden. Mancher hat die Antwort rasch bei der Hand: Moderne Kirchen sind kahl, schmuck- und farblos, bildlos; sie wirken funktional, industriell, man kann in ihnen nicht beten. Sie nehmen nicht Rücksicht auf die gestufte Kirchlichkeit, gemäß welcher eben mancher hinter einer Säule stehen oder sich in eine dunkle Ecke drücken möchte. Moderne Kirchen sind Gemeinderäume für die voll Integrierten: Jeder kann jeden sehen, jeder den Priester und der Priester alle Mitfeiernden. Immerhin: Die modernen Kirchenbauten gehören zu den besten Leistungen der österreichischen Architektur. Es gibt eine Anzahl von Kirchen, die ein beachtliches künstlerisches Niveau besitzen, z. B. die Kirchen von Lackner und Rainer wie auch die neue Wotruba-Kirche. Die Architekten hatten es jedoch in den Zeiten des geistigen Umbruchs in der Kirche besonders schwer, für ihre Aufgaben die theologischen und zeitkritischen Voraussetzungen zu finden.[15] Was hier nur angemerkt sein soll: Moderne Kirchen dürfen, sollen schön sein — und manche sind es auch.

2. Das Intellektuelle

So sehr der Österreicher für das Schöne ansprechbar ist, so mühsam ist der Kampf gegen die intellektuelle Austrocknung des Landes. Der Österreicher liest nicht viel, hat eine Scheu vor Diskussionen und einer Festlegung auf Begriffe. Er lebt eher aus dem Gefühl und wehrt sich gegen das Argument.[16] Das enorme Bildungsangebot der Kirche findet keinen entsprechenden Zuspruch — nicht so sehr was die Zahl, sondern mehr was die Schichtung anlangt. Das trifft jedoch auch das nichtkirchliche Bildungsangebot.

Indessen ist nach der intellektuellen Potenz der Kirche in Österreich überhaupt zu fragen. Der Fünfjahresbericht (110) gibt zu überlegen, „ob und wie die geistige Präsenz der Theologie im Raume der Universität verstärkt werden könnte". Entschlüsselt heißt das: Die theologischen Fakultäten strahlen nicht in den übrigen wissenschaftlichen Raum oder doch nicht entsprechend hinein. Man setzt sich mit dem, was an den theologischen Fakultäten gedacht und geforscht wird, von seiten der übrigen Wissenschaften nicht auseinander. Das Gedachte verschwindet mehr oder minder in Fachzeitschriften oder Büchern, die doch nur wieder von der Fachwelt gelesen werden. Man holt sich schnell einen „Experten", wenn irgendeine theologische Frage (z. B. nach der Existenz des Teufels) Interesse findet. Vom theologischen Wissenschaftsbetrieb geht jedoch kaum eine Herausforderung an das geistige Leben des Landes aus. Freilich stellt der Fünfjahresbericht auch fest (111): „Die geistige Präsenz des Christlichen an der Universität kann nicht nur Sache der theologischen Wissenschaft und ihrer Vertreter sein." Es wird auf die Bedeutung der verschiedenen christlichen Studentenorganisationen, der katholischen Hochschulgemeinden, der Stiftung „Pro Scientia"[17] u. dgl. verwiesen. An alle diese aber stellt sich wiederum die Frage, wieweit Christentum und Kirche als Herausforderung und Anstoß zu einer geistigen Auseinandersetzung begriffen und erfahren werden. Wenn dann noch in dem Bericht (111) festgestellt wird, daß weltanschaulich anders ausgerichtete Gruppen auf Hochschulboden merklich intensiver agieren und agitieren als christliche Gruppierungen, wird doch deutlich, daß die Vorgänge in den kirchlichen Gruppierungen eher der Bewahrung als der Herausforderung dienen. Der Hochschul- und Mittelschülerseelsorge wird also größte Beachtung zu schenken sein. Wenn pastorale Prioritäten in Frage stehen, dürfte es diese nicht sein.

Wenn auch in erster Linie die Schulen und andere Bildungseinrichtungen für die geistige Auseinandersetzung zuständig sind, so ergeht doch an die gesamte Kirche in Österreich die Frage, inwieweit sie eine Schule des klaren und unterscheidenden Denkens ist. Die Kirche ist nicht nur zum Beten und zum Feiern, sie ist auch zum Denken da. So notwendig der liturgische und emotionale Bereich ist — die Kirche darf sich der geistigen Anstrengung nicht entziehen und muß sich auf die Mühe begrifflich klarer Argumentation einlassen, wo immer geistige Prozesse stattfinden. Ja noch mehr: Sie muß selbst zu dieser Auseinandersetzung herausfordern.

3. Das Pädagogische

Die Kirche besitzt einen Lehrauftrag. Oft wird dieser verkürzt gesehen auf die Vollmacht, zu verkündigen und in strittigen Lehrfragen amtlich zu entscheiden. Jesus aber war und ist Lehrer der Menschheit. Er hat der Kirche einen umfassenden pädagogischen Auftrag erteilt. Es genügt also nicht, daß auch die Kirche Schulen betreibt — sie muß selbst Schule sein. Sie muß eine Schule des Lebens, des Glaubens, der Hoffnung und der Liebe sein. Man muß also in der Kirche etwas lernen. Man soll durch sie leben lernen. Das heißt, man soll einen Lebensstil entdecken, Spannungen bewältigen und Konflikte regeln lernen. Man sollte in ihr lernen, wie man Unlustgefühle verarbeitet, wie man mit Menschen umgeht und wie man seinem Leben einen Sinn gibt. Man sollte in der Kirche lernen, wie man mit Besitz und Geld umgeht, wie man den Wohlstand bewältigt, wie man Verzicht und Opfer als wertvolle Spannungselemente in sein Leben einbaut.

Die Kirche könnte und müßte eine Schule des Berufes sein, in der man die Haltungen lernt, die man zur Ausübung eines jeglichen Berufes braucht: ein Ethos der Arbeit, des Eigentums, des Dienstes und Verdienstes, des Geistes, der Zusammenarbeit.

Die Kirche kann und muß auch eine Schule der Ehe sein, in der die Haltungen gelernt werden, die für Treue und Konfliktbearbeitung, für die Achtung und rechte Einschätzung der Person des anderen erforderlich sind. Die ehevorbereitende und ehebegleitende Pastoral hat in den letzten Jahren Bedeutendes geleistet, muß aber wohl noch umfassender ausgebaut werden. Die Kirche ist nicht nur für den liturgischen Vorgang der Eheschließung zuständig, sondern sie ist auch für die gelebte Ehe mitverantwortlich.

Schließlich soll die Kirche eine Schule der Demokratie sein, in der die Haltungen eingeübt werden, die für eine Demokratisierung aller Lebensbereiche erforderlich sind: das Hören auf den Mitmenschen, die Rücksicht auf ihn, saubere Information, Toleranz, Argumentation und dergleichen.

Eine besondere Kompetenz besitzt die Kirche bei der Formulierung des Erziehungszieles, in Fragen des Menschenbildes und der Zielvorstellungen für das Leben der Gesellschaft überhaupt. Es ist bemerkenswert, daß christliche Grundwerte und Zielvorstellungen im Zielparagraphen des Schulgesetzes von 1962 oder in den neuen Programmrichtlinien des ORF aufscheinen, wie der Fünfjahresbericht (34) registriert.

Das ist wohl keine bloße Verbeugung vor der Kirche und der Zahl ihrer Mitglieder. Wenn Grundsätze und Zielvorstellungen in Rede stehen, werden vielmehr oft ganz von selbst religiöse Dimensionen angesprochen. Viele werden sich dann bewußt, daß im Grunde doch ein Konsens über christliche Werte besteht und diese nicht durch andere zu ersetzen sind.

Hier muß auf die enorme Bedeutung des Religionsunterrichtes in den Schulen hingewiesen werden. Manche sehen darin ein Kukkucksei, das die Kirche durch die stabile Wärme staatlicher Finanzen mit ausbrüten läßt.

Die Debatte um die Grundwerte hat indessen klargemacht, daß ohne einen Minimalkonsens über Werte und Rechte, über das Menschenbild und die Zielvorstellungen der Gesellschaft das Zusammenleben der Menschen nicht möglich ist. Der Terrorismus hat schließlich vor Augen geführt, wie verletzlich und verwundbar das Leben in einer hochzivilisierten Gesellschaft ist und alle Sicherheitssysteme nichts nützen, wenn man nicht einen minimalen Respekt vor dem Leben des Menschen von allen erwarten kann. Ein breiter Konsens über Grundwerte kann aber nicht verordnet werden. Er muß in unendlich mühsamer Kleinarbeit von allen Bildungsträgern zusammen aufgebaut werden. Dem Religionsunterricht kommt dabei eine hervorragende Rolle zu. In keinem anderen Fach werden auf so direkte Weise die Werte angesprochen und begründet und Überzeugungen aufgebaut. Jeder Versuch, den Religionsunterricht aus den Schulen herauszunehmen oder ihm die staatliche Förderung zu entziehen, hätte nicht nur Folgen für die Kirche, sondern vor allem schlimme Folgen für die Bewältigung der Aufgabe, Grundüberzeugungen zu bilden und Grundwerte aufzubauen.

Es ist nun noch darüber nachzudenken, in welchen Bereichen, Dimensionen die Kirche ihre Wirksamkeit vorwiegend entfalten muß.

III. DREI DIMENSIONEN: DIE POLITISCHE, DIE SOZIALE, DIE PASTORALE

1. Das Politische

Die Kirche hat den Auftrag, alle Völker zu lehren. Das bedeutet, daß sie auch den Völkern als solchen — sagen wir gleich: der Gesellschaft als solcher — zu verkündigen und nicht nur das Heil des einzelnen zu besorgen hat. Sie ist nicht eine Organisation wie das Rote Kreuz, das sich ohne Ansehen der streitenden Parteien und der kämpfenden Truppen unterschiedslos um die Verwundeten kümmert. Sie soll vielmehr — um im Bild zu bleiben — wirksam dafür eintreten, daß kein Streit entsteht und der Kampf beendet wird. Ihr geht es zuerst um den Frieden und dann erst um die Pflege jener, die durch den Krieg (des Militärs oder der einzelnen gesellschaftlichen Gruppen) zu Schaden gekommen sind.

Der Kirche darf es also nicht gleichgültig sein, welche Gesetze gemacht werden, welche politischen, wirtschaftlichen und sozialen Maßnahmen getroffen, welche Weltanschauungen gepredigt und vertreten werden. Sie muß einen Anspruch auf Mitgestaltung der Gesellschaft erheben und darf sich nicht mit der Berücksichtigung ihrer Wünsche zur Sicherung ihrer Tätigkeit abfinden.

Dabei wird eine notwendige Differenz zwischen Kirche und Gesellschaft bleiben. Die Kirche darf sich also nicht einfach die Errichtung einer christlichen Gesellschaft zum Ziel setzen. Als Leitbild bietet sich nicht die Hegemonie, sondern die Kooperation mit allen Kräften guten Willens an. Die Kirche müßte so etwas wie die Unruhe in der Uhr sein, sie darf aber nicht alle Hebel und Räder besetzen. Der gesellschaftliche Pluralismus ist nicht eine bedauernswerte Folge kirchlicher Schwäche, sondern die Voraussetzung für eine humane Gesellschaft überhaupt. Innerhalb der verschiedenen gesellschaftlichen Kräfte muß freilich auch die Kirche ihre Kraft zeigen. Sie darf und soll also Macht ausüben. „Das beste, was der Kirche geschehen ist, war der Verlust ihrer irdischen Macht", hat Kardinal Lorscheider in einem Interview anläßlich der Papstwahl gesagt.[18] Wenn das der Präsident der lateinamerikanischen Bischofskonferenz sagt, einer Kirche also, die sehr leidenschaftlich ins politische und soziale Leben eingreift, so kann das nur heißen: Es ist gut, daß kirchliche und staatliche Macht nicht identisch sind und die Kirche ihre Anliegen nicht mit staatlicher Gewalt durchsetzen kann. Sie darf jedoch im freien Spiel der Kräfte auch ihre Kraft zeigen und alle legitimen politischen Mittel ausnützen, um ihre Stimme zu Gehör und ihre Vorstellungen zur Geltung zu bringen.

Es ist also absolut nicht unkirchlich oder unangemessen, wenn die Kirche ein Volksbegehren unterstützt, Einsprüche gegen Gesetzesvorlagen macht, wenn sich Bischöfe oder Priester an Demonstrationen beteiligen und kirchliche Medien zur Durchsetzung kirchlicher Forderungen eingesetzt werden. Kirchliche Macht ist jedoch in erster Linie eine Macht der Ideen: Die Kirche wird in dem Maß mächtig sein, als sich ihre Ideen als mächtig erweisen. Sie wird in dem Maße Einfluß haben, als sich ihre Argumente als stichhältig zeigen und möglichst viele Menschen überzeugen.

Eine sehr schwierige Frage ist freilich, wer die Kirche in politischen Fragen vertritt, genauer gesagt, wer die Katholiken zu einem gemeinsamen politischen Wollen bringt und dies auch in der Öffentlichkeit artikulieren und vertreten kann. Dem voraus liegt wiederum die Frage, ob es überhaupt in politischen Tagesfragen ein gemeinsames politisches Wollen „der Kirche" oder „der Katholiken" geben könnte. Ferdinand Klostermann bestreitet dies.[19] Er spricht von einer möglichen und wünschenswerten Vielfalt politischer Katholizismen in einem Land. Es ist natürlich zunächst die Frage, was man unter Katholizismus versteht. Normalerweise meint man damit die soziokulturelle Gestalt, die das kirchliche Leben in einem bestimmten Land annimmt, dessen Einfärbung durch den Volkscharakter, die Einbindung nichtchristlicher und allgemein religiöser Elemente aus einem bestimmten Kulturkreis. In diesem Sinne kann es kaum mehrere Katholizismen in einem Land geben, wenn man von den ethnischen Minderheiten absieht, die natürlich eigene Katholizismen ausbilden können bzw. die „Farbe" des Volkes mitbringen, dem sie ethnisch zugehören. Der Katholizismus als soziokulturelle Gestalt des kirchlichen Lebens äußert sich spontan. Wenn Repräsentanten der Kirche oder kirchlicher Organisationen sich äußern, könnte man nur fragen, inwieweit eine solche Äußerung oder Reaktion dem Charakter des betreffenden Katholizismus entspricht.

Klostermann will jedoch unter Katholizismus etwas anderes verstehen, und zwar „die Summe geschichtlicher Lebensäußerungen und Auswirkungen im geistigen, politischen und kulturellen Bereich, die von bestimmten Gruppen von Christen eines Landes ausgehen, von der Kirche mehr oder weniger mitgeprägt sind oder sich auch auf die Kirche berufen, ohne daß man sie mit der Kirche selbst des betreffenden Landes und einer bestimmten Zeit einfach identifizieren könnte. Katholizismus wäre somit die oder eine kulturell-gesellschaftlich-politische Lebensäußerung von Katholiken oder katholischen Gruppen in einem Land."[20] Wenn man sich dieser Beschreibung anschließt und wenigstens „politischen Katholizismus" so verstehen will, entsteht natürlich wiederum die Frage, wer im Namen eines solchen Katholizismus sprechen kann. Die Bischöfe kommen dafür nicht unbedingt in Frage, weil ja der Katholizismus nicht identisch ist mit der Kirche des betreffenden Landes und schon gar nicht mit den politischen Vorstellungen und Aktivitäten einzelner Gruppen von Katholiken. Katholische Organisationen kommen dafür auch nicht in Frage, weil sie ja jeweils nur im Namen ihrer Mitglieder sprechen können. Es bedarf jedoch sicher eines Vertretungsgremiums, denn gerade wenn dieser Katholizismus eine kulturell-gesellschaftlich-politische Lebensäußerung von Katholiken in einem Land sein soll und nicht einfach eine Gesinnungsgemeinschaft oder Geistesströmung, wenn er also konkrete politische Ziele erreichen will, braucht er auch ein Sprachrohr. Damit käme man dem 1977 von Hanns Sassmann, dem Generaldirektor des Styria-Verlages in Graz, gemachten Vorschlag eines „Nationalkomitees österreichischer Katholiken" nahe. Sassmann erklärte, mit diesem Nationalkomitee sollte dem Dilettieren im Kontakt zwischen Kirche und Politik eine Ende gesetzt werden und die Katholiken sollten aus eigener Kompetenz als öffentlich wirksame Kraft auftreten können.[21]

Freilich ist auch dieser Vorschlag nicht im Sinne Klostermanns, weil Sassmann eine Vertretung aller Katholiken Österreichs durch das Nationalkomitee vor Augen hat, Klostermann aber zumindest von der Möglichkeit mehrerer Katholizismen spricht, die sich wohl schwer durch ein einziges Komitee vertreten ließen, da sie ja zu politischen Tagesfragen verschiedene Meinungen haben.

Auch der Präsident der Katholischen Aktion Österreichs, Eduard Ploier, weist darauf hin, daß ein Nationalkomitee nicht legitimiert ist, im Namen aller österreichischen Katholiken zu sprechen, und damit auch nicht viel bringt.[22] „Es muß uns bewußt sein, daß letztlich in Zukunft die Stärke der Katholiken an der Basis entscheidend sein wird. Es wird davon abhängen, wieviel apostolische Gruppen in den Pfarren — kategorial oder territorial — vorhanden sind", erklärte Ploier bei einem Kontaktgespräch über diese Frage im Juni 1978.[23]

Manche sind der Ansicht, daß schon der Österreichische Laienrat, in dem alle katholischen Organisationen des Landes vertreten sind, kein sehr wirksames Gremium sei, obwohl die Mitglieder des Laienrates doch wenigstens ihre Organisation hinter sich haben. Ein Nationalkomitee könnte es nur schwerer haben.

Die Erhöhung der gesellschaftlichen Wirksamkeit der Kirche in Österreich wird kaum von einem neuen Gremium zu erwarten sein. Vielleicht wären eher Wege zu suchen, wie die geistige Kraft und Auseinandersetzung, das kirchliche Leben und die innere Einheit gestärkt werden können. Ein Vergleich mit Polen kann wohl nur mit vielen Abstrichen und Einschränkungen angestellt werden. Dennoch könnte man davon lernen, daß die Kraft der Kirche in einem Land sehr stark ist, wenn die Katholiken hinter ihren Bischöfen stehen und diese auf ihre Katholiken hören sowie deren Probleme artikulieren können. Die zweite Kraftquelle der Kirche in Polen ist sicher das intensive kirchliche Leben in jeder Gemeinde und die enorme Beteiligung an kirchlichen Feiern, Festen und Wallfahrten, die allesamt auch zu einer gesellschaftspolitischen Demonstration geraten. In einem Land aber, in dem sich nur ein Drittel der Katholiken am Sonntagsgottesdienst beteiligt, in dem Prozessionen schwach besucht sind und sich an Wallfahrten für gewöhnlich nur bestimmte Personengruppen beteiligen, wird auch ein neues Vertretungsgremium keine neue Kraft bringen.

Der politische Weg, den die Kirche nach 1945 in Österreich eingeschlagen hat, hat sich im allgemeinen bewährt und sollte weitergegangen werden. Der schmerzliche Differenzierungsprozeß im Verhältnis der Kirche zu den Parteien hat bereits einige Klarheit gebracht und könnte weitere Klärungen bringen. Die ÖVP wird heute nicht mehr ihre Ideologie einfach von der Kirche beziehen wollen, die Kirche wird aber auch nicht damit rechnen dürfen, in allen ihren Anliegen pauschal von der ÖVP unterstützt zu werden. Die Entspannung und Differenzierung zwischen der Kirche und der SPÖ hat sich in pastoraler Hinsicht sicher gut ausgewirkt. Wenn auch die Distanz zur Freiheitlichen Partei größer als zu den beiden Großparteien ist, so besteht doch erfreulicherweise auch kein Feindschaftsverhältnis zu dieser dritten Kraft in Österreich.

2. Das Soziale

Wohl auf keinem anderen Gebiet sind die Potenz und die Kompetenz der Kirche so anerkannt wie im sozialen Bereich. Die Caritas ist die eigentliche Großmacht der Kirche in Österreich. Sie spielt ihr die Sympathien ein, um deretwillen viele ihren Kirchenbeitrag zahlen, wenn sie auch sonst mit der Kirche nicht mehr viel zu tun haben wollen. Der Gedanke an geistliche Schwestern, die sie im Krankenhaus pflegen, an Kindergärten, wo sie ihre Kinder oder Enkel unterbringen können, an Heime, wo man noch Menschen versorgen kann, für die der Staat nichts Rechtes mehr vorgesehen hat, bildet für viele einen Grund, mit der Kirche nicht zu brechen und sie „trotz allem" zu verteidigen. Auch staatliche Stellen schätzen die karitativen Einrichtungen der Kirche sehr und sind auf ein gutes Verhältnis zu ihnen bedacht.

Es ist von ihrem Auftrag her selbstverständlich, daß die Kirche karitative Dienste übernimmt. Sie werden auch durchaus richtig aufgefaßt: Die Kirche kümmert sich darum, weil sie sich eben um alle Menschen kümmert, weil sie glaubt, daß Gott der Vater aller Menschen ist und ihr Christus die Sorge vor allem um die Armen und Trauernden aufgetragen hat. Niemand unterstellt der Kirche, durch solche Dienste sich den Staat oder die Gesellschaft überhaupt verpflichten zu machen, sich dadurch Macht und Einfluß sichern zu wollen und dergleichen. Gerade die politische Absichtslosigkeit der kirchlichen Dienste führt aber oft auch zu einem Mißverständnis, wenn nicht zu einem Mißbrauch. Man sieht in der Kirche eine Art Großsanitäter der Wohlstandsindustrie und gebraucht sie auch so. Man baut eine rücksichtslose Leistungsgesellschaft auf, man steigert das Tempo, schafft Arbeits- und Lebensbedingungen (oder läßt sie wenigstens zu), die die Menschen nicht mehr verkraften und krank machen. Nervosität und Nervenleiden steigen, Ehen zerbrechen, Unlustgefühle führen zu einem erhöhten Konsumbedürfnis. Dann muß sich natürlich jemand der Menschen annehmen, die mit ihrem Leben nicht mehr fertig werden, muß sie beraten, ermuntern oder trösten.

Die Kirche müßte wohl ihre soziale Tätigkeit noch mehr den Ursachen sozialer Schäden zuwenden. Sie müßte überall mitdenken und mitreden, wo Menschen wohnen, arbeiten, sich erholen, leben. Diese Dienste wird man freilich nicht so schätzen. Manche verstehen keinen Spaß, wenn es um Arbeits- oder Geschäftsmethoden geht.

Vielleicht gelingt es gegenwärtig am besten im Bereich der Entwicklungshilfe, zu demonstrieren, was die soziale Tat der Kirche alles einschließt. Aus einer Solidarität mit allen Menschen, besonders mit den Armen in aller Welt, versucht die Kirche heute, nicht nur Heftpflaster zu verteilen, sondern Kenntnisse zu vermitteln, die zur Selbsthilfe verhelfen. Man wird der Kirche gerne glauben, daß sie von ihrer Entwicklungshilfe kein wirtschaftliches Gegengeschäft erwartet und auch nicht die Ausweitung ihres kirchenpolitischen Einflusses anstrebt. Man glaubt darüber hinaus heute der Kirche auch, daß es ihr dabei nicht um Mission in dem Sinn geht, die Zahl der Katholiken zu vermehren oder der Kirche Rechte zu sichern, sondern daß sie die Absicht hat, Menschen zu helfen — einfach weil sie Menschen sind. Sie setzt Zeichen, Vor-Zeichen: Vor Gott sind alle Menschen gleich. Es gibt Hoffnung und Heil für alle. Die Auseinandersetzung um diese Grundsätze bedeutet sehr viel. Allzu gerne wird ja nur in Interessensspären gedacht. Die Kirche kann sich auch hier als katholisch erweisen, indem sie auf den ganzen Menschen, aber auch auf die Gesamtzusammenhänge hinweist.

3. *Das Pastorale*

Ein Charakteristikum der österreichischen Kirche ist der Pastoralismus, d. h. die Versuchung, das bloß Pastorale (und dies in einem verengten Sinn) zu betreiben.[24] Man meint, es stünde schon nicht schlecht um die Kirche, wenn die Gläubigen den Gottesdienst besuchen, sich an kirchlichen Veranstaltungen beteiligen, die Repräsentanten der Kirche respektieren und einen finanziellen Beitrag für die Kirche leisten. Der Kirchenbetrieb als solcher macht zudem Arbeit genug, daß sich die Verantwortlichen durchaus ausgelastet fühlen und ein gewisses Erfolgserlebnis haben, wenn er in Gang bleibt. Mancher stellt auch an eine Pfarre keine anderen Ansprüche, als daß sie eine Art Perpetuum mobile ist, das von selbst und für sich selbst läuft. Kirche und Pfarre sind sozusagen eine „Einrichtung zur Erhaltung derselben", wie es einmal ein Politiker seiner eigenen Partei vorgeworfen hat.

Unter „Pastoral" verstehen manche nur Liturgie und Sakramente, Predigt und Unterricht. Was jedoch auch wesentlich zur pastoralen Tätigkeit der Kirche gehört, ist das Prophetische. Es kommt letztlich nicht darauf an, daß die Menschen am Kirchenbetrieb teilnehmen, sondern daß die Welt den Weg der Gerechtigkeit geht. Anstatt bloß Menschen zu versorgen, die mit unserer heutigen Lebensweise nicht mehr mitkommen, muß die Kirche unsere Lebensweise im ganzen in Frage stellen und dazu Alternativen anbieten. Sie muß die unausgesprochenen Voraussetzungen überprüfen und ans Licht bringen, nach denen Gesellschaft und Staat geordnet werden: das Leistungsprinzip, das Wirtschaftswachstum, die Konsumideologie. Sie muß die grundsätzlichen Ideen und Tendenzen der Gesellschaft aufdecken und zeigen, was daran unmenschlich und widernatürlich ist. Sie müßte auftreten wie die Propheten und mit aller Macht der Überzeugung sagen: So geht's nicht weiter! Sie müßte wenigstens dort sein, wo die Grundfragen gestellt werden, wo die Zukunft im gesamten geplant und überlegt wird, und darf nicht in abgeklärter Seligkeit abseits stehen. Die heißen Fragen der Atomkraft, der Löhne und Gehälter und dergleichen müssen auch von der Kirche mitüberlegt werden. Dabei muß freilich jeder Anschein des Naiven oder Sektiererischen vermieden werden, aber auch jeder Anschein der Besserwisserei. Es schadet dem Ansehen der Kirche durchaus nicht, wenn sie in vielen aktuellen Fragen selbst noch keine klare Meinung hat. Es schadet ihr aber sehr wohl, wenn sie den Anschein erweckt, als hätte sie schon auf alle Fragen der modernen Welt die Antworten bereit.

Leider haben die Anliegen, die zu einer Überlegung von „grünen Listen" geführt haben, nicht die gebührende Resonanz im Bereich der Kirche gefunden. Nicht die Gründung grüner Parteien soll von der Kirche mitbetrieben werden, sondern die Anliegen der Menschen, die sich nur noch mit solchen Mitteln durchsetzen zu können vermeinen, sollen ernst genommen werden, zumal sie viele grundsätzliche Fragen aufwerfen. Sie müßten sich von der Kirche verstanden fühlen, Kirche als Ort der Rückfrage, der Mitüberlegung und des Gesprächs erleben. Auf die großen Zusammenhänge, daß unser gesamtes Denken mehr vom *Haben* als vom *Sein* her motiviert ist, hat leider nicht ein Bischof oder Theologe, sondern der Psychologe Erich Fromm[25] hingewiesen, obwohl diese Gedanken der Theologie längst vertraut sein müßten. An der Auseinandersetzung, die um diese Fragen stattfindet, sowie an dem Echo, das dieses Buch gefunden hat, ist zu ersehen, daß viele Menschen sehr wohl bereit sind, die Grundvoraussetzungen unseres gesamten Lebens mitzubedenken.

Ein Philosoph eines östlichen Landes hat mir vor kurzem gesagt: „Ich kenne den kommunistischen Führungskader unseres Landes. Es ist keiner darunter, der von diesem System wirklich überzeugt wäre. Trotzdem funktioniert das System. Das ist genauso wie zu Zeiten des Nationalsozialismus, wo ein ganzes Regiment tapfer für

Hitler gekämpft hat, ohne daß ein einziger Nazi dabei war. Niemand ist bereit, das System als Ganzes in Frage zu stellen. Jeder sagt, ich tue nur meine Pflicht; meine Verantwortung kann nur begrenzt sein. — Doch wer soll dann die Verantwortung für das Ganze übernehmen? Philosophen haben keine Macht. Aber wenn sich viele Menschen für das gesamte System verantwortlich fühlten, könnte ein unmenschliches System entmachtet werden."

Das wäre doch wohl die prophetische Aufgabe der Kirche, immer wieder das System als Ganzes zu überprüfen, die Grundlagen zu überdenken, dem Menschenbild nachzugehen, das hinter allem steckt. Der Friede mit den anderen Institutionen der Gesellschaft ist bestimmt viel wert. Doch darf dieser Friede niemals der Preis dafür sein, daß die Kirche nicht mehr sagt: Selig, die hungern und dürsten nach der Gerechtigkeit. Vor allem darf er nicht der Preis dafür sein, daß die Kirche selbst keinen Hunger und Durst nach Gerechtigkeit mehr hat. Sie muß den Anspruch erheben, im Namen Jesu zu reden, und diese Rede ist oft hart und führt zu Konflikten. Die Kirche erweckt manchmal den Eindruck, als sei sie voll ins System integriert und auch noch ganz zufrieden damit. Sie muß aber zur Buße rufen, nicht nur zu einer Bekehrung des einzelnen, sondern auch zu einer Bekehrung des gesamten Systems. Sie muß sich zumindest mit denen verbünden, die zu einer solchen Buße und Umkehr rufen. Die Frage nach einem alternativen Lebensstil ist nicht eine Marotte. Sie kann eine Frage des Überlebens, des Leben-Könnens und der Lebensbewältigung überhaupt werden.

Die relativ geringe Beteiligung am kirchlichen Leben wird manchmal auf einen Rückgang der Glaubenssubstanz zurückgeführt, auf Glaubensschwund infolge Wohlstands und dergleichen. Der Beweis dafür oder dagegen wird schwer zu erbringen sein. Man darf aber sehr wohl vermuten, daß sich manche deshalb am kirchlichen Leben nicht beteiligen, weil sie nicht das Gefühl haben, daß die Kirche die vitalen Fragen aufgreift und zur Gestaltung der Zukunft Wesentliches oder gar Unerläßliches beiträgt. Die Vermutung, daß es in der Kirche um Fragen der Zukunft geht, ist auch von entscheidender Bedeutung für die Frage nach der Jugend. Muß man schon sagen: Die Kirche hat die Jugend verloren? Es wäre der Skandal des 20. Jahrhunderts, so wie der Verlust der Arbeiterschaft von Pius XI. der Skandal des 19. Jahrhunderts genannt wurde. Das

Aufblühen der kirchlichen Jugendorganisationen nach 1945 hat seinen Grund gewiß nicht nur darin, daß nach dem einschnürenden Zugriff des Staates nun endlich wieder Freiheit gegeben war. Vielmehr hatten die jungen Menschen damals das Bewußtsein, daß ihnen die Kirche beim Aufbau einer neuen Zukunft hilft, beim Aufbau einer neuen Wertwelt und eines neuen Lebensstils. Heute ist dieses Bewußtsein zumindest geschwächt. Das Wort stammt zwar von Joseph Goebbels, aber es ist wahr: „Nicht wer die Jugend hat, der hat die Zukunft, sondern wer die Zukunft hat, der hat die Jugend." Es ist eine Lebensfrage für die Kirche in Österreich, ob sie das Bewußtsein vermitteln kann, daß im Raum Kirche die Zukunft verhandelt wird. Das Prophetische — auch in diesem Sinn — ist somit die entscheidende Bestandsfrage für die Kirche.

IV. FÜNF „KATHOLISCHE UND"

Aufgrund der Überlegungen der vorhergehenden Abschnitte scheint sich eine Kirche abzuzeichnen, die stark dialektische Züge trägt. Man kann auch sagen, es zeichne sich das Bild einer Kirche ab, in der das „katholische *und*" eine große Rolle spielt. Die Kirche wird also den schweren Weg der Balance gehen müssen: Das eine tun und das andere nicht lassen. Sie wird sich auf kein *Entweder-Oder* einlassen dürfen. Es scheint jedoch, daß Dialektik gerade das ist, was dem österreichischen Volkscharakter entspricht und liegt. So erweist sich das Bindewort umso mehr als Imperativ.

1. *Volkskirche und Gemeindekirche*

Volkskirche heißt, daß die Mehrheit der Volkszugehörigen auch der Kirche angehören. In ihr besteht die Erwartung, daß die Kinder getauft und kirchlich erzogen werden. Das Leben des Volkes wird durch die Kirche entscheidend mitgeprägt.

Die Kirche in Österreich soll also Volkskirche bleiben. Die Konturen des österreichischen Katholizismus sind nachzuziehen. Alle Ideologien von einer Gesundschrumpfung, von einer kleinen Herde, von einer schlagkräftigen Elite der Hundertprozentigen, Entschiedenen und Überzeugten führen zu nichts. Je farbiger und volksverbundener die Kirche in Österreich bleibt, desto mehr Zukunft hat sie. Je mehr sie der Tatsache der partiellen Identifikation vieler mit der Kirche und der gestuften Teilnahme an kirchlichen Vorgängen Rechnung trägt, desto mehr wird sie auch den Menschen gerecht. Je besser sie den unbefangenen Umgang mit „Fernstehenden" lernt, desto eher wird sie eine Kirche vieler Österreicher bleiben.

Es kann nicht hoch genug veranschlagt werden, daß fast alle Kinder getauft und in den Religionsunterricht geschickt werden, daß man sie zur Firmung führt, daß eine kirchliche Eheschließung gewünscht wird, daß man die Priester zu den Kranken holt und ein kirchliches Begräbnis wünscht. Es kann auch nicht hoch genug veranschlagt werden, daß der Österreicher im Grunde bereit ist, seinen Kirchenbeitrag zu bezahlen — nicht nur, weil er damit die finanzielle Grundlage der Kirche sichert, sondern weil er mit dem Erlagschein auch alljährlich ein sehr handfestes und glaubwürdiges Credo zu seiner Kirche als ganzer ablegt. Es kann nur begrüßt werden, daß es kirchliche Bräuche und eine religiöse Folklore gibt, daß sich an kirchlichen Festen der Kameradschaftsbund, die Feuerwehr, der Turnverein, der Reiterklub und andere Organisationen beteiligen und sich auch in der Prozession sehen lassen. Die Seelsorger müssen die Familien ermuntern, in den Wohnungen den „Herrgottswinkel" zu bewahren oder wieder einzurichten, eine Haus- und Dorfliturgie zu pflegen und alte Bräuche nicht abkommen zu lassen.

Die Kirche muß eine öffentliche Angelegenheit bleiben, deshalb ist es auch sehr zu begrüßen, daß sich die Repräsentanten der Kirche bei öffentlichen Anlässen zeigen, womöglich auch eine religiöse Handlung vornehmen. Sie müssen aber auch Formen des religiösen Lebens überlegen, die sich in der Stadt von heute bewähren. Jeder Ruf zur Strenge in der sakramentalen Praxis, jeder Puritanismus und Dogmatismus ist dem österreichischen Menschen fremd und würde ihm den Weg zur Kirche verbauen. Kirchenbauten, Kirchentürme, Glockengeläute bilden einen wertvollen Ausdruck für die Präsenz der Kirche in der Öffentlichkeit. Der Katholikentag des Jahres 1974 mit dem Thema „Versöhnung" hat gezeigt, daß volkskirchliche Formen durchaus weiterhin möglich sind. Manche haben bei der Vorbereitung gemeint, diese Zeit sei vorbei. Der Anreger und geistige Autor dieses Katholikentages,

Prälat Dr. Karl Strobl, hat sich davon nicht beeindrucken lassen — und recht behalten. Ist es nicht bereits an der Zeit, den nächsten Katholikentag vorzubereiten?

Auf der anderen Seite darf sich die Kirche in Österreich nicht in Volkskirchlichkeit und Katholizismus erschöpfen. Der Gedanke der Gemeindekirche wurde in Österreich entwickelt, ausgehend vom Konzept der katholischen Hochschulgemeinden, wissenschaftlich reflektiert durch den Wiener Pastoraltheologen Ferdinand Klostermann.[26] Gemeindekirche ist nicht eine Alternative zur Volkskirche, sondern ein Korrelat. Die Volkskirche braucht viele lebendige kleine Kreise, die aus einer gemeinsamen Überzeugung zu leben versuchen, einander in der Überzeugung bestärken und zu einem gemeinsamen Handeln kommen. Vielleicht sind diese „Gemeinden" die wichtigsten, wenn sie auch nur Teilgemeinden sind. Kirchliches Leben soll sich nicht nur in der Kirche und im Pfarrheim ereignen, es muß vor allem in die Familien und in die Berufskreise getragen werden. Es wird also sehr viel davon abhängen, ob es gelingt, die durch die gesellschaftlichen Umwälzungen verblaßte Hauskirche wieder aufzubauen. Das kann selbstverständlich nicht in erster Linie Aufgabe der amtlichen Seelsorger sein. Entscheidend wird die Kirche sein, die von den Kirchenmitgliedern selbst „gemacht" wird: Wie der Christ zum Christen findet, ob es ihm gelingt, christliches und kirchliches Leben in seinen Lebensbereich einzubringen.

Hier liegt sicher ein erstes Postulat an die Kirche in Österreich. Gruppenbildung ist nicht unbedingt eine Stärke des Österreichers. Alle bisherigen Versuche haben zu keinem überzeugenden Ergebnis geführt. Es war z. B. nicht möglich, in Österreich nach holländischem Vorbild Gesprächsgruppen einzurichten. Zur Durchführung von zwei ORF-Glaubensseminaren wurden zwar viele Gesprächsgruppen gebildet, die meisten zerfielen jedoch mit Beendigung des Kollegs sofort wieder. Die „Kohäsionskräfte" der Katholiken sind zu schwach. Wird man sie stärken können?

Selbstverständlich bedarf es auch der offiziellen kirchlichen Vollgemeinden, in denen Verkündigung, Liturgie und menschliche Dienste unter Leitung eines Priesters von möglichst vielen Gemeindemitgliedern mitgetragen werden. Die Kirche muß aus ihren eigenen Quellen schöpfen, aus Glaube, Hoffnung und Liebe, aus dem Sakrament, aus der Nachfolge Jesu. Sonst bleibt von ihr nichts als eine folkloristische Hülse. Die vor Jahren ausgegebene Maxime „Unsere Pfarren müssen Pfarrgemeinden werden" wird noch lange die Liste der pastoralen Prioritäten anführen. Die Pfarrgemeinderäte sind Instrument und Dokument dieses Willens. Viele sind jedoch über eine erste Phase des Versuchs und des Einspielens noch nicht hinausgekommen. Hier liegt noch viel Kapital, das noch nicht „arbeitet".

2. Institutionelle und charismatische Kirche

Österreich ist ein hoch institutionalisiertes Land. Der Österreicher ist gewohnt, von Institutionen umgeben zu sein, die ihm Verantwortung abnehmen, Sicherheit vermitteln, ganze Bereiche des Lebens besorgen. Er erwartet auch eine hoch institutionalisierte Kirche, die ein entsprechendes Service bietet. Manche meinen, man solle die Pfarren nicht zu religiösen Service-Stellen „degradieren". Sicher, wir wollen lebendige Gemeinden, nicht religiöse Selbstbedienungsläden. Wenn wir jedoch auch volkskirchliche Verhältnisses haben und erhalten wollen, so muß eben auch ein Service geboten werden: funktionierende Kanzleien, gut vorbereitete Gottesdienste, Eingehen auf Sonderwünsche (z. B. bei Trauungen), Mitwirkung bei nichtkirchlichen Feiern. Die Mitglieder der Kirche haben das Recht auf entsprechende Dienstleistungen.

Das Zusammenspiel der pastoralen Räte, das System der gesamtösterreichischen Institutionen, die Seelsorgsplanung bedürfen sicher noch der Verbesserung. Von ganz entscheidender Bedeutung wird die Personalplanung sein. Eine der wichtigsten Fragen ist sicher die Integration der Laien in den kirchlichen Dienst. Es wird auch sehr viel davon abhängen, ob es gelingt, das Potential zu nützen, das derzeit der Kirche durch ihre Laientheologen gegeben ist.

Auf dem Gebiet der kirchlichen Organisationen muß auch manche Linie stärker nachgezogen werden. Man hat sich nun einmal entschlossen, sozusagen als Grundorganisation die Katholische Aktion anzusehen.[27] Man muß sie dann aber auch betreiben. Sie wird in den Diözesen sehr unterschiedlich betrieben, und es wird viel darauf ankommen, ob es gelingt, das Netz wieder zu schließen und auszubessern. Auch die gesellschaftspolitische Kraft der Katholischen Aktion hängt ja von der Geschlossenheit der Organisation ab. Im Bereich der Jugend ist wohl nach wie vor in erster Linie von der Katholischen Aktion etwas zu erwarten. Eine Jugendbewegung kann man nicht erzeugen. Man kann aber sehr wohl eine geplante, gut organisierte und gepflegte Jugendarbeit in jeder Pfarre leisten.

Man darf aber sicher die Kirche als Institution nicht überfordern. Man darf sich nicht alles von Institutionen erwarten und abnehmen lassen. Das Charismatische kommt bei uns sicher zu kurz. Das Spontane, Ungeplante, nicht von oben Verordnete gilt zudem oft als schwärmerisch, unsolide und exotisch. Es wird verdächtigt, es gehört sich nicht. Das Vertrauen zum Geist ist nicht übermäßig. So haben es etwa spontan sich bildende religiöse Gruppen, Bibel- oder Gebetskreise nicht immer leicht, solange sie nicht ins kirchliche und pfarrliche System integriert sind. Was als Ausläufer von Bewegungen in anderen Ländern hierherkommt, setzt sich in Österreich meist nicht mehr sehr leicht durch. So sehr man für ein Grundangebot an kirchlichen Organisationen eintreten muß, so segensreich hat es sich ausgewirkt, daß das (faktische) Monopol der Katholischen Aktion durch verschiedene andere Organisationen ergänzt worden ist (Pfadfinder, Focularini, Legio Mariae, Studentenverbindungen u. dgl.).

Hier muß wohl auch der kostbare einzelne, der nicht Organisierte und nicht Integrierte genannt werden. Auch wenn dieser oft schwierig und unbequem ist — er bewahrt vor der Erstarrung und vor bloßer Verwaltung der Kirche. Wir haben heute ganz wenige Charismatiker. Uns fehlen die großen Kanzelredner, Autoren und Kritiker. Wir geraten immer mehr in die Verwaltung von Restbeständen. Freilich, das Charismatische kann man nicht erzeugen, planen oder verordnen. Man kann aber sehr wohl hellhörig sein und ein Klima schaffen, in dem es sich durchsetzen kann.

In diesem Zusammenhang soll auch auf die Ordensgemeinschaften wie auf den Stand der Zölibatären überhaupt hingewiesen werden. Auch sie müssen ihren neuen Standort erst finden. Doch sie können sehr viel für die Welt und für die Kirche bedeuten, wenn sie ihr besonderes Charisma zur Geltung zu bringen verstehen und ihren Zölibat ohne Ressentiment leben. Orden sind so etwas wie „institutionalisiertes Charisma", ein vorgesehener Raum für Sonderbegabungen, für neue und ungewöhnliche Wege. Es ist ein Alarmzeichen, daß die Zahl der Ordensberufe von 1960 bis 1970 auf ein Fünftel zurückgegangen ist und seither weiterhin leicht abgenommen hat.[28] Besonders für die Frauenorden wird diese Entwicklung bald zur Existenzfrage. In diesem Zusammenhang ist auch die Frage nach der Rolle der Frau in der Kirche zu stellen. Hier ist noch viel Charisma ungehoben und ungenützt. Die Frau ist noch vielfach in der Rolle des Konsumenten, des Teilnehmers kirchlicher Vorgänge. Sie hat zuwenig Gelegenheit (und ist auch nicht gewohnt, sie wahrzunehmen), ihre Phantasie, ihre gestalterischen Fähigkeiten einzusetzen. Es ist noch lange nicht ausgeschöpft, was vom Kirchenrecht und den neueren Regelungen her schon alles möglich wäre.

3. *Identität und Öffnung*

Im Fünfjahresbericht (5) wird beklagt, daß die gesellschaftliche Präsenz der Kirche zu schwach und der Stil ihres Handelns eher reaktiv sei. Vielleicht kommt das auch davon, daß sich die Kirche ihrer Identität zuwenig bewußt ist. Es kommt hier auf die Deutlichkeit an, mit der kirchliche Vorstellungen und Forderungen formuliert werden, aber auch auf die Entschiedenheit, mit der diese nach innen gelebt und durchgesetzt werden. Die Kirche soll gegenwärtig, sie muß aber nicht allgegenwärtig sein. Wo sie ist, soll sie deutlich als Kirche erkennbar und ausgewiesen sein. Unter diesen Umständen ist es günstiger, nicht zu jeder gesellschaftlichen Frage das Wort zu ergreifen und überall mitmischen zu wollen, als vielmehr dort als authentische Kirche aufzutreten, wo man sich seiner Sache (d. h. seiner Botschaft) sicher ist und sie als Kirche vertreten zu müssen meint. Die christlichen Grundforderungen müssen in Gelassenheit und mit Entschiedenheit verkündet werden, ohne allzu kluge Abrundung ihrer Kanten und Ecken. Die Kirche wird umso mehr Beachtung finden, als sie das Evangelium verkündet und glaubhaft machen kann, daß es auch tatsächlich das Evangelium ist, was sie verkündet.

Die Sorge um die Identität kirchlichen Redens und Handelns steht jedoch nicht im Gegensatz zu einem Bemühen um Öffnung der Kirche nach außen. Im Gegenteil, je mehr sich die Kirche ihrer Identität sicher ist, desto gelassener kann sie sich nach außen öffnen. Nach außen, d. h. hier zunächst auf die anderen Kirchen hin. Der Ökumenismus ist am meisten in einem Land in Gefahr, in dem eine Kirche eine große Mehrheit bildet. Die Brüderlichkeit und

Großzügigkeit der Kirchen im Umgang miteinander erhöht die Glaubwürdigkeit und lindert den Skandal der Spaltung.

Öffnung bedeutet aber auch Kontakt mit anderen Institutionen und Zusammenarbeit mit ihnen. Sie bedeutet Dialog mit Andersdenkenden, Gespräch und Auseinandersetzung mit den politischen Parteien, mit den führenden Köpfen der Wirtschaft. Die Kirche in Österreich darf die Auseinandersetzung mit den geistigen Kräften im eigenen Land nicht scheuen. Sie muß aber ihre geographische Lage auch als Auftrag zur Vermittlung und zum Gespräch von Ost und West, von Nord und Süd begreifen. Diese Aufgabe kann selbstverständlich nicht nur der Kirchenführung und einigen Experten aufgelastet werden. Sie muß in das Bewußtsein der Gemeinden dringen und fordert viele private Initiativen der Katholiken.

4. Feiernde und handelnde Kirche

Einen Schwerpunkt kirchlicher Tätigkeit muß wohl in den nächsten Jahren die Sorge um den Sonntag bilden. Selbstverständlich ist damit nicht nur die Sorge um den Besuch der Sonntagsmesse (natürlich auch um diese) gemeint. Es geht vielmehr darum, den Menschen und der Gesellschaft als solcher den Sonntag zu erhalten. Es geht um die Kunst zu feiern, und diese will gelernt sein. Sie muß in den Familien, in den Freundeskreisen, in den Schulen und durch den gesamten Rhythmus der Gesellschaft gelernt werden. Der Rückgang der Rhythmisierung des gesellschaftlichen Lebens ist wohl eine der Hauptursachen für viele Krankheiten, Spannungen und Konflikte, für das Gefühl, das Leben nicht mehr zu bewältigen. Die Sorge der Kirche um den Sonntag, um Fest und Feier überhaupt stellt eine wertvolle Lebenshilfe dar.

Die Kirche muß wohl auch die Sorge um die häusliche Feier übernehmen. Sie muß erzieherisch darauf hinwirken, daß die Feierfähigkeit der Menschen steigt. Sie muß lehren, wie man Feiertag hält. Hier zeigt sich wohl auch ein breites Aufgabenfeld für die Jugendarbeit, aber nicht nur für sie.

Eine große Bedeutung wird der Feier des Sonntagsgottesdienstes zukommen. Es muß gelingen, trotz Priestermangels zu einer höheren Qualität des Gottesdienstes zu kommen. Eine bedeutende Rolle wird dabei die Kirchenmusik spielen. In manchen Kirchen ist der Gesang verstummt oder es beteiligen sich nur wenige daran. Die Qualität und das Niveau der Kirchenmusik, der Sonntagspredigt sowie der Eindruck einer gut vorbereiteten Liturgie wird eine der wichtigsten Voraussetzungen für die Wirksamkeit des sonntäglichen Gottesdienstes und damit auch für eine stärkere Beteiligung sein.

Als der andere Pol kirchlichen Lebens wird sich das kirchliche Handeln erweisen müssen. Aus Verkündigung und Liturgie soll die Diakonie, der Dienst an den Menschen erfließen. Es wird darauf ankommen, ob es gelingt, die Fragen der Menschen zur Sprache zu bringen, sich mit Verstand und Kompetenz an den Auseinandersetzungen der Zeit zu beteiligen. Der kirchlichen Caritas wird eine große Bedeutung zukommen, aber auch der Befähigung der kirchlichen Gemeinden zum konkreten Dienst an den Menschen.[29] Die kirchlichen Beratungsdienste, die gebotene Lebenshilfe werden eine wichtige Rolle spielen müssen. Vor allem aber wird es darauf ankommen, daß die Kirche den Weg der Gerechtigkeit sucht und geht, daß sie die Fundamente prüft und den Boden untersucht, auf dem die Zukunft gebaut wird.

5. Lehrende und lernende Kirche

Von der Kirche erwartet man sich eine Lehre: wie man glaubt, wie man lebt, wie man ein religiöses Leben führt. Das religiöse Grundwissen scheint stark zurückgegangen zu sein. Viele Katholiken kennen keine Gebete und Lieder mehr, sie kennen nicht die kirchlichen Gebräuche, den Feiertagskalender, sie kennen schon gar nicht die Heilige Schrift. Durch einen eintönigen und trockenen Katechismusunterricht hatte man früher wenigstens erreicht, daß alle Katholiken einen bestimmten Grundbestand an religiösem Wissen hatten. Heute darf dieser nicht mehr vorausgesetzt werden. Die Betonung der Grundwahrheiten, die Ausnützung aller modernen Mittel, um sie einzuprägen und in Erinnerung zu rufen, wird eine ständige Aufgabe bleiben.

Man wird eine lehrende, nicht aber eine belehrende Kirche akzeptieren. Statt direkter Weisungen und Vorschriften wird man daher Kriterien formulieren müssen, Erfahrungen aufzeigen und weitergeben, Menschen bei der Suche nach Wahrheit begleiten. Die Kirche muß ein Ort sein, an dem man Vergebung und Versöhnung,

Nächstenliebe, Konfliktregelung, vor allem aber die Anbetung Gottes lernt.

Die Kirche wird jedoch selbst lernen müssen. Sie wird die Sprache der Zeit lernen müssen. Sie wird sich von den Aussagen der Kunst und der Künstler etwas sagen lassen müssen. Sie wird von den Wissenschaften lernen müssen. Sie wird vor allem vom Evangelium selbst lernen müssen. Sie wird neue Wege und neue Methoden der Seelsorge und der Entwicklung kirchlicher Gemeinschaften suchen müssen.

Das Ergebnis unserer Überlegungen: Die Umrisse sind grob, das Bild unscharf. Es sollte kein Bild sein. Es handelt sich um Vorschläge, Postulate, Desiderate. Niemand kann die Zukunft vorhersagen. Wir wissen aber, daß sie sich nicht wie ein Kismet ereignen wird: Es wird uns das zukommen, auf was wir zugehen. Wir müssen die Zukunft planen, die künftige Gestalt suchen. Dabei wird uns vor allem das Bedenken der Geschichte und der gesellschaftlichen Wirksamkeit der Kirche helfen. Was tun wir, wenn wir diese Kirche lieben? Wir machen einen Entwurf.

ANMERKUNGEN

[1] B. Brecht, Werke in fünf Bänden, Leipzig 1973, Band 4, 264.
[2] P. M. Zulehner, Wie kommen wir aus der Krise? Wien 1978.
[3] J. Votzi, Verdunstung ins Ghetto, in: *profil* Nr. 31 vom 1. August 1978, 44—45.
[4] Zulehner, Krise 101.
[5] 2 Kg 24; David ließ eine Volkszählung durchführen. Dies wurde ihm als Unglaube ausgelegt: Er sehe die Kraft des Volkes mehr in der Zahl der Krieger als im Eintreten Gottes für sein Volk.
[6] Der erste Pastoralplan für die Kirche in Österreich wurde 1971, der zweite 1977 von der Pastoralkommission Österreichs ausgearbeitet und von der Österreichischen Bischofskonferenz zur Kenntnis genommen. Er wurde aber nicht einmal in den Verordnungsblättern aller Diözesen veröffentlicht.
[7] Zulehner, Krise 101.
[8] Vgl. F. Klostermann, Gemeinde — Kirche der Zukunft, 2 Bde., Wien 1974.
[9] Vgl. W. Zauner, Chancen und Gefahren österreichischer Religiosität, in: W. Strolz (Hg.), Dauer im Wandel, Wien 1975, 181—199 sowie die dort zitierte Literatur.
[10] „Wer aus der Kirche austritt, gibt damit nicht den Glauben auf", erklären 50 Prozent der Oberösterreicher (Die Religion im Leben der Oberösterreicher, Bericht des Instituts für kirchliche Sozialforschung, Wien 1970, IKS-90). 89 Prozent stimmten dem Satz zu: „Jeder fühlt im Innersten, daß er etwas glauben soll." (IKS-90,83.)
[11] *Die Furche*, Nr. 27 vom 7. Juli 1978.
[12] Vgl. Zauner, Chancen 189—190.
[13] Der Vortrag wurde nach dem Tode O. Mauers abgedruckt in der Zeitschrift *Kunst und Kirche,* Heft 4 (1974) 181—186; hier 186.
[14] *Kunst und Kirche,* Heft 4 (1978).
[15] Daß man sich diese Aufgabe nicht leichtgemacht hat, beweisen die Architektentagungen, die in den sechziger Jahren im Bildungshaus Schloß Puchberg stattgefunden haben, z. T. dokumentiert in G. Rombold (Hg.), Kirchen für die Zukunft bauen, Wien 1969.

[16] Zum Minimalismus des Österreichers auch in bezug auf das geistige Leben: Zauner, Chancen 184.
[17] „Pro Scientia" ist ein Förderungswerk für den wissenschaftlichen Nachwuchs. Es wurde 1966 auf Anregung des damaligen Hochschulseelsorgers von Wien Dr. Karl Strobl gegründet.
[18] *Kathpress* vom 21. August 1978, S. 5.
[19] F. Klostermann, Für eine Pluralität von politischen Katholizismen, in: *Gesellschaft und Politik* 13 (1977) 5—24.
[20] Klostermann, Katholizismen 6.
[21] Vgl. F. Csoklich, Der österreichische Katholizismus zwischen Abgrenzung und Offenheit, in: *Herder-Korrespondenz* 32 (1978) 223—226.
[22] W. Schaffelhofer hatte schon in der *Furche* Nr. 10 vom 10. März 1978 auf die Problematik hingewiesen, wer befugt sei, in politischen Fragen für die Katholiken zu sprechen.
[23] 1. Kontaktgespräch über ein „Nationalkomitee österreichischer Katholiken" am 10. Juni 1978, Bildungshaus St. Virgil in Salzburg. Protokoll S. 2.
[24] Vgl. Zauner, Chancen 197—199.
[25] E. Fromm, Haben oder Sein, Stuttgart 1976.
[26] F. Klostermann, Prinzip Gemeinde, Wien 1965.
[27] Vgl. W. Zauner, Die Katholische Aktion, in: *Theologische Praktische Quartalschrift* 125 (1977) 37—47.
[28] Vgl. die Statistik bei Zulehner, Krise 120.
[29] Die Österreichische Pastoraltagung 1977 befaßte sich mit diesem Thema. Vgl. den Tagungsbericht: J. Wiener/H. Erharter (Hg.), Diakonie der Gemeinde, Wien 1978. — Vgl. auch W. Zauner, Diakonie als pastorale Tätigkeit, in: H. Erharter u. a. (Hg.), Prophetische Diakonie, Wien 1977, 147—159. L. Ungar (Hg.), Caritas — warum? Wie? Wohin?, Wien 1978.

VERZEICHNIS DER MITARBEITER

Dr. Clemens-August Andrae, Prof. für Politische Ökonomie an der Universität Innsbruck
Harald Baloch, Bildungsreferent der Katholischen Hochschulgemeinde Graz
Dr. Alois Brandstetter, Schriftsteller und Prof. für Germanistik an der Universität für Bildungswissenschaften Klagenfurt
Dr. Erhard Busek, Vizebürgermeister von Wien
Dr. Johann Farnleitner, Bundeskammer der gewerblichen Wirtschaft und Vorsitzender der Katholischen Männerbewegung Österreichs, Wien
P. Dr. Alfred Focke SJ, Univ.-Lektor, Wien
Dr. Wilfried Gredler, österreichischer Botschafter in Peking
Dr. Valentin Inzko, Hofrat, Landesschulinspektor, Klagenfurt
Mag. Karl Kalcsics, Direktor des Bildungshauses Mariatrost, Graz
Dr. Wolfgang Kraus, Präsident der Österreichischen Gesellschaft für Literatur, Wien
Prof. Herbert Krejci, Generalsekretärstellvertreter der Vereinigung Österreichischer Industrieller, Wien
Gerhard Lang, Direktor des Katholischen Jugendwerkes, Wien
Dr. Norbert Leser, Prof. für Politikwissenschaft an der Universität Salzburg
Dr. Christoph Mayerhofer, Min.-Rat im Bundesministerium für Justiz, Wien
Dipl.-Ing. Dr. Johannes Millendorfer, Leiter der Studiengruppe für internationale Analysen, Wien
Franz Olah, Minister a. D., Baden
Dr. Richard Olechowski, Prof. für Pädagogik an der Universität Wien

Prof. Mag. Josef Petrik, Stadtschulrat für Wien

Dr. Theodor Piffl-Perčević, Minister a. D., Graz

Dr. Walter Schaffelhofer, Geschäftsführer der „Furche"-Betriebs-Ges. m. b. H. & Co. KG, Stellvertretender Vorsitzender der Katholischen Männerbewegung Österreichs, Wien

Dr. Heinrich Schneider, Prof. für Theorie der Politik an der Universität Wien

György Sebestyén, Schriftsteller, Wien

Dr. Franz Slawik, Dr.-Karl-Renner-Institut, Wien

Alfred Stroër, Nationalratsabgeordneter, Leitender Sekretär des ÖGB, Wien

Dr. Engelbert Theurl, Assistent am Institut für Politische Ökonomie der Universität Innsbruck

Dr. Rupert Vierlinger, Direktor der Pädagogischen Akademie der Diözese Linz

Dr. Alois Wagner, Weihbischof und Generalvikar der Diözese Linz

Dr. Ernst Waldstein, Klagenfurt

Dr. Wilhelm Zauner, Prof. für Pastoraltheologie an der Philosophisch-Theologischen Hochschule Linz

DDr. Paul M. Zulehner, Prof. für Pastoraltheologie an der Philosophisch-Theologischen Hochschule Passau.